張謇與近代中國

（第二辑）

南通大学张謇研究院 主办
钱荣贵 主编

凤凰出版社

图书在版编目（CIP）数据

张謇与近代中国. 第二辑 / 钱荣贵主编. -- 南京 : 凤凰出版社, 2024. 12. -- ISBN 978-7-5506-4390-1

Ⅰ. K825.38-53; K250.7-53

中国国家版本馆CIP数据核字第20244TH418号

书　　名　张謇与近代中国(第二辑)
主　　编　钱荣贵
责任编辑　陈晓清
装帧设计　陈贵子
责任监制　程明娇
出版发行　凤凰出版社(原江苏古籍出版社)
　　　　　发行部电话025-83223462
出版社地址　江苏省南京市中央路165号,邮编:210009
照　　排　南京凯建文化发展有限公司
印　　刷　江苏扬中印刷有限公司
　　　　　江苏省扬中市大全路6号,邮编:212212
开　　本　787毫米×1092毫米　1/16
印　　张　13.75
字　　数　232千字
版　　次　2024年12月第1版
印　　次　2024年12月第1次印刷
标准书号　ISBN 978-7-5506-4390-1
定　　价　98.00元
(本书凡印装错误可向承印厂调换,电话:0511-88420818)

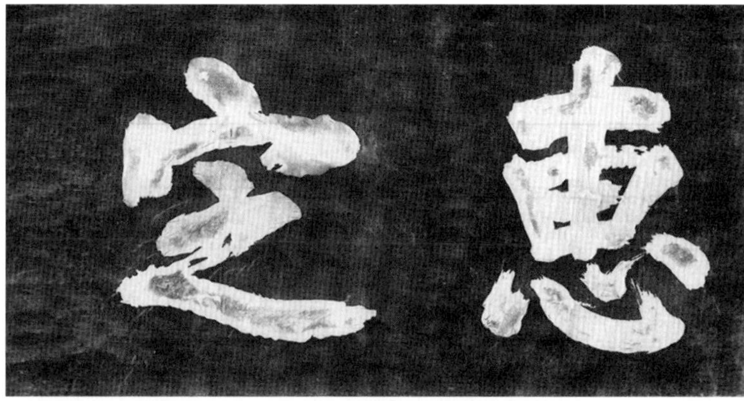

惠定先生匾跋

横230cm、纵63cm

黄为人先生藏

释文：

惠定

先生以孤贫成业发名，谋桑梓乐利垂三十年。曾一作吏，旋乞终养归，汲汲佐地方自治。商赖其芘若母，服其导若师。辛亥、壬子间，海内鼎沸，通、如、海新旧诸军军储一仰于通。时公私概匮，先生毂绾而沫煦之，诸军得食，三县遂安。与人交，坦白悫至，勇于任事，见义必为，其积劳亦以此。既殁，县之人援古私谥例，易名“惠定”。《谥法》：施勤无私曰“惠”，安民大虑、纯行不爽曰“定”。用诏来兹，庶尽瘁地方者有所劝焉。

编辑委员会

目　　录

专题:张謇癸卯东游研究

张謇与经济

张謇与法治

张謇与社会

张謇与文化

近代人物研究

文史考辨

专题:张謇癸卯东游研究

张謇东游:认知与应对日本的转折节点

徐乃为

摘　要:近代中日关系曲折复杂,张謇与其中不少重要事件有着联系。1871年日本侵台的"牡丹社事件"引起了张謇对中日关系的关注,助平"壬午兵变"让他洞察了日本的侵略野心,甲午战争失败的耻辱令他痛心疾首,而癸卯年赴日本进行的多方面考察,更使其思想发生深刻转变。张謇从传统的天朝上国干城自许者,转变为自觉博采别国长处的进取者;从立宪法治的倡导者,转变为具有国际视野的政治活动家,致力于推动国家自强与变革。张謇认知与应对日本的心路历程及由此产生的重要转折,不仅是其个人成长及谋求自强立国的见证,也反映了近代中国在外部挑战下寻求发展的艰难历程。张謇的转变与实践贡献,对于理解中日关系史及中国近代化进程具有重要意义。

关键词:张謇　中日关系　东游考察　心路历程　转折节点

一、引　言

光绪二十九年(1903)初夏,张謇以私人身份,应日本驻江宁领事天野恭太郎邀请参观大阪国际博览会,历时70天,访问考察了日本。计参访幼儿园、小学、中学、师范、高等学校、职教学校、聋哑学校等近30所,银行、制币所、工厂、会社、港口、制盐场、农场、旅馆等各类实业31处;除参观博览会外,还参观了公益、文博等场所10余处,与新老朋友、政要叙谈多次。其间仅一天他因疲累休息,另几天用以治牙、镶牙,可谓马不停蹄,争分夺秒。并写成《癸卯东游日记》计28000余字、游历诗39首。

这次考察,对张謇的人生来说,是一个节点;对其认知世界的取向,是一个重大转折,直接影响了张謇推进中国早期现代化的实践。

张謇专门记述自己重要人生历程者举凡两次:其一是对自己生员试

寄籍案的回忆与剖析,成 8000 余字的《归籍记》;其二即是这次赴日考察,刊印《癸卯东游日记》。

张謇在同治十二年(1873)冬起有日记,至 1926 年夏逝世,计 52 年,共 485000 字,平均每天约 30 字。而这 70 天,成 28000 余字,每天 400 余字,且留下诗作 39 首。可见张謇对这次考察的重视。

至于张謇这次考察日本的直接原因与背景,在其日记中说得很清楚:

> 四月十五日定东游考察农工及市町村小学校之计。
>
> 四月二十五日……自丙戌会试报罢,即谓中国须振兴实业,其责任须在士大夫。因先事农桑,竭八年辩论抵持争进之力,仅成一海门蚕业。甲午后,乃有以实业与教育迭相为用之思,经画纺厂,又五年而后着效。①

第一条日记径说考察实业与教育,其救国方略名言"父教育而母实业"就是这句话的最好诠释。后一条日记也重要。"丙戌"是张謇第二次参加会试,没能考中,当然失望,转而思索"实业救国"。然而,竭八年之力,仅成一海门蚕业,仍在农业范畴。甲午年(1894)才悟出"实业与教育迭相为用之思,经画纺厂",即农业向工业的转变,谓"实业救国"须从农耕社会跃进至工业社会,意义非同寻常。

因此,张謇在完成两大实业基础工程——工业之"大生纱厂(1899 年产纱)"与农业之"通海垦牧公司(1901 年办竣)",又在考察前一个月,举办中国第一所私人师范学校"通州师范"的"起手式"——开学典礼之后,便有了此次壮行。

张謇之访日,还有其内心深处对日本观念转变的心路历程,包括其对甲午之后咄咄逼人的日本的应对需要,包括其家国情怀、自立图强的需要。现以时间为序,作出叙述与分析。

二、"牡丹社事件":张謇对日本的初知

中日之间近代外交关系质变之肇源,可以说是日本侵台的"牡丹社事

---

① 张謇:《柳西草堂日记》,李明勋、尤世玮主编:《张謇全集》(第八册),上海:上海辞书出版社,2012 年,第 536 页。

件”。1871年冬,琉球一船在台湾南部触礁,船员登岸后被牡丹社高山族人误杀。此船69名乘客溺死3人,66人上岛登岸;因闯入原住民住地,遇害54人;劫余12人则在当地汉人营救下前往台南府城,然后转往福州归国。琉球本中国属地,日本却声称为其领有,借口保护“属民”,由此策划侵占中国台湾。1873年,日本政府派外务卿副岛种臣等来华交涉。中国则声称“二岛(台湾和琉球)俱我属土,属土之人自杀,裁次固在于我”[①]。翌年5月,日军于琅峤登陆,大举向牡丹社一带进攻。并在占领区修桥筑路,并设立都督府。1874年订立《中日台湾事件专约》,清廷向日本赔款五十万两白银。1875年7月,日本逼迫琉球与中国断绝藩属关系。1879年1月,日本勒令琉球国王尚泰宣誓遵奉日本国法,随即将琉球改名为冲绳县。张謇对日本的最初认知,正源于这一事件。

日本于1868年开启“明治维新”,国力逐渐强盛后,逐步走上对外扩张的道路,以清朝的藩属国朝鲜、琉球,以及中国台湾为侵略对象。张謇出生于1853年,“明治维新”那年才16虚岁,刚考上秀才;“牡丹社事件”发生时才18岁,是一位没有走出家乡的农村青年。1874年,张謇始外幕江宁,走上社会,并开始记《柳西草堂日记》(以下简称《日记》),留下了珍贵的关于“牡丹社事件”的诗文,表达了他对清廷处置“牡丹社事件”的看法,显现出他初步的治国、外交理念,极为难得。

张謇在光绪元年三月二十六日(1875年5月1日)日记(本文日记均从原农历)中写道:“闻叠有国丧,且闻台湾复有兵警,以去年受庇之人(即上文被救12人),一旦反戈相向,既失体制,亦贻后患。”[②]说的正是“牡丹社事件”及其后果。“既失体制,亦贻后患”,是对清廷处理“牡丹社事件”的忧虑。不料,此后中日关系的走向,恰恰印证了张謇的忧虑。

关于“牡丹社事件”,张謇曾写过四首七律诗:

---

① 杨梅、周翔、姜莉芳编著:《台湾少数民族概况》,北京:民族出版社,2009年,第317页。

② 张謇:《柳西草堂日记》,李明勋、尤世玮主编:《张謇全集》(第八册),第46页。

读史[①]四首

其一

嵯峨百越柱标铜，珍赆何时入汉宫？酋长万人看赐邸，大夫五利庆和戎。西羌应复思充国，南土谁能继杜翁？惆怅留犁挠酒日，边儿方弄柘枝弓。

其二

搢绅介胄复何如？西北东南候尉殊。未觉长城坚故碣，只闻苍海足明珠。张毡出使中行说，列障封侯赵破奴。坐使司农劳国计，借商有令赡军须。

其三

三年牛马向西遥，万里蜻蜓岛外潮。帝子从无随日出，匈奴敢复倚天骄。须防跋鳖常因瘇，岂有樗蒲尽得枭。横海楼船今不远，灵旗指顾画招摇。

其四

汉文有道迈成周，缯絮何妨被十洲。要借汾阳定回纥，可曾梅录拜丰州。虺蛇寖大三郎祀，猿鹤苍茫九世仇。节度微闻承盛宠，筹边仡仡自高楼。

《读史》诗作于同治十三年五月二十九日(1874 年 7 月 12 日),正是“牡丹社事件”处理的中后期。张謇将此诗呈于淮军名将吴长庆,作为拟入其幕的见面礼。诗名虽为“读史”,其实是借史喻今。所借之史,或是历朝宗主国威加藩属国之事,或是中国抵御夷狄的入侵,或是历史名将的守边、治边。概而言之,是影射鸦片战争以来的列强觊觎与边患骚乱。具体则指当时新疆阿古柏势力的伺机作乱、清廷对日本侵略野心的疏于防范以及“牡丹社事件”的处置失误。诗歌赞颂了西汉名将赵充国、赵破奴,晋朝名将杜预,唐朝名将郭子仪、李景略等御敌、收复失地、收服外番的功绩;既是赞颂吴长庆,亦借以自况。

第三首“万里蜻蜓岛外潮”中的“蜻蜓岛”,是日本古籍中对日本的喻称。而中国典籍亦称其为“蜻蜓洲”“蜻洲”。张謇此次日本之行所作《松

① 张謇:《读史》,张謇撰,徐乃为校注:《张謇诗编年校注》(上册),北京:中华书局,2021 年,第 64 页。

永道中》诗有“蜻洲见者疑人工”句，即指日本。颈联谓足疾不早治可成大患，赌桌上不可能次次获赢，即喻示“牡丹社事件”处置不当，养痈遗患。张謇此行《东游纪行》二十六首之八云：“爱国先教稚子歌，画沙亦解认山河。生憎卅载中朝使，浪赞挥金铁甲多。”[①]其中“卅载”，正指“牡丹社事件”肇事至东游三十年间发生的日本种种扩张事件，正可印证“牡丹社事件”对张謇的深刻影响。

张謇其时才踏入社会，对日本了解不多。受儒家传统文化的影响，还停留在视清朝为“天朝上国”、视日本为“蕞尔”夷狄、视自己则为君王股肱、卫国干城，认为驱除日寇、规复琉球是容易之事。一方面表现他的家国情怀；另一方面也表现了他对日本最初的朦胧认知。

三、壬午平乱：张謇与日本首次“过招”

光绪壬午(1882)，朝鲜发生内乱，史称“壬午兵变”。事件十分复杂，对此后的朝鲜影响甚大。朝鲜是清朝的藩属国，其发生动乱清廷理当干预。而一直窥伺朝鲜的日本已派兵，拟深度介入，作为向外扩张的重要一步。清驻日大使黎庶昌及时获此情报，迅速报于国内，并提出处置建议。时李鸿章丁母忧，由张树声署理北洋大臣。张树声及时对在华朝臣金允植、鱼允中以及闵氏集团派来的求救使臣作深入了解，作出罕见的迅速反应，决定支持当时已被李昰应(闵妃夫之父)夺取政权的原闵妃执政集团，以稳定朝鲜。清廷于是迅速命令驻扎山东威海的吴长庆率所属“庆字军”六营入朝平乱。因此，名义上是去藩属国平乱，实际上是要对付朝鲜反对派与日本两个方面的势力。当时，“仁川已驻日本兵船七艘，陆兵一营”，并有“日本初闻是事，欲大举来侵”[②]的传言。

当时张謇已是吴长庆的幕僚长，设计了“擒贼先擒王”之策。根据宗主国使节与附庸国国君交往的礼仪，在宗主国主帅吴长庆拜访已取得权柄的李昰应之后，李昰应当依礼来吴营回访。张謇定计乘机扣押李昰应，即交丁汝昌海军押送天津(后拘保定)，事得成功。李昰应既离开朝鲜，作

---

① 张謇：《东游纪行》二十六首，张謇撰，徐乃为校注：《张謇诗编年校注》(上册)，第331页。

② 张謇：《为吴长庆拟致张树声函》，李明勋、尤世玮主编：《张謇全集》(第二册)，第15—16页。

乱者便群龙无首,这一复杂的兵变事件得以迅速解决。日本的反应倒迟了一步,只得莫奈之何。这是清政府自鸦片战争受外侮以来,对外交涉中一场难得的胜利。

此役的定计者就是张謇。有人认为此计出自李鸿章、张树声方面的代表马建忠,此说有误。张謇在日记中明载,“为延陵(吴长庆)定戡乱策”,献计者自然是张謇;“眉叔(马建忠)来定计”,意思是认可并确定用张謇所定之计。此可由吴长庆事后只重赏张謇一人1000两白银①,李鸿章、张树声、吴长庆联合举荐李鸿章属下薛叔耘、张树声属下何嗣焜、吴长庆属下张謇为官(五品)②,以及朝鲜为吴长庆造生祠,属下张謇塑像居第一、袁世凯居第二十一等历史事实可证③。

此次平乱,使张謇对日本有了直接的认知。其该年八月三日日记云:“日使花房义质谒延陵。日兵甚弱,行不成列,吾甚惜朝人以五十万元款之为失计也。”④这是张謇对日本、日兵的第一印象,谓日本国势不过尔尔,“日兵甚弱”,处置外务不甚得当。这就是张謇对初次过招的日本的判断,这曾长期影响着他。

甲午战争之中,张謇以知日派自居,是主战派。在甲午战争爆发之前,他回顾当年“壬午平乱”时尤说:“壬午八、九月,謇条陈直督张(树声),请庆军朝鲜得手之后,会同南洋,分两道出师,径薄日本,规复琉球。……盖壬午七月,我兵驰入汉城而日兵即退者,当时我兵迅速,日本未测我之虚实也。”⑤

这里尤需指出,在戎马倥偬之际,张謇就国家层面,还写成了关于外交、国家安全的系列策论奏议:即《壬午东征事略》《乘时规复流虬策》《朝鲜善后六策》等。在京城一下子传开,遂致“名满天下”“洛阳纸贵”。

《乘时规复流虬策》之题,即知是欲颠覆“牡丹社事件”的处理结果,拟“径薄日本,规复琉球”,表明了张謇对日的强硬态度。

---

①② 张謇:《柳西草堂日记》,李明勋、尤世玮主编:《张謇全集》(第八册),第1002页。

③ 张孝若:《南通张季直先生传记》,上海:中华书局,1930年,第44页。

④ 张謇:《柳西草堂日记》,李明勋、尤世玮主编:《张謇全集》(第八册),第180页。

⑤ 张謇:《上翁同龢书》,李明勋、尤世玮主编:《张謇全集》(第二册),第53页。

四、甲午战争:张謇的主战立场

光绪甲午(1894),对张謇来说是特别重要的年份。此年因慈禧六十岁大寿开恩科,张謇得以应第五次春闱,并高中状元;当年夏天甲午战争爆发,张謇积极参与了朝堂之上的和战之争,提出应战的措施与谋略。不幸的是,此年九月十七日张父因病逝世,张謇只得回家丁忧。

对于甲午战争,朝廷分主战、主和两派,主战的是以光绪帝及其师翁同龢为首的文官集团,主和的则是欲不妨碍其六十寿诞庆典的慈禧以及李鸿章为首的武将集团。翁同龢虽两任军机大臣,其实是文官,张謇是翁同龢最得意的门生。张謇有过不短的军旅生涯,十二年前赴朝平乱,算是应对过日本,并取得了成功。在朝廷主和派与主战派的争论之中,张謇主战。可以说,翁同龢的主战主张,主要来自张謇;张謇的主战意识,当然依据国家的军事力量,参酌当时的国际关系;而其对日本的原先认知当起重要作用。

张謇日记有以下关于甲午战争的记载:

> (五月)二十九日　闻朝鲜事大棘。
>
> (六月)六日　闻朝鲜事,言人人殊。上常熟师书。
>
> (六月)七日　为叔衡拟《历代边事》类目。
>
> (六月)十日　得恽仲谨与叔兄讯。为萧小虞拟《条陈东事疏》。
>
> (六月)二十七日　上常熟书。晤子培、仲弢、叔衡。
>
> (九月)十七日　与仲弢、叔衡议,请分道进兵朝鲜。[①]

引文中沈曾植、黄绍箕、丁立钧,以及日记中涉及的文廷式、盛昱等文官清流,属翁同龢帝党,均为主战派。“分道进兵朝鲜”,就是他们的主张。

此后的一个月中,张謇日记中载“上常熟师书”五次,“诣常熟师”四次。九月四日,上书弹劾李鸿章,等等。

张謇的日记有漏载,据《中国近代史资料丛刊续编·中日战争》第六

① 张謇:《柳西草堂日记》,李明勋、尤世玮主编:《张謇全集》(第八册),第380—381、385页。

册,张謇此间向翁同龢上书凡二十通。张謇不是只尚清谈的"清流",信中既分析主战的理由,对国家的益处;还有十分具体的应对措施,甚至如何调兵遣将,等等。

> 若一旦破向来之例,出其不意,则各国必有出面讲和,日人且必易于就范,是又所谓必能战而后能和之说。北洋暮气虽甚,然鞭策而用之,犹愈于用两目将盲之刘铭传。时事日棘,至不堪想。振作一年,或可冀十年安静。①

"向来之例",指清政府自鸦片战争以来的"向来妥协";破妥协之例,换应战之姿。通过外交努力,使"日人……就范",达到"能战而后能和",并说"振作一年,或可冀十年安静"。

> 径薄日本之说,所以解救朝鲜也。……今为可进可退、亦战亦守之活着计,中国可战铁船约二十余艘,约四分队,每队五六船,各以经事提镇统之,密授方略,时时游弋于中国、朝鲜、日本之间,忽东忽西,忽南忽北,使彼牵掣顾忌,不敢分兵扰我边海,则我之南北洋海防,但就本有营垒,严饬将士,谨候望、备战守而已。而我之兵船规利图便,遇有可乘之机,飙驰前进,或毁其船厂(日厂皆在海滨),或沉其战船,此则声势相援、虚实迭用之道,而亦海军练胆、海防固围之要施。②

此说具体战法,要求南洋水师加入进来,主动出战,"径薄日本",即"围魏救赵"。甚至"遇有可乘之机,飙驰前进,或毁其船厂,或沉其战船"。

张謇在上书中还详析了淮军及其他各军各将的长处与短处,提出调兵遣将的建议与计划。信中涉及的战将有章高元、蔡金章、杨岐珍、李先义、张光前、叶志超、聂某、刘永福、刘铭传、刘庆棠、宋庆、袁世凯、丁汝昌、林泰曾、刘步蟾、谭文焕、恽莘云、左宝贵、卫汝贵、卫汝成、陈湜;还有只提姓氏、只提籍贯、只提官职的多名。甚至指出"叶志超亦庆军旧部,沾染官

① 张謇:《上翁同龢书》,李明勋、尤世玮主编:《张謇全集》(第二册),第53页。

② 张謇:《上翁同龢书》,李明勋、尤世玮主编:《张謇全集》(第二册),第54页。

场习气,且夸诞,恐不足当大事”[①]。事后证明确实如此。

张謇当然知道出境作战的艰难。所以,他也是准备“和”的,那是“以胜谋和”“以战定和”,使国家在谈判中居于有利地位。

> ……和必视我之时,我军能大战而据汉京,日兵退出,则和之时也。和必有我之地,倭改旧约,明认朝鲜系中国藩属(英、德、美约皆有此语),倭只可与朝鲜通商,而驻兵保护,专归中国,则和之地也。否则,虽十战而五胜负,相持极一年之久,毋言忍也。倭岂能十战而十胜,而又撑拄一年哉?[②]

张謇认为此战双方当互有胜负,希望能在关键之役取胜,如引文中“我军能大战而据汉京(今首尔)”,这对“谈和”将十分有利。

在此期间,张謇还独自上书弹劾李鸿章——《呈翰林院掌院代奏劾大学士李鸿章疏》,问责李鸿章“战不备,败和局”。奏疏以“伏乞圣明裁断,另简重臣,以战定和,固人心而申国势”[③]结尾。“以战定和”就是张謇的主张,比较理性。

甲午战争以清朝战败、签订丧权辱国的《马关条约》为结束,自然是张謇始料之未及。但必须指出的是,张謇应当是当时比较清醒者。作“知己知彼”为前提的估测与预期,“以战定和”是当时情势下尚可力谋的结果。而预期未能达到,自有深层的原因,也是张謇无法控制的:历年的积弊,指挥中枢的问题。

甲午战争之败,不能说是主战派之误,亦不能说是主和派之误,而是清体制之误,是西太后之误。当然,甲午战争的失败对张謇的教训是异常深刻的,于是对日本产生了与此前完全不同的看法。

---

① 张謇:《上翁同龢书》,李明勋、尤世玮主编:《张謇全集》(第二册),第54—55页。

② 张謇:《上翁同龢书》,李明勋、尤世玮主编:《张謇全集》(第二册),第61页。

③ 张謇:《呈翰林院掌院代奏劾大学士李鸿章疏》,李明勋、尤世玮主编:《张謇全集》(第一册),第14页。

五、筹办团练:防备日本从长江口入侵

1895年初,张謇还做了一件重要的事,即在张之洞举荐下、受朝廷委托组建通海团练,以防备日军南下从长江口入侵。这一史实,由于所历时间不长,随着《马关条约》的签订而告终,因此,研究张謇的文章鲜有言及。但这件事却折射出张謇对日本认知的转变,从中能看出张謇胸怀家国的担当与情怀。

由于黄海海战中北洋水师的覆灭,日军从山东荣成湾登陆成功,攻下北洋海军基地威海,大有继续南下之势,以致震动山东以南沿海各地。时两江总督湘军老将刘坤一被授予钦差,驻山海关,节制关内外陆军,指挥陆战;两江总督则由湖广总督张之洞兼署,其守土有责,恐日军继续南下,从长江口西向,重蹈当年鸦片战争覆辙,乃急奏朝廷,举荐丁忧在家的张謇在家乡组建"通海团练",以牵制日军。

事发突兀,白手起家组建一支抗日的团练,岂是易事?但张謇却责无旁贷地应承下来并全力筹划与准备。

原来,张謇还真有思想上的准备,请见甲午战争前期他给翁同龢的两封信札:

> 海疆有事,江南尤重,督抚必有理干之人。……但亦电各督抚严饬可靠水师营哨官率领炮船沿江逻缉耳。滨江南北必应有距水四五十丈、高八尺、阔二丈之堤,无事以之捍潮防灾,有事以之藏兵御敌。
>
> 沿江大堤宜宽而不必甚高。……取土即在堤址外一丈、堤址内二三丈,因为里外壕制枪炮弹亦有用处。就江轮线路论江防扼要,吴淞第一,宝山、崇明第二,白茆第三,通州芦泾港第四,如皋周圩港第五,泰兴天兴港第六。若乡团防御得宜,亦足以守,但各处皆须有兵以部勒之(多则五百少则三百),有枪炮以实之……闻倭人有潜入吴淞炮台以硝镪水毁我炮者,已被擒获,不知已斩枭否?[①]

---

① 张謇:《上翁同龢书》,李明勋、尤世玮主编:《张謇全集》(第二册),第65—66页。

两信都是张謇创办通海团练之前写就，所论即是沿海沿江防敌的预案。不能不说张謇的思虑高远。信中的“崇明”，指崇明岛及江北的崇明外沙（今启东市）；通州、如皋、泰兴均指北沿江地带。张謇的籍贯是通州，出生在海门，在如皋获中生员，在崇明当过教谕，所述均是他极熟悉的“区域”。

张謇办团练，是知难而上，是其家国情怀所致，他在致张之洞信中说道：

> 遭直圣主振奋求治，黜枉从谏，朝政清明，则又未尝不思磨钝淬顽，当多难之时，效区区一割之用。……每一闻海上风鹤之惊，北方挫衄之频，良友愤时叹嗟之书，深宫痛哭罪己之诏，当食辄辍，中夜忽起，麋心碎胆，不知所云。今明公觥觥以义见督，謇不肖，不敢以礼自处也。墨衰从利，君子恶其失心；寇在门庭，古人乃有变礼。……所期于团练者，用其各卫身家之念，以佐防军声势之资；用其平日相信之人，以坚同仇敌忾之气耳。謇于通海，并是乡国，则夫地势行便，人才贤否，举事之要，集事之宜，不得谓百无一知也。苟所知则罄以言，苟能行则必底于成。[①]

张謇做事认真、细致，做必做好，做必做实。汪牧（通州知州）出示张之洞让他“总办通海团练”函牍的当天日记中有云：“团练之不易措手也，筹之审矣，言者动以湘乡（曾国藩）见责，不知寇非粤逆（太平军），时非咸丰，地非长沙，人非曾侯，共事非塔、罗、扬、彭，谬相假借，不知其自傎也。”[②]表明他是以曾国藩办团练作自己楷模的。张謇闻风而动，先垫启动资金，“以书二十四椟付典肆，抵质银千元，分助通海团练，为乡人倡”[③]。接着制定《海门团防（即通海团练）营制》，编写招募团丁的《通海劝防歌》。

---

① 张謇：《致张之洞函》，李明勋、尤世玮主编：《张謇全集》（第二册），第68—69页。

② 张謇：《柳西草堂日记》，李明勋、尤世玮主编：《张謇全集》（第八册），第387页。

③ 张謇：《啬翁自订年谱》，李明勋、尤世玮主编：《张謇全集》（第八册），第1009页。

《海门团防营制》1895 年 2 月写成,“略依湘军营制而省之,寓团于募”①。招募三营,有详细的编制、武器装备、各项支出与训练计划。并配以先进的训练思想,分列为“选规——选团丁的规则,营规——军营组织规则,训规——对团丁训诫规则,练规——训练团丁的规则”。

现节录《通海劝防歌》于下:

我乡义勇好男儿,各来听说中日事。不听人人都睡着,听来个个应发指。

……

从来人生乱离世,富贵贫贱同一死。白死还作无用鬼,不如生做有用士。

……

崇明吃紧通海慌,须识唇亡寒到齿。通海挨户算人丁,计数百万尚有零。

……

莫谓通海苦地方,莫谓常住无事乡。自古有备乃无患,团防事事要习惯。

……

前人有言定不差:恶龙难斗地头蛇。人人想透胆便壮,切勿惊疑听谣谎。②

此歌开宗明义,办团练的目的就是为了对付日本。歌中则体现了张謇《海门团防营制》中的“选规、营规、训规、练规”思想。

由《通海劝防歌》知,此时的张謇已注意以“弱旅”的姿态对付强敌,表现出他对日本认知的深化,以及不畏强寇、善于动员、精于谋划。他对于敌强我弱的基本事实亦有清晰的判断,并能够形成积极的应对举措。

---

① 张謇:《海门团防营制》,李明勋、尤世玮主编:《张謇全集》(第四册),第 8 页。

② 张謇:《通海劝防歌》,张謇撰,徐乃为校注:《张謇诗编年校注》(上册),第 254—255 页。

六、反思求变:对自强立国的探索

甲午战争的失败,戊戌变法的夭折,庚子年义和团运动导致的八国联军入侵及《辛丑条约》的签订,清政府愈益腐败,国将不国。由此引起朝野有识之士的深刻反思:中国革新自强之路究竟如何走?

于是,在朝野就有知日派、学日派的产生。固然,日本的"明治维新"是欧美化;但是,欧美离中国遥远,来去不便;日本离中国甚近,国情相似,历史上多有往来。于是,官员访日、民间留日成一时风气。

防范日本须得知晓日本,张謇也加入这一行列之中。以下是张謇甲午战争后三年的光绪二十四年闰三月七日的日记:

> 道希、眉孙、太夷约同会小田七万岁之助于郑陶斋寓。日人以甲午之役,有毫毛之利,启唇齿之寒,悔而图救,亟连中、英。又以为政府不足鞭策,为联络中国士大夫振兴亚细亚协会之举,盖彻土未雨之思,同舟遇风之惧也。独朝中大官昏昏然,徒事媕婀耳。预会者凡二十人。日人言则甘矣,须观其后。①

郑陶斋(观应)是中国近代维新理论家、启蒙思想家,其《盛世危言》一书首次要求清廷"立宪法""开议会",实行立宪政治,由此开启了中国的宪法理念时代。书中还主张习商战、兴学校,对政治、经济、军事、外交、文化诸方面的改革提出了切实可行的方案,被视为富强救国的变法大典。

何嗣焜,在张謇入朝平乱时曾有极融洽的合作,是其好友。文廷式,是张謇在光绪十一年主动攀结的好友,"维新变法"的一员大将,一向持有知日、友日的立场。郑孝胥与张謇的关系最为密切,在张謇的两大实业"大生纱厂""垦牧公司"均有股份,曾在甲午战争的前三年任驻日使馆书记官。张謇光绪十一年的日记中,就有与郑孝胥交往的记载。张謇诗集中与郑孝胥多有唱和。其中,光绪二十三年的"《题太夷濠堂》其二"中,称颂郑的日本之行,称赏他的才学:

---

① 张謇:《柳西草堂日记》,李明勋、尤世玮主编:《张謇全集》(第八册),第444—445页。

> 杖策昔从军,东登箕子台。君从若木下,弄摩日珠回。当时一张口,气尚凌八垓。……①

张謇参加这次聚会,显然与这几位老朋友的运作有关;也与张謇所欲了解日本的愿望相合。当然,张謇在这则日记里,也表明了对日本的足够警惕:“日人以甲午之役,有毫毛之利,启唇齿之寒,悔而图救。”并说:“日人言则甘矣,须观其后。”总之,至少说明张謇此时所欲知日的心态。

甲午战争惨败后,清廷于庚子年被列强进一步虐辱,日本恰是《辛丑条约》的第二号受惠国,印证了日本欲造成“我灾也”的企图已成事实,给张謇的刺激甚巨。

这个时期,张謇经过冷静思索,提出了他的变法主张,以图自强立国。1901年,张謇在《申报》发表著名的《变法平议》。张謇的变法主张与康有为、梁启超的激进式变法不同,是渐进式的,以朝廷六部职能作改革的对象,也显示出相对保守的意味。《变法平议》开宗明义,是学习外国的变法,改变自己的成法。“法之拿破仑,美之华盛顿,德之威廉,日本之明治,其变法皆出于创巨痛深,而因势委蛇,屡进而屡变者,盖数十年而未已。”②而究其实质,则以日本的“明治维新”为范本,在这篇两万余字的长文中,提及日本四十一处、英国八处、德国七处、美国五处。可见,张謇认识到“明治维新”对日本发展的重要性,而日本与中国文化相近,以日本为范本作变法,具有切实的可行性与重要性。

七、癸卯东游:张謇对日本的访察与思考

张謇的东游考察,是经历了以上心路演变才作出的决定。张謇当然受曾国藩、左宗棠、沈葆桢、李鸿章等人的影响,欲实践“中学为体,西学为用”“以夷制夷”“师夷长技以制夷”。假如说,张謇比这些前辈有所前进,恐怕就在其不仅恪守“中学为体,西学为用”,而是思考西学难道仅在“用”而不可为“体”?若于国有利,为何不能打通“体”与“用”之界域?在张謇

---

① 张謇:《题太夷濠堂》,张謇撰,徐乃为校注:《张謇诗编年校注》(上册),第269页。

② 张謇:《变法平议》,李明勋、尤世玮主编:《张謇全集》(第四册),第34页。

的东游考察中,是作了这方面思考的。

张謇东游考察的虽是实业与学校,但是,张謇总时时思考实业与学校及政治、经济、文化体制的关系。

张謇考察之详,问询之实,记载之细,令人惊讶与钦敬。先举考察学校之例:

(五月)初八日　西村、小池偕同伯斧往观桃山女子师范学校。校容师范生一百二十人,皆食宿于校。自修室即在寝室之内,每室十二人。室以席度,每席长约中国营造尺之六尺,广半之,纵六横七,凡四十二席,七百五十六平方尺,每人占六十三平方尺有奇。寝具皆置复壁,寝自铺之,起则自收,四叠而置焉。帐亦临寝帐之。一室中除自修几三外,无他物。几并坐二人,对面亦二人,中几有两面小书架,高一尺五六寸,以障对坐之人。每寝室一所一厕,斜沟以排粪。浴池约方八尺,四围木匡。旁二石池,一方约三尺,一约四尺,贮冷暖水。室外横竹四排以悬巾。脱衣之楼六层五排,无门,每楼方约尺余。食堂与厨隔墙通门,矮几坐,饭器当几之中。一几八人对坐,人各一碟鱼及盐渍莱菔各二片。理发室与盥漱室连。理发室中设大镜三,旁有梳具箱,亦排叠架之。此五事皆与华俗不合,华人起居占地较多也。音乐教室案长七十二寸,广九寸五分,略仄,内高十六寸,外高十九寸。坐高十五寸五分,广十三寸五分。理化室几案似前小学校,而每案皆相间二尺许,能容人行。又室之三面各有四窗,窗皆涂黑,其南面最东之窗置回光镜,以研授光学者。教员案右置纸造人体形二,一止骨格,一自膜以内筋肉络管皆具,外衣白布。营造设置过小学校远矣。附属之幼稚园,教室少,而游戏之场多。室中案长三十八寸,高十九寸,广十五寸。坐高十寸,广八寸。案面皆画方罫,教习黑板亦画方罫。见教折纸及积木者,又教小儿搜寻藏物,一寻即得则群儿鼓掌贺之,否则群笑之。凡所为,皆使小儿以脑力相磨,又各寓于游戏之事,故一园之中,儿童八十人,有愉快之容,而无愁苦之色,美哉!次观女师范生体操。操场在屋内,广四丈八尺,深六丈。操之行伍分中央、四隅为五方,每方一队,每队八人,凡四十人,有时变为十队,每队四人,蝉联接手,踏步为乐,名群雀舞,欧美女子之舞容也。次观裁缝室,针黹之具皆同,有缝衣机一具。次观一室,讲授教育学者。庭有井,有衣桁,浣濯皆自为之,亦习庖事,美哉!校长大村芳树。清水君亦至,为商保姆事,许迟日商定见答。氏原钘子月俸十八圆,又手当五圆耳。①

访问一校竟记下 849 字,涉及学校教育的各个方面;下午乘汽车至堺参观水族馆、海滨公园、动物馆,又记 300 余字。其认真与敬业达如此程度,令人钦敬不已。关于学校考察的再选几条:

求明治初年至二十五年各教科书,云文部尚有之,可以取观。②

余告之曰:"学校形式不请观大者,请观小者;教科书不请观新者,请观旧者;学风不请询都城者,请询市町村者;经验不请询已完全时者,请询未完全时者;经济不请询政府及地方官优给补助者,请询地方人民拮据自立者。"③

第一条称求购日本自明治维新以来各年各类教科书,用以参考。第二条说,参观对象不求"高、大、上、全",而求"小、旧、农村、未全者",以贴近中国的实际、南通的实际,易于仿照与学习。

张謇在日记中时记时思考,更能看出他考察的目的。以下所录是出发第一天的日记:

(四月)二十七日　早七时开行。日人自甲午后,创赤十字社,造"宏济""博爱"二丸,用日金一百万圆。无事则租与邮船株式会社,岁征租金五万圆,分二十年归其造本。常时修理之费,则邮船会社任之。闻欧人近造战船,亦用此法,有战事则配炮,无战事则经商。国家省平日养船之费,兵商有联为团体之思,良法也。二丸宽长与载重均同,舱位三等:上等墨银五十五圆,往复则七五折。二等三十三圆,

① 张謇:《柳西草堂日记》,李明勋、尤世玮主编:《张謇全集》(第八册),第 543—544 页。

②③ 张謇:《柳西草堂日记》,李明勋、尤世玮主编:《张謇全集》(第八册),第 555 页。

三等十三圆。博览会规则有减二成之说,既以往复减折则不加折。[①]

第一天日记所记所思虽无关教育与实业,但张謇却认为,凡有利于我者,均当学习。

(五月)初六日……日人治工业,其最得要在知以予为取,而导源于欧,畅流于华,遂足分欧之利而兴其国。然大概工价,则过华或倍、或二倍。我政府而有意于通商惠工也,利过于日有五说焉:一、原料繁富,二、谷足工廉,三、仿各国之长使利不泄,四、餍民生之好使不愿外,五、与世界争进文明,其要则"以予为取"一语赅之。日本凡工业制造品运往各国,出口时海关率不征税,转运则以铁道就工厂,又不给则补助之。国家劝工之勤如是。然地少谷贵,工资与制作之业并增均长,而言工业者犹务进不已也。与世界竞争文明,不进即退,更无中立,日人知之矣。[②]

张謇这段日记将日本工业化的成功精准概括为四个字"以予为取",对比分析了中国取高利而阻止工业发展的弊端。

考察期间,恰遇日本内阁更迭,伊藤博文任首相。张謇写下《华历闰五月二十三日日本伊藤博文复代桂太郎入内阁纪事》一诗:

鸟兽亦有群,朋党性情事。与盗掩耳钟,宁各表其帜?日风故任侠,党多自明治。道同旅进退,明白不曾秘。竭来舆论哤,纷纭在国计。增税与募债,并策强邻备。忽传伊侯相,号外播邮置。民附国益险,正须洽抚字。郑侨昔为政,本心主恭惠。毋使观乐宾,旁虑不堪细。[③]

---

① 张謇:《柳西草堂日记》,李明勋、尤世玮主编:《张謇全集》(第八册),第536—537页。

② 张謇:《柳西草堂日记》,李明勋、尤世玮主编:《张謇全集》(第八册),第542页。

③ 张謇:《华历闰五月二十三日日本伊藤博文复代桂太郎入内阁纪事》,张謇撰,徐乃为校注:《张謇诗编年校注》(上册),第342页。

此诗由日本政坛变化——伊藤博文入阁而感慨,剖析其党争,分辨其方略,引申出自己国家应作参考及自己的职分。前四句表明诗人对政党轮换制度的首肯,后两句用反问:与其"掩耳盗铃"而不申明自己的主张,何如树帜立论,号令民众?最后一句说,不要把自己当作"旅游观乐"者,应当担起救国的责任。以下一条日记直接表明,凡"教育、实业、政治、法律、军政"均在其考察之内。

> 自维新变法三十余年,教育、实业、政治、法律、军政一意规仿欧美,朝野上下孜孜矻矻,心摹力追,其用意最当处在上定方针,下明大义。①

张謇一路旅行,一路思考,以决定考察学习的弃取。

> 日本医学发达最先,非独其士大夫所自负,德、法各国闻亦许之,余以兹事繁重,非绵力所能办,故绝未注意,无从赞一辞。就所知者评其次第,则教育第一,工第二,兵第三,农第四,商最下。此皆合政、学、业程度言之。政者,君相之事;学者,士大夫之事;业者,农工商之事。政虚而业实,政因而业果,学兼虚实为用,而通因果为权。士大夫生于民间而不远于君相,然则消息其间,非士大夫之责而谁责哉?孔子言"以不教民战,是谓弃之",夫不教之民,宁止不可用为兵而已,为农为工为商,殆无一可者。然则图存救亡,舍教育无由,而非广兴实业,何所取资以为挹注。是尤士大夫所当兢兢者矣。②

八、法治治国:张謇东游的最大收获

南通教育、实业的长足进步,都与张謇访日有关。

从教育事业看,张謇在日本考察各类学校的规制、课程、管理之种种,

① 张謇:《柳西草堂日记》,李明勋、尤世玮主编:《张謇全集》(第八册),第545页。

② 张謇:《柳西草堂日记》,李明勋、尤世玮主编:《张謇全集》(第八册),第565—566页。

在后来张謇的教育事业中均有所体现。张謇在南通逐渐创立完成小学、初中、师范、职业教育、高等教育、幼儿教育、特殊教育在内的完整教育体系。他还参与了沪宁线上多所高校的创建，远远走在同时代教育家的前面。

张謇其后创建实业，也努力学习日本的经验，建立新型的产业结构，推行现代经济运作方式，如学习日本的“会社”而创建公司，引进日本的管理经验与人才，并推广到农业、航运、盐垦、商业、金融、文化等产业中去。

当然，最为重要的是张謇形成了以法治为根基的理念。

变法的根本在法治，法治的根本在宪法。可以说，张謇是较早提倡创立宪法的政治家。这一理念，应当源于张謇的这次东游考察。就在东游那年除夕的日记中，张謇写下了以下文字：

> 日本全国略与两江总督辖地相等，若南洋则倍之矣。一则致力实业、教育三十年而兴，遂抗大国而拒强国；一则昏若处瓮，瑟缩若被絷。非必生人知觉之异也，一行专制，一行宪法，立政之宗旨不同耳。而无人能举以为圣主告也，可痛可恨。①

“而无人能举以为圣主告也，可痛可恨”，正是无人将外国的“宪法”“法治”“为圣主（皇上）告”。因此，张謇通过老友赵竹君（凤昌）得到日本宪法条文，并在东游的后一年，组织人员翻译，上送中枢朝廷：

> 六月，刻《日本宪法》成，以十二册由赵竹君（凤昌）寄赵小山（庆宽）径达内廷。此书入览后，孝钦太后于召见枢臣时谕曰：“日本有宪法，于国家甚好。”枢臣相顾，不知所对，唯唯而已。②

又后一年，与汤寿潜、赵凤昌改定《立宪奏稿》，上奏朝廷：

> 惟日本以帝国为政策，统于一尊，且与中国同洲同文，土俗民情

---

① 张謇：《柳西草堂日记》，李明勋、尤世玮主编：《张謇全集》（第八册），第577页。

② 张謇：《柳西草堂日记》，李明勋、尤世玮主编：《张謇全集》（第八册），第1020页。

> 大致不远,明治维新,当时亦由外侮激迫而成,其国势与今日中国亦复异地同揆。臣等窃考日本前内阁臣伊藤博文所纂宪法义解,凡为书七章,其中条分件系,纲举目张,盖历游各国,考察制度,斟酌损益,慎之又慎,经十年而后成,用以尊主庇民,巩固国势,成规具在,似可采择施行。臣等不揣冒昧,谨举宪法大益,为皇太后、皇上约略陈之。[①]

光绪三十二年(1906),张謇与汤寿潜、郑孝胥发起成立预备立宪公会,宣统元年(1909)被公推为江苏咨议局议长,后任江苏临时议长。民国成立后,主持订立了几十部法规。其法治理念与那次访日有渊源关系,这是张謇癸卯访日的最大成果,也是他对国家法治现代化所做出的巨大贡献。

结　语

张謇东游访日,对他一生产生了重大影响,是他走向世界、获得国际视野的关键一步。他在《复马相伯函》中云:“惟聘请翻译、编辑诸员,须以确能有世界之目光之人,方可胜任。”[②]显然是认识到“国际视野”的重要。

因此,他后来发出“世界经济之潮流喷涌而至,同则存,独则亡,通则胜,塞则败”[③]“不明世界大势,不能解决一国问题”“一个人办一县事,要有一省的眼光;办一省事,要有一国的眼光,办一国事,要有世界的眼光”[④]的呼声,就顺理成章了。

1905年,在张謇等人的努力下,预备立宪被提上日程,才有了五大臣的出访欧美日考察。1915年,美国召开世界水利大会,其时张謇已经六十开外,仍自告奋勇,拟前往参加,但因年龄问题被北洋政府阻止。1918年,朱葆三、沈联方联名拟请张謇领衔出席世界巴黎和平大会下的国际税法会议,张謇真切表示“虽惭衰拙,义不当辞”,然因“惟二十余年,经

---

① 张謇:《立宪奏稿》,李明勋、尤世玮主编:《张謇全集》(第一册),第117页。

② 张謇:《复马相伯函》,李明勋、尤世玮主编:《张謇全集》(第二册),第687页。

③ 张謇:《致商会联合会函》,李明勋、尤世玮主编:《张謇全集》(第二册),第437页。

④ 张孝若:《南通张季直先生传记》,第297页。

营村落,管理事多,且当夏历年关,诸待结束,明春地方应举之事,任人筹费,诸待规划,未敢率应",仍愿"摒挡有绪,自以个人名义游历,以竟夙昔未偿之愿"①。

〔作者徐乃为,南通大学文学院教授,张謇企业家学院特约研究员。南通 226019〕

① 张謇:《致朱葆三沈联芳等函》,李明勋、尤世玮主编:《张謇全集》(第二册),第694页。

张謇考察东瀛后的政治认知和努力*

钱　健

摘　要：癸卯东游，在日广泛调研，不仅深化了张謇对日本发展路径的理解，更极大地拓展了其视野与认知范畴。由此，这位深耕南通的企业巨擘，逐步转变为具有国际视野、致力于改革中国政治生态的先驱与社会革新者。归国后，张謇以日本为镜，在大力兴办实业、教育、慈善等事业的同时，不遗余力地推进立宪运动，尝试以制度改革来探求国家发展之道。

关键词：张謇　癸卯东游　立宪运动

张謇癸卯年对日本的周详考察，使他认识到日本得以快速发展的根本原因是成功实行了维新变法，在"上定方针，下明大义"之后仅仅十余年，日本的教育、实业、政治、法律、军政等，都有了跨越式的进步。张謇甫归国，就立即编印书籍，介绍日本的体制改革，力图达成推动立宪的目标。

一、张謇转以先行者日本为师

地处长江口的南通地区，在历史上与日本保持了较多联系。日本弥生时代的植稻文化与南通历史上稻作文明高度相似。南通地区向东的海道很可能曾是在当地起源很早的稻作文化直接迁移至日本的主要通道①。

唐代，藤原清河率领的日本遣唐使团、日本僧人都曾经在南通地区的海岸登陆。鉴真和尚乘坐的船也是在南通的江口遇险停顿后再离开南通而前往日本的。南通地区和日本列岛历史上都互有海上漂流民抵达和互

---

* 本文系国家社会科学基金项目"张謇与通州议事会研究"(16BZS126)的阶段性研究成果。

① 羽离子、刘涵：《日本鸟谷神话证明稻作文化源于中国沿海》，《青墩文化》2018年第1期。

相救护的例子①。

张謇一生中最早写到日本，是光绪二年，他 23 岁时。这年四月他到通州参加科举考试，这个豪气满怀又想象力丰富的年轻人写了《海上钓鳌客赋》，其中有："伟哉青莲，壮怀激宕兮，逸气蹁跹。历诸藩而不遇，览帝京而游焉。……恍瀛洲海客之谈，谢烟波钓徒之诏。……如此飞扬跋扈，疑符工部之诗；岂知忼忾激昂，隐寓任公之钓。噫嘻！……引碧海之神鳌。"②

张謇既陶醉在海上瀛洲即日本客人所谈的奇异传言里，又谢辞了烟波钓徒，意气风发地邀其共赴海上仙境的盛请。张謇相信神鳌正是生活在离瀛洲即日本更近的"溟海"又称"碧海"里。为什么要钓神鳌，因为传说只有神仙和状元才能将大鳌作为坐骑。张謇 12 岁时应对塾师的联语就是"我踏金鳌海上来"。虽然青年时期的张謇对瀛洲日本十分有好感，但仍同中国大多数士子一样，仅把日本看作通用汉字、诗书精美的礼仪之邦而已。

1882 年，清朝藩国朝鲜发生壬午兵变，其国王李熙派吏部参判金允植入清请求出兵平乱。8 月，吴长庆受命率其部乘轮到朝鲜，进至汉城远郊扎营。张謇当时在吴长庆部总管来往文牍和参与相关事务的处理。不久，朝鲜内乱被平定。朝鲜政府承诺，因日本人在朝鲜殒命及出兵的耗费等，向日本赔偿 50 万元。日本驻朝鲜公使花房义质来吴长庆大营通报情况。此时，张謇对日军的战力有如此评价："日兵甚弱，行不成列，吾甚惜朝人以五十万元款之为失计也。"③直至 1894 年中日甲午战争前夕，张謇对日本国力的增长依然缺乏认识。

1894 年 5 月 28 日早，科考殿试阅卷八大臣奉旨在乾清门外丹墀宣布新科进士的一甲前三名。张謇为第一名，即状元。7 月 2 日，张謇"闻朝鲜事大棘"，7 月 8 日起，张謇就朝鲜事务向翁同龢致书多次。张謇记云："六日，闻朝鲜事，言人人殊。上常熟师书。"祁龙威认为陆史一抄存的

---

① 参见《阿倍仲麻吕史事年记》和《藤原清河史事年记》，《唐元四客卿史事年记》第一卷、第二卷。

② 张謇：《海上钓鳌客赋》，李明勋、尤世玮主编：《张謇全集》（第六册），第 3—4 页。

③ 张謇：《柳西草堂日记》，李明勋、尤世玮主编：《张謇全集》（第八册），第 180 页。

张謇的上书正是此信:“朝鲜事起以来,宣南士大夫所闻,言人人殊。……姑就所闻,策划其事,私于左右,以备采择。”张謇的具体策略是一论战略:“朝中唇齿,当进攻日本,以缓朝鲜之难。”二论将才、三论募兵、四论统帅、五论筹饷①。

已亲政的光绪皇帝有意借朝鲜事务来摆脱慈禧太后的影响,展现自己并非平庸无为的形象,持主战立场。所以,对日一战,是他亲政立威的奠基石。

7月16日,张謇再次写信给帝师翁同龢,建议:一派海军游弋中、朝、日之间,伺隙进攻,使日本“不敢分兵扰我边海”;二派陆军分道援朝鲜;三起用湘军宿将刘锦堂督师。7月19日,张謇给翁同龢的新建议是:一令刘永福防台湾,相机东击日本;二于陈宝箴、陈湜中择一人为台湾巡抚;三令旅顺防兵即进平壤……7月29日,张謇上书请明发谕旨,对日本宣战,令左宝贵等进军,会驻牙山之叶子超出击。……张謇称:“以日本蕞尔小国,何足以抗天兵;非大创之,不足以示威而免患。”②

光绪帝特颁谕军机大臣面奉谕旨:“本日据奕劻面奏,朝鲜之事,关系重大,亟须集思广益。着派翁同龢、李鸿藻与军机大臣、总理各国事务大臣会同详议,将如何办理之处,妥筹具奏。钦此。”③翁同龢的意见强力地左右着军机处的各项决定。而张謇则因曾在吴长庆军中服务,又在处理壬午之变的军事行动中立过功,所以被帝党清流认定为熟悉军政的人才。翁同龢让陆史一及王伯恭抄传张謇与之往复商论时局和规策的书函④。张謇也让人影印、传阅翁同龢的复信,使更多人了解主战的主张⑤。可以说,翁同龢和张謇在主战方面的共识,直接影响了朝野。

---

① 祁龙威:《张謇日记笺注选存》,扬州:广陵书社,2007年,第10页。

② 王伯恭:《蜷庐随笔》卷一,台北:文海出版有限公司,1968年,第19—20页。

③ 故宫博物院文献馆编:《清光绪朝中日交涉史料》卷十四,北京:故宫博物院文献馆,1932年,第40页。

④ 王伯恭了解北洋水师的实力,他入京向翁同龢建言,清廷不足以对日开战,因为北洋水师断无战胜之可能。翁同龢听了他的陈述后未予反驳,而谓:“吾正欲试其良楛,以为整顿地也……以相窘也。”所以翁让其传抄张謇的主战呼吁和历次献策,实以引燃士群。而张謇印行翁同龢的书信,也是借示所言非小而乃军国大事。

⑤ 翁同龢撰,张氏扶海垞藏辑:《翁松禅致张啬庵手书》。今书肆有1938年上海有正书局印本以及其后商务印书馆的转印本等。祁龙威自述在考证翁同龢复张謇的信时曾用过“南通影印之《翁松禅致张啬庵手书》”,或许是张謇家印少许的影印本。

张謇不相信日本会有与清国对抗的能力，在他眼里，只要真打，清国必胜。否则他不会一次又一次地呼吁开战[①]。然而，甲午战争的结局，张謇就像被兜头浇了盆冰水，浑身透凉。

甲午战争后，赴日留学的中国学生迅速增加。早期留日学生写了大量的见闻、随笔、书信、杂记、评论等，不少发表在留学生自己办的小报上。它们大多被寄回国内，影响很大。战后十年，留日学生已不少于三千人，至清末，已达上万人。赴日考察的清朝官员也很多。杨汤琛据日本出版的《近代中国官民之日本视察》一书，统计出从甲午战争后至清朝覆灭，赴日考察的官员人数高达 1382 人，其中清廷直接派遣赴日官员有 424 人，地方政府派遣的有 958 人[②]。

张謇是位勤学不倦、辨惑好思而无有终止的人。他阅读了大量的书报和新书，终于有所感悟：还处在男耕女织的农耕社会的大清与已踏入工业文明时代的日本，在生产力、产业观、世界观等方面，已判若云泥，日本已是一个日新月异的新国家了。张謇的日本观就此变化。

1895 年 7 月，清廷发布上谕，令各部和各地督府，启办各种时务新政："如修铁路、铸钞币、造机器、开各矿、折南漕、减兵额、创邮政、练陆军、整海军、立学堂；大约以筹饷练兵为急务；以恤商惠工为本源。此应及时举办。"[③]在两江总督张之洞的支持下，张謇联络了若干投资商，创办了大生纱厂。

日本以西人为师，择西方各国适于本土的各事物而取用之。当时中国人的西学知识，都来源于日本。张謇从此留心日本的所采所用，知其何处何事擅而何处何事尚有不足。他在 1898 年仿日本而办农会时有记："会宜有学堂一区：宜延欧西化学师一人，东洋农师一人，蚕师一人，翻译一人；宜有田四五十亩，其费由各府厅州县农会分集。"[④]哪方面可聘日人，哪方面须聘欧人，张謇都用心调查过。

1901 年，张謇在与何嗣焜、盛宣怀商议后草拟条记的基础上[⑤]，撰写

---

① 祁龙威：《张謇日记笺注选存》，第 12—14 页。

② 杨汤琛：《近代中国官民之日本视察》，《中国现代文学研究丛刊》2021 年第 8 期。熊达云：《近代中国官民之日本视察》，东京：成文堂，1998 年。

③ 朱寿朋：《光绪朝东华录》，北京：中华书局，1984 年，第 3631 页。

④ 张謇：《农会议》，李明勋、尤世玮主编：《张謇全集》（第四册），第 25 页。

⑤ 羽离子：《东方乌托邦：近代南通》，北京：人民出版社，2007 年，第 115 页。

了约两万四千字的《变法平议》报呈两江总督张之洞[①]，提议在政治、经济、法律、教育等诸多方面，向日本学习：

《变法平议》列举了很多张謇认为日本值得中国学习、仿行的方面，显然包含了他的深思熟虑。由此可见，张謇的对日研究已经比较深入，几乎无所不至。《变法平议》代表了癸卯东行日本之前，张謇对日本的认知。因尚未实地踏勘日本，表述和陈议多有实际不详之处，如第一项“置议政院”事，本是最要之事，却未能言之更多。

二、张謇东游归国后推动立宪的努力

光绪二十九年(1903)初，日本驻江宁领事天野恭太郎通过徐乃昌，函邀张謇和一些东南名流参观日本第五次国内劝业博览会。四月二十七日，张謇踏上行程，开始了长达70天的日本考察。张謇先后到长崎、神户、大阪、东京、西京、名古屋、横滨、上野、青森、函馆、室兰、札幌、平岸、茨户、小樽、青森、吉原等大小城市，与各界人士进行了广泛交谈。实地访问幼稚园、小学、师范学校、工业学校、医学校、商业学校、大学、农工场、报社、练军场、玻璃厂、公园、水源局、银行、棉场、盲哑院、农园试验场、制麻株式会社工场、种育场、博物馆等共35处教育单位和30处农工商单位。

日本城市“廛市，道路皆宽平”[②]。公共交通发达，电气路灯、自来水俱备，街道卫生洁净。即便比通州还小的札幌，也是“街衢广率七八丈，纵横相当。官廨学校，宏敞整洁。工场林立，廛市齐一”[③]，使张謇感触极深。

有研究者认为张謇任民国农商总长时主持制定的关于荒地承垦的条例、森林法、造林奖励条例、奖励农牧产、改良品种等，与其东游日本有关；而“以后的20年里，张謇在南通创办淮海实业银行、上海大达轮步公司、天生港轮步公司、江浙渔业公司等等企业，以及公益慈善机构，包括1910

---

① 张謇：《变法平议》，李明勋、尤世玮主编：《张謇全集》(第四册)，第34—62页。

② 张謇：《柳西草堂日记》，李明勋、尤世玮主编：《张謇全集》(第八册)，第540页。

③ 张謇：《柳西草堂日记》，李明勋、尤世玮主编：《张謇全集》(第八册)，第557页。

年在江宁创导举办南洋劝业会等等，这些举措都与他东游日本有关”①。

张謇在日本，除了实地考察外，还着意寻求自治和宪政方面的书籍。工藤武重是日本著名的政治学家，任教于日本中央大学。1901 年开始，陆续出版《帝国议会史》各辑。1914 年，出版《日本宪政史》。1926 年，出版《大正宪政史》。中国国家图书馆收藏了南通翰墨林印书局印行的《日本议会史》第一至第七册。《日本议会史》即工藤武重的《帝国议会史》。该书记载了日本明治时初行宪政，大正时续行之的政体结构的各方面、法与政的建立、制度与规范如何运行等。

张謇创办翰墨林印书局，早在他赴日之前两年上呈的《变法平议》中，就已经对设局译书作了说明：“西政专门之书，经东人列为学科者，类已逾百。”②

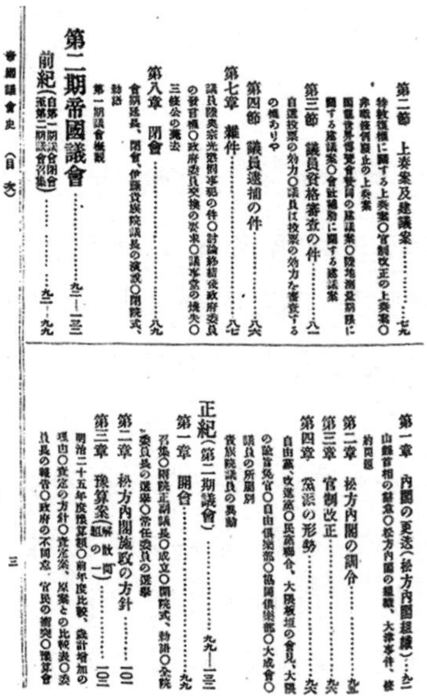
第二節 上奏案及建議案……七九
第三節 議員資格審査の件……八一
第四節 議員逮捕の件……八六
第七章 雜件……八七
第八章 閉會……八九
第二期帝國議會……九二—一三三
前紀(自第一期議會閉會至第二期議會召集)……九二—九九
第一章 内閣の更迭(松方内閣組織)……九二
第二章 松方内閣の調合……九五
第三章 官制改正……九六
第四章 黨派の形勢……九六
正紀(第二期議會)……九九—一三三
第一章 開會……九九
第二章 松方内閣施政の方針……一〇一
第三章 豫算案(解散前の一組)……一〇三
帝國議會史 (目次) 三

《日本议会史》第一至第七册，依次记述了从明治元年(1868)三月十四日天皇颁诏“广兴议会，万几决于公论”开始维新，直到明治二十七年(1894)十月二十二日第七期议会闭会为止的议会工作。张謇在《日本议会史》序言中说：“原书区为十二期，近移译之，次第版行。”

《帝国议会史》由东京政法大学毕业的浙江杭县人汪有龄翻译。因清

① 周至硕：《张謇眼中的日本》，《档案建设》2016 年第 2 期。

② 张謇：《变法平议》，李明勋、尤世玮主编：《张謇全集》(第四册)，第 50 页。

政府恪守不能称周边小国之君为帝的原则,原书名中的“帝国”两字会让清廷高层感到不快,张謇待汪有龄翻译完成后,将书名改成《日本议会史》。翻译者汪有龄,也借翻译《帝国议会史》提高了知名度。1910年,他创办了中国最早的研宣现代法律的社团——北京法学会。此后不久,汪又在北京创办了中国第一所法科大学——私立朝阳大学[①]。

为什么至今没有见到《日本议会史》后面的部分呢?一种可能是曾经出版过,只是现在不见了。第二种可能是《日本议会史》的前几册已经基本包括了日本宪政的所有方面,足以解答时人的疑惑。第三种可能是汪有龄没有译出《日本议会史》后面的部分。因为当时汪忙于授课和筹建法学会、办校等事务,无暇顾及译书。此外,当时张謇的翰墨林印书局负债经营,一时拿不出足量的稿酬,所以汪有龄的翻译工作也就停滞了。

以下为《日本议会史》的绪篇及第一期日本议会、第二期帝国议会的主要纲目[②]。

绪篇 宪法制度之由来:征士 贡士 下议事所 议政官 贡士对策所 公议所 待诏局 集议院 正院 左院 右院 地方官会议 元老院 大审院 府县会 民选议院之建白 国会期成同盟会 开设国会之敕谕 宪法调查 伊藤之出洋 民权压抑 官民之不和 钦定宪法 发布宪法 发布宪法敕语 宪政概论;

第一期日本议会:前纪(自帝国宪法发布至第一期议会召集) 第一章 内阁之更迭,第二章 内阁之训令,第三章 贵族院议员 皇族议员 公侯爵议员 伯子男爵议员 敕选议员 多额纳税议员 议员之异动,第四章 众议院议员总选举 总选举 新议员之属别 议员之异动,第五章 政党之形势 ……;

第二期帝国议会:前纪(自第一期议会闭会至第二期议会召集) 第一章 内阁之更迭,第二章 内阁之训令,第三章 官制改正,第四章 党派之形势,……

张謇考察日本期间亲见了日本书报业的发达。所以他回国后急于办

---

① 朝阳大学后改称朝阳学院。中华人民共和国成立后,并入中国政法学院。

② 汪有龄著,王平原编:《汪有龄法学文集》,北京:中国法制出版社,2013年。

理的一件事就是开设翰墨林印书局。中国第一历史档案馆藏“商部 光绪三十一年奏准办理各类公司学堂路矿商会等事”的统计表册中有如下登记:“翰墨林印书局。合资人:通州师范等三学校。资本:一万两有限。七月十四日注册。设在江苏通州。”实际上,翰墨林印书局并非在光绪三十一年(1905)才成立。只是1905年,商部统一管理全国工商企业,才通知各工商企业,包括已运行了多年的企业登记。

张謇在1903年制定了《翰墨林书局章程》,开首述书局初办:“因兴师范学校,乃兴印书局。有印书局,而后师范之讲义教科之编辑布行不致稽时;附卖他学问之书,而向学之士亦得餍其所求,开其知识。”师范学校1902年申办,如忽略了其后的“乃”和“而后”,就会误以为印书局也是同年申办的①。张謇于1904年呈文两江总督魏光焘,申请禁止各书贾翻印翰墨林印书局的出版物。其开首亦述事由:“窃于光绪二十八年正月通州创设民立师范院校,资呈前督部堂刘核准在案。继以中国师范学校尚无相当之教科书,所有讲义须随时编辑,而非随编随辑随印,则缮写既不胜其烦,寄印于上海又不能应用,因复鸠合同志集股,设一印书局,冀于兴学有益,亦可传习印刷之工艺。”②如果注意到呈文中已写明的“继以”“因复”的词意,当不会有前述之误。

十多年后,江谦受命主编而拟报北洋政府的简述本《南通地方自治十九年之成绩》中有“翰墨林印书股份有限公司”一项,称:“清光绪二十八年正月,张謇既创设民立师范学校;以中国师范学校尚无相当之教科书,所有讲义须随时编辑,而非随编随印;则缮写既不胜其繁,寄印于上海又不能应用;因于是年集股,就南门外西园旧址设立刷印书局;冀于兴学有益,亦可传习工艺。西园本前知州唐仲冕所创,有所书翰墨林三字额,故即名为翰墨林。购办铜模铅字,招聚生徒,聘用工师,于二十九年八月开工。……原为五人合资公司,开办后遵商律公举股东张詧为总理。”③光绪二十八年商议集资,但实际创办印书局是在次年。所附《历年营业状况

① 张謇:《翰墨林书局章程》,李明勋、尤世玮主编:《张謇全集》(第五册),第47页。

② 张謇:《呈南洋大臣魏光焘》,李明勋、尤世玮主编:《张謇全集》(第一册),第53页。

③ 江谦:《南通地方自治十九年之成绩》,张謇研究中心、南通博物苑编印,2003年,第8页。

表》也证实光绪二十八年印书局不存在,无财务记录。只在"光绪二十九至三十年"的亏欠栏里,登记了陆续收到两万多两股金即外债,是为实证。印书局开办之初,刻印了不少立宪方面的书籍,难以赢利[①]。张謇在自订年谱中写明:"三十年甲辰 五十二岁……设翰墨林印书局。"此前印书局只是试办,正式创办翰墨林印书局,是光绪三十年即1904年的事[②]。张謇从日本回来后急于创办翰墨林印书局,报称是为师范学校印教材和参考书等的需要。其实,他暂时不对清廷公开却实际上努力达到的一个重要目的,就是印布关于自治与宪政的书籍。

当时,上海的洋行有脚踩圆盘印刷机出售,上海、南京、宁波等地有印刷经验的技工和徒工也较多。所以,由南通师范学校、通师附属小学等名义上投资,很快就在南通城南已废的文昌庙——西园办成了印书局。翰墨林印书局于光绪二十九年八月(1903年9月)开工。八月初一日(9月21日),排版印刷的第一部书即是张謇的《东游日记》,农历八月二十二日(10月12日)印成。张謇阅后略带遗憾地喟叹:"《东游日记》印成,犹有误字!"次日他因回复户部主事李磐硕的来信,就把此书随信寄给了他。翁同龢在收到《东游日记》之后还给张謇回函。

光绪三十年(1904)六月,印书局印成了《日本宪法》一书。张謇记:"以十二册由赵竹君(凤昌)寄赵小山(庆宽)径达内廷。此书入览后,孝钦太后于召见枢臣时谕曰:'日本有宪法,于国家甚好。'枢臣相顾,不知所对,唯唯而已。瞿鸿禨旋命其七弟来沪,托凤昌选购宪法各书,不知赵故预刻宪法之人也;举告为笑。枢臣奉职不识古文,莅政不知今情;以是谋人家国,宁有幸乎?"[③]同年八月,翰墨林印书局又印制了张謇组织编辑的《日本宪法义解》《议会史》[④]两书。十月中旬,张謇在南京把两书送给兵部左侍郎铁良,并与他谈说宪法。十二月十一日(1905年1月16日)《日本议会史》第一册在翰墨林出版。1905年,翰墨林印书局增购了脚踩转盘印刷机。书局陆续出版了《日本议会史》的后续数册、《英国国会史》、《日本宪法义解》、说明日本地方议会制的《地方自治纲要》(即《日本行政制度》)等书。

---

① 江谦:《南通地方自治十九年之成绩》,第8页。

②③ 张謇:《啬翁自订年谱》,李明勋、尤世玮主编:《张謇全集》(第八册),第1020页。

④ 疑此张謇所记的《议会史》,或是《日本议会史》的简称。

光绪三十三年(1907)八月十六日,张謇将这批书送给主张立宪变法的新任河南巡抚林绍年,请他推送各界。张謇在附信中说:"……不为及时救正,将见宪政之效未睹,而颠蹶之兆先萌。謇不自度量,私以为恫。因念日本取法于德,而英国自治性质较长;乃觅得《日本议会史》《英国国会史》全部;属精于东西文法者为之重译印行,刻已成书。凡两国宪政之如何成立,如何变更,如何审慎,靡不周密完备,反复引伸。在今日我国宪政萌芽之时代,凡政界、学界果能外集良法,内审国势,明辨而笃行之;庶几将来或有食其效果之一日。兹将每种奉寄二百部,又《宪法古义》二百部。幸夫子赐以鉴定,为之颁布而推行之,或可为我夫子预备之一助。"① 《宪法古义》是立宪派重要领袖之一汤寿潜为其书的旧版增添了东西方宪政介绍后的新版书。

张謇创办于上海的中国图书公司于1909年出版了《地方自治讲义》。张謇将其赠送给多位官员和士绅,并在上海等地销售。

张謇在《日本议会史》序中写道:"西方之人有言:不知政治之组织,而妄求政治之权利,是妄想也。此非过论!"②此序叙述宪政的构成及各部分的次第实行,句句精辟。张謇还曾于光绪三十年四月为湖广总督张之洞及两江总督魏光焘撰拟立宪奏稿。可惜此稿经四五人的磨勘,七易其稿,愈加"语婉甚而气亦怯",不能鲜明地表达张謇的主张。光绪三十一年(1905),清廷派遣五大臣出国考察宪政。次年,郑孝胥、汤寿潜、张謇等组织的预备立宪公会成立。立宪运动快速兴起,速开国会的请愿活动也在全国范围内发动起来。以上都是张謇癸卯东游,学习日本明治维新改革,对近代立宪运动做出的重要贡献。

〔作者钱健,南通大学历史学教授(退休)。南通 226019〕

① 张謇:《上林绍年书》,李明勋、尤世玮主编:《张謇全集》(第二册),第217页。

② 张謇:《日本议会史序》,《张謇全集》(第六册),第319页。

癸卯东游对张謇教育实践的影响

陆　阳

摘　要:1903年(农历癸卯年),张謇东渡日本参观大阪博览会,并对日本的实业和教育进行了较为全面的考察。考察期间,张謇不仅被日本学校教育的系统性、实用性与普及程度所震撼,更细心研习了日本明治维新后教育改革的具体举措,包括注重基础教育、强调职业教育与产业发展的紧密结合,以及教师培训体系的完善等。这些先进经验成为张謇推进教育实践的重要参照。回国后,张謇积极倡导并实践"教育救国"理念,创办了一系列学校,特别是在课程设置上融入日本注重实践与创新的教学模式,聘请日本教习来南通教学,引入教师培养与考核机制,力求提升教育质量与效果,为中国近代教育转型奠定了坚实基础并作出了路径探索。

关键词:癸卯东游　张謇　教育实践

1895年,张謇以状元身份"下海",在家乡南通创办大生纱厂;又秉承"父教育而母实业"之宗旨,本着"立学校须从小学始,尤须先从师范始"①之精神,积极筹办教育事业,于1902年创办通州师范学校。张謇对该校的创办与发展倾注了大量的心血,他亲自拟定了学校的办学宗旨、招生对象、课程设置、教学管理等,提出了一套较为完整的师范教育办学理念,欲为普及教育、提高国民素质培养大量优秀师资。同时,他本着"办一国事,要有世界的眼光"②之理念,将目光转向世界,对日本予以高度关注。日本是中国一衣带水的邻邦,在文化上与中国有许多相近之处。进入近代以后,日本也曾有被列强侵略的痛苦经历,但其利用有利的国际形势发愤图强,终于在"明治维新"后成为雄踞东亚的强国。日本明治维新后"三四

① 张謇:《师范学校开校演说》,李明勋、尤世玮主编:《张謇全集》(第四册),第70页。

② 张孝若:《南通张季直先生传记》,上海:上海书店,1992年影印本,第297页。

十年间，由小国而跻于强大矣”[①]，而中国却仍然停留在落后挨打的境地，这对张謇刺激很深。同时，由于他所办的不少事业在当代中国都是属于开创性的，找不到参证的榜样，故张謇有意去往日本参观考察。

对于学习国外的成功经验，张謇有着清醒的认识。早在1895年，他在《代鄂督条陈立国自强疏》中就提出“多派游历人员”[②]的主张。他渴望亲赴日本实地考察，但戊戌变法失败后国内顽固势力气焰嚣张，张謇只好暂时打消赴日本学习考察的念头。他在《日记》中说：“自丙戌会试报罢，即谓中国须振兴实业，其责任须在士大夫……甲午后，乃有以实业与教育迭相为用之思，经画纺厂，又五年而后著效。比时即拟东游考察，会世多故，谗言高张，惧不胜其描画而止。”[③]1900年夏，张謇撰写《变法平议》，重申派遣亲贵大臣到国外游历考察的主张。1901年9月，《辛丑条约》签订。受此刺激，国内许多开明官绅如罗振玉、吴汝纶以及缪荃孙等纷纷出国考察游历，寻觅救国之良方。在这样的大背景下，张謇决定择日东游。

1903年，日本举办第五次国内劝业博览会（即大阪博览会），日本驻江宁领事天野恭太郎邀请江浙名流赴日参观，受到邀请的张謇欣然允诺。这一年的农历四月二十六日，张謇与友人一行五人登上日本邮轮“博爱丸”。次日，邮轮开行，再一日即抵达日本长崎，自此开始了长达70天的参观、考察旅程。除去往返所需的7天，张謇在日本实际逗留63天。他把这次考察目的确定为“考察农工及市町村小学校”[④]，以教育和实业为目的，“先幼稚园，次寻常高等小学，次中学，次高等，徐及工厂”[⑤]。他一路考察，经过了马关、神户、大阪、西京、名古屋、东京、横滨、青森、函馆，直至北海道的札幌等大小城市。

张謇认为日本新政“植基工商”[⑥]，因而对日本的工商企业进行了广泛的考察。大阪博览会是其中的重要内容，张謇先后参观了八次。除博

---

① 张謇：《劝通州商业合营储蓄兼普通商业银行说帖》，李明勋、尤世玮主编：《张謇全集》（第四册），第67页。

② 张謇：《代鄂督条陈立国自强疏》，李明勋、尤世玮主编：《张謇全集》（第一册），第23页。

③④ 张謇：《柳西草堂日记》，李明勋、尤世玮主编：《张謇全集》（第八册），第536页。

⑤ 张謇：《柳西草堂日记》，李明勋、尤世玮主编：《张謇全集》（第八册），第541页。

⑥ 张謇：《变法平议》，李明勋、尤世玮主编：《张謇全集》（第四册），第58页。

览会外,张謇主要参观了花多隆太郎铁工所、岛田玻璃厂、织物株式会社、北海道制麻株式会社、筑地活版印刷所、《大阪朝日新闻》印刷所、水利发电场以及三十四家银行、造币局等。张謇一向高度重视农业,加之当时他正热心盐垦事业,所以在日本期间也参观了不少农业单位,如札幌垦植场、真驹内种育场、前田牧牛场、北海农事试验场等。参观教育机构,对倡导"教育救国"的张謇来说自是题中应有之义。他在日本一路参观、考察教育文化机构30多家,其中既有幼教和小教单位,又有女子教育和师范教育单位,也有实业技术教育单位,还有新闻机构。日本医学发达,但他"以兹事繁重,非绵力所能办,故绝未注意"①而未亲往考察。

时间	考察文化教育机构名称	备注
四月二十九日	私立鹤鸣女子学校、伊良林寻常小学校	
五月初四日	朝日新闻社	
五月初五日	大阪市小学校	
五月初六日	爱日小学校、爱珠幼稚园	
五月初七日	东区第一高等小学校、淡路町一丁目泊书院	
五月初八日	桃山女子师范学校及附属幼稚园	
五月初九日	中之岛高等工业学校、医学校	
五月初十日	大阪府立师范学校及附属小学校	
五月十一日	复至大阪府立师范学校	
五月十四日	东成郡鹤桥村农学校	
五月二十日	京都染织学校、盲哑院(慈善机构)、大学院	
五月二十一日	图书博物馆	同行之人独往考察
五月二十二日	名古屋商业学校	
五月二十三日	静冈商业学校	
五月二十五日	农科大学	同行之人前往考察
闰五月初三日	弘文学院、成城学校	
闰五月初九日	函馆官立商业学校、私立寻常小学校	

① 张謇:《柳西草堂日记》,李明勋、尤世玮主编:《张謇全集》(第八册),第565页。

（续表）

时间	考察文化教育机构名称	备注
闰五月十二日	北海道农学校及农园试验场	
闰五月十三日	真驹内公立单级小学校	
闰五月十四日	石狩川寻常小学校	
闰五月二十二日	高等师范学校	
闰五月二十三日	高等工业学校	
闰五月二十四日	织工徒弟及实业补习学校、小石川区理科大学附属植物园	前者系友人前往
六月初二日	藤户小学、福冈小学	以上两校皆途经

张謇此次东游日程安排紧凑，常常一天要参观多处，私费东游的性质使他非常珍惜这一来之不易的学习机会。五月二十四日，张謇为实地观察日本的凿井，先乘汽车，转乘铁道马车，再步行 14 里到达目的地，了解了实际情况，作了记录。闰五月初七日，张謇等自横滨转上野，乘二等汽车去青森，整整一天一夜的路程。他在日记里写道："夜甚凉，车无食堂寝台，沿途买饼饵充腹……过仙台，并鸡卵亦无购处。"①24 小时的奔波，张謇毫无倦意，午后冒雨乘"肥后丸"过津轻海峡，向北海道进发，为农垦事业寻找经验。在吉原，他投宿鲷屋旅馆，"睡后为蚊虻所苦，中夜屡觉"②。正如日本记者所说的那样，作为"知识精英兼实行之勇士观光者"，张謇的东游"与以视察为名而一般泛泛走马观花者大相迥异"③。

每到一处教育单位，张謇都仔细观察、详细询问。从校园、校舍到学生宿舍、食堂，从师资力量的配备到课程的设置，从教学设施到教科书，从教学方法到学生的伙食等，他都一一详记，写在日记中。甚至连课桌、课椅的长短、高矮，他都一一量过尺寸，详细记下，对儿童做火车游戏的积木玩具也看得出神。日本记者就发现，在桃山女子师范学校，张謇除重点了

---

① 张謇：《柳西草堂日记》，李明勋、尤世玮主编：《张謇全集》（第八册），第 555 页。

② 张謇：《柳西草堂日记》，李明勋、尤世玮主编：《张謇全集》（第八册），第 563 页。

③ 《大阪朝日新闻》，明治三十六年五月三十一日，转引自严学熙主编：《近代改革家张謇》，南京：江苏古籍出版社，1996 年，第 912 页。

解其教学管理外,“对其建筑物、课业内容无不详细入微地考察,并仔细测量教室内椅子之大小尺寸”[①]。一路游历,张謇对日本的新式教育印象深刻。在大阪市小学校创立 30 年纪念会上,4 万名学生纪律严明,虽风雨交加仍能行列整肃。“……时风雨大作。至十点钟,学童奏洋喇叭,军乐继作”。张謇受到强烈的震撼,断定这是日本教育“三十年之成效也”。[②]张謇参观桃山女子师范学校及附属幼稚园,发现幼稚园“教室少,而游戏之场多”,所为“皆使小儿以脑力相磨,又各寓于游戏之事”,儿童“有愉快之容,而无愁苦之色”,不由发出“美哉”的赞叹;观女子师范生体操和讲授教育时,又发出“美哉”的感叹[③]。

在询问、查看和记录之余,张謇还对照本国国情予以比较、剖析,并对日本在实业、教育等方面的做法、经验加以鉴别、取舍,做到为我所用。他在与《北海道泰晤士报》记者迁筹夫的谈话中说:“二十年来,稍留心于实业、教育,近方稍有着手处,是以来游,求增长其知识。”希望日本友人能“以维新时实业、教育经验之艰难委曲见教”[④]。当日本的教育专家嘉纳治五郎询问张謇“东来调查宗旨”时,他回答说:“学校形式不请观大者,请观小者;教科书不请观新者,请观旧者;学风不请询都城者,请询市町村者;经验不请询已完全时者,请询未完全时者;经济不请询政府及地方官优给补助者,请询地方人民拮据自立者。”[⑤]这种态度反映出张謇一贯注重实效、不虚浮,一切从实际出发的个性。在参观大阪东成郡鹤桥村农学校后,他在日记中写道:“校有体操而无音乐。学生习农者一百三人,习兽医者七十人,学成不入高等,听其散而归,各治其乡。若入陆军或他校,或别治生业,亦听。”并有感而发“此我通州所最宜法者”[⑥]。他与学生共进

① 严学熙主编:《近代改革家张謇》,第 912 页。

② 张謇:《柳西草堂日记》,李明勋、尤世玮主编:《张謇全集》(第八册),第 540 页。

③ 张謇:《柳西草堂日记》,李明勋、尤世玮主编:《张謇全集》(第八册),第 543 页。

④ 张謇:《柳西草堂日记》,李明勋、尤世玮主编:《张謇全集》(第八册),第 559 页。

⑤ 张謇:《柳西草堂日记》,李明勋、尤世玮主编:《张謇全集》(第八册),第 555 页。

⑥ 张謇:《柳西草堂日记》,李明勋、尤世玮主编:《张謇全集》(第八册),第 547 页。

午餐，发现当时学生平日的膳食仅一碟鱼片、一碟盐渍菜而已。日本教育界解释此举“当使学生知为学不求饱而敏于所事，不可使饱食而无所用心，可谓知本”，对照中国的情况，他不由感慨：“中国学校以饮食滋讼者多矣，惜不令一游其校以参观之也。”[①]五月十七日日记，张謇自言来大阪半个月“见其衢路遗矢者三，见某校女学生以盥水之手摩男学生之颊二事耳，而未闻妇女诟詈之声、市井哄斗之状。七八岁童子能画地作图，三四岁小儿亦据地以积木为铁道、桥梁式，得固多于失矣”[②]，也是感慨良多。他向日本友人索取明治初年至二十五年各种教科书，又要日本友人详细介绍20年前的教育程度及有关小规模银行组织制度等。之所以这样，是因为张謇认为中日国情有着巨大的差异，处于不同的发展水平和发展阶段，日本现时的做法对当时的中国尚不适用，倒是明治初年经济和社会发展刚刚起步时的做法更具借鉴意义。

在日本的考察结束之时，张謇得出了这样的结论：“就所知者评其次第，则教育第一，工第二，兵第三，农第四，商最下。此皆合政、学、业程度言之。”他接着阐述了政治、教育和实业三者的关系，指出：“政虚而业实，政因而业果，学兼虚实为用，而通因果为权。”就中国国情而言，“图存救亡，舍教育无由，而非广兴实业，何所取资以为挹注。是尤士大夫所当兢兢者矣”[③]，从而坚定了他回国后继续兴办教育、实业等项事业的信心。

东游期间，张謇对明治维新之后日本取得的成就丝毫不吝赞美之词，对帮助、配合他考察的日本各界人士也充满感激。但在参观名古屋商业学校，见到该校校规与伦理教科书强调信用、私德时，却大加抨击“日本唯商德最下”[④]。这番激烈言辞的导火索正是先前他与日本人森村扇四郎、森村要父子商谈订购凿井器事宜时遭遇的“欺诈未遂”事件。早前，张謇尚在国内时，森村向其推销凿井器。张謇在东京经过多方调查：访之海军

① 张謇：《柳西草堂日记》，李明勋、尤世玮主编：《张謇全集》（第八册），第547页。

② 张謇：《柳西草堂日记》，李明勋、尤世玮主编：《张謇全集》（第八册），第550页。

③ 张謇：《柳西草堂日记》，李明勋、尤世玮主编：《张謇全集》（第八册），第565—566页。

④ 张謇：《柳西草堂日记》，李明勋、尤世玮主编：《张謇全集》（第八册），第552页。

无此人(指森村要),访之横滨无矿业商会,访之警察厅,访之农科大学,发现森村要的行为有诈骗嫌疑,并牵涉日本驻沪领事。张謇在日记中深有所感:“今察其工商业中私德之腐溃又如此,以是见教育真实普及之难,而人民性质迁贸于开通,有不期然而然之势。”他还记道:“闻半年来,中人受诳于日人者复有数事,其甚细者,值仅五圆。”[①]就在张謇赴日考察前,上海发生过一起日本人伪造中国通商银行五元、十元钞票的案件,导致该行一度发生挤兑风潮,被迫收回所有已发行纸钞。而在日本政府的庇护下,伪造纸钞的四名日本人却能免于经济赔偿。张謇本人也遭遇过日本人不守信用的毁约行为,他在创办通州师范学校之初聘请过日本教习吉泽,而吉泽却不守契约,长时间离开南通,张謇就严厉批评:“吉泽久不来甚不合信义。”[②]由此可见,张謇在日考察期间,一直抱着既要学习新事物,又不盲目崇拜外国的态度。

此次东游,张謇还有一个重要目的:为通州师范学校聘请日本教习。就在张謇东游的1903年春,日本发生了“教科书狱”。日本明治后期,出版社为使出版的教科书通过审定,纷纷向拥有教材审核权的各府县官员、校长、教员等行贿,一时竟蔚然成风。日本教育界近两百人被卷入其中,经过案件审理、上诉,最终百余人被判定有罪。对此,张謇在日记中也有简略记录:“春间教科书狱发,牵连校长、教谕等近百人。”[③]这些因“教科书狱”而无法在日本教育界立足的教师,却大受中国人欢迎,纷纷受聘来华。张謇在东游之时也有聘请日本教师的意图。闰五月二十七日,“饭后与伯斧诣西村、小山二君。西村言折井夫人已分娩,可就保姆之聘。内藤君荐和田喜八郎为通州师范教习。和田与内藤皆秋田县人,曾卒高等师范学业,为其本县学校教授云”[④]。张謇愿意聘用这样有“污点”的教习,一方面是迫于国内教育人才的严重缺乏,通州师范学校的教学管理工作急需日本教师的指导,一方面也是资金短缺下的无奈选择。聘请德才兼备的日本专家费用高昂,是张謇无力负担的。如著名政治学家吉野作造受聘于天津北方法政学堂时月俸为400银元,而张謇聘用的日本教习最

---

①③ 张謇:《柳西草堂日记》,李明勋、尤世玮主编:《张謇全集》(第八册),第554页。

② 张謇:《教育手牒》,李明勋、尤世玮主编:《张謇全集》(第三册),第1421页。

④ 张謇:《柳西草堂日记》,李明勋、尤世玮主编:《张謇全集》(第八册),第563页。

高薪酬则为150银元。最终张謇聘请了三位“有罪者”担任通州师范的教习，其中木村忠治郎和西谷虎二在通州师范执教时间分别为6年和11年，为学校的发展起到了重要作用。10余年后，张謇在一次演讲中说：“东游时曾为师范校聘教习数名，鄙人与日人为友自此始。”[①]

不难发现，1903年东游考察成了张謇直接认识日本、全面师仿日本的开始。在张謇看来，教育是日本最成功的方面，因此教育自然成了张謇重点学习的对象。从教育体系到学校校训、班级设置、课程设计、教育理念再到校舍建筑等，张謇对日本教育有了更加直观的了解和真切的认识，学到的有益经验日后被他或多或少地融入教育实践的方方面面。简而述之，东游对张謇教育实践的影响主要有以下几点：

其一，坚定“教育救国”的信念。“父教育而母实业”是张謇一个著名的观点，是他“实业救国”“教育救国”思想的集中体现。基于甲午战争惨败与《马关条约》签订后“内忧外患”的社会背景，张謇希望通过发展教育来实现国家强盛。他认为，“欲雪其耻而不讲求学问则无资，欲求学问而不求普及国民之教育则无与，欲教育普及国民而不求师则无导”[②]，“非人民有知识，必不足以自强。知识之本，基于教育”[③]，为此提出“开民智，明公理，舍教育何由”[④]的观点，提倡通过普及教育来开启民智，提高国民文化素质，从而在根本上改变积贫积弱的局面。东游期间，通过对日本教育的亲历亲见亲闻，他对教育的效能有了更直观的认识和亲身的体验，更加坚定了办教育以启智、兴业、救国的信念和决心。日本枢密顾问官田中不二麻吕“教育为开亿万人普遍之识，非为储三数人非常之才”及“国之强不在兵而在教育”的主张，引起他强烈的共鸣，视之为“言教育者不易之大纲，习闻之标识”[⑤]。对教育重要性、必要性的认识，成为他披肝沥胆大办

---

① 张謇：《欢迎日本青年会来通参观演说》，李明勋、尤世玮主编：《张謇全集》（第四册），第579页。

② 张謇：《师范学校开校演说》，李明勋、尤世玮主编：《张謇全集》（第四册），第70页。

③ 张謇：《垦牧公司第一次股东会演说公司成立之历史》，李明勋、尤世玮主编：《张謇全集》（第四册），第180页。

④ 张謇：《师范学校开学演说》，李明勋、尤世玮主编：《张謇全集》（第四册），第77页。

⑤ 张謇：《柳西草堂日记》，李明勋、尤世玮主编：《张謇全集》（第八册），第562—563页。

教育的精神动力。继通州师范学校之后,他又以“女子教育之不可无师”[①]“其女子犹得与男子享同等之教育”[②],创立通州公立女子师范学校;此后,他积二三十年之功发起和创办了许多学校,有通海五属公立中学(1909)、乙种商业学校(1911)、张徐幼稚园(1914)、盲哑学校(1916)、南通伶工学社(1919);还有应一时之需而兴办的文专修科、巡警教练所、法政讲习所、监狱传习所、宣讲练习所、清丈传习所、镀镍传习所、保姆传习所等。张謇办学不限于南通一域。1906 年他参与筹划扬州两淮两等自立小学、中学、师范的设立。江宁商业高中两等学校、上海吴淞商船学校、水产专门学校、苏州铁路学校、南京河海工程专门学校、东台母里师范学校等学校的建立都有张謇的参与和推动;复旦公学、淮属师范学校、南京高等师范学校也都由张謇创议而设立。他将自己经营实业所获的薪金、花红等大多用于教育等社会事业,此外还欠下巨额债务。为解决教育经费困难的问题,他竟在古稀之年登报鬻字,甚至在临死之前还念念不忘要为通师获得稳定充足的经费来源。他对教育的迷恋达到了自己所言“死后求活,惟恃教育”[③]的程度。据统计,从 1903 年起到 1920 年止,张謇在通海地区先后开办了小学 315 所、中学若干所、师范学校 3 所、专科学校 6 所、大学一所[④]。

其二,更加重视师范教育。张謇在其教育救国思想中十分强调师范教育的重要性,指出“立学校须从小学始,尤须先从师范始”[⑤]“兴学之本,惟有师范”[⑥]“普及有本,本在师范”[⑦]“教育为实业之母,师范为教育之

---

① 张謇:《通州女师范校第一次本科实习教授评案序》,李明勋、尤世玮主编:《张謇全集》(第六册),第 367 页。

②⑥ 张謇:《代内子作通州女子师范学校募捐启》,李明勋、尤世玮主编:《张謇全集》(第五册),第 107 页。

③ 张謇:《致缪文功李元蘅顾公毅函》,李明勋、尤世玮主编:《张謇全集》(第二册),第 252 页。

④ 张学君:《实业之梦:张謇传》,成都:四川人民出版社,1995 年,第 377 页。

⑤ 张謇:《师范学校开校演说》,李明勋、尤世玮主编:《张謇全集》(第四册),第 70 页。

⑦ 张謇:《南通师范学校十年度支略序》,李明勋、尤世玮主编:《张謇全集》(第六册),第 370 页。

母"[①],将师范教育放在了一个极为重要的位置。他创办通州师范学校的宗旨,就在于为基础教育的普及培养合格师资,进而推进国民整体素质的提升。回国后他结合本地实际,学习、借鉴日本的教育改革措施进一步建设和发展通州师范学校。(一)在招生对象上,重视德行,男女兼收。张謇在《通州师范学校开办章程》中明确提出:"师范生择举贡生监中性淑行端文理素优者为入格,报名时须得素有声望人保书,再由本学校访察试验开单招致。"[②]"性淑行端",正是对师范学生道德品行的要求,当然也没有忽视考生的文化程度,要求考生应"文理素优",可见通州师范学校招收的学生素质在当时是较为优秀的。学校初创之时,招生对象仅为男性。1905年,张謇考虑到幼稚园需要女子教习,开始招收女生入学。通州师范学校从1902年开办始至1926年张謇去世为止,20多年间共培养正科师范毕业生997人,其中男生843人,女生154人;讲习所培养学生411人,简易科27人,附设其他各科共95人[③]。(二)在课程设置上,中西合璧,突出西学。张謇结合他东渡日本考察的情况,在学校课程设置上建议废除读经,"多习国文、算术,可为生计之预备"[④],主张寻常小学设修身、国语、算术、体操为必修课,修身教科书的内容则多采本国、外国人之嘉言懿行,亦颇融会我国之经训,而易以浅近之文词教授。《通州师范学校开办章程》中明确指出:"讲求教授管理法、修身、历史、地理、算术、文法、理化、测绘、体操诸科学,庶为童幼子弟立受教之基础。而中学已成之士,亦得先致力于公益最要之专科。"[⑤]这是张謇在参考吸收日本师范教育课程设置的基础上结合我国的具体国情提出的,具有开创性与现实性。之后,通州师范的课程设置又作了进一步完善。民国初年,通州师范学校本科开设了法政、西洋史、中国史、地理、伦理、教育、教授法、修身、算术、数学、理化、图画、手工、英文、国文、博物、兵式体操、日语、教育实习等课程[⑥],

---

① 张謇:《师范学校开学演说》,李明勋、尤世玮主编:《张謇全集》(第四册),第123页。

②⑤ 张謇:《通州师范学校开办章程》,李明勋、尤世玮主编:《张謇全集》(第五册),第40页。

③ 周新国:《张謇的教育思想与实践》,《南通师范学院学报(哲学社会科学版)》2003年第3期。

④ 张謇:《呈学部文》,李明勋、尤世玮主编:《张謇全集》(第一册),第178页。

⑥ 卫春回:《张謇评传》,南京:南京大学出版社,2001年,第401页。

形成了一个具有现代性的、较为完整的课程体系。可以看到,通州师范课程既包括了中国传统的历史、修身、伦理等,也有英文、测绘、体操等西学科目,而就中西科目的数量来看,西学的科目超过中学,这既顺应了当时向西方学习的潮流,又与本国国情进行了良好的结合。(三) 在办学层次上,丰富多样,因材施教。通州师范学校主要设置一年制讲习所、两年制简易科、四年制本科三个层次,而学生可以按照自己年龄、能力、意愿为标准选择进入的层次。"其班次则以年差,以力差,以愿差。年长而家贫愿就讲习者,学期一年为一班。年长而家贫,或不贫而愿就速成者,学期二年为一班。年富而家不贫,或贫而愿就本科者,学期四年为一班。"①也就是说,学生可以根据个人的家庭情况与意愿,选择不同的层次进行学习。这一举措所培养的师范学生既满足了多层次学校的需求,也给了学生自由选择的机会,在一定程度上吸引更多的青年投身师范教育,推进师范教育的普及。(四) 在教育实习上,注重能力,强化实践。教育实习是师范教育的重要一环,是保证师范教育质量的关键环节。张謇十分注重教育与实践相结合,对师范生的实际教学能力提出了较高的要求:"凡毕业我师范学校者,最终一学期,必就附属小学实习教育。而教授之实习,必备方案于未习之前,更加评论于既习之后。"②通州师范学校非常重视教育实习,以提升师范生的实际教学能力。《通州师范学校开办章程》开篇就提出:"师范学校中应设小学校为师范生实验练习之地。今拟师范学校开办后八个月,附设高等、寻常两科小学校,以资练习。"③这是张謇注重师范生实践的集中体现,为我国后来师范院校的实习制度起到了模范作用。

其三,着力构筑完整教育体系。张謇不仅主张办学从师范教育做起,还强调需要从小学教育做起。其实,这点跟日本明治时期的教育思想颇为相似。他认为,办学应从小学入手,因为"凡事须由根本作起,未设小

① 张謇:《通海请立师范学校公呈》,李明勋、尤世玮主编:《张謇全集》(第一册),第44页。

② 张謇:《通州女师范校第一次本科实习教授评案序》,李明勋、尤世玮主编:《张謇全集》(第六册),第367—368页。

③ 张謇:《通州师范学校开办章程》,李明勋、尤世玮主编:《张謇全集》(第五册),第40页。

学，先设大学，是谓无本”[1]。普及初等教育为当务之急，而政府既“不暇谋”，也“不肯顾”[2]，所以作为社会精英的士大夫自然责无旁贷。他对日本单级小学的运作早有所闻，很感兴趣，认为它“事权一而费用省，于兴学实为相宜”[3]。在参观大阪府立师范学校时，张謇“观单级小学校授业……单级者为町村学童计，故合四年生于一班授之”。这种方法虽然在日本不属先进，但张謇鉴于国内财力不济、教育落后的实际状况，认为“此于中国今日最宜”[4]，主张在南通偏僻之地多设单级小学以实现普及教育的目标。1909 年，张謇在《论通州乡镇初等小学事寄劝学所教育会函》中对南通的小学教育作出了超前擘画。他指出：“（南通）州境方一万里，合有初等小学四百所。此按每所之地纵横二十五方里而言。计距校最远之学童为二里半，每日上学散学，行走十里，兼亦以是令学童练习勤劳也。”后来，他亲自到乡间考察，发现乡间小路泥泞难行，尤其是对于十岁以内的儿童来说更为艰难，于是提出每十六方里设一个初等小学，全通州应设初等小学六百所[5]。日本教育从幼稚园到小学、中学、大学，已形成一个完整的体系，而当时中国对幼儿教育则知之甚少、重视不够。张謇在日本参观了桃山女子师范学校及附属幼稚园，对学校教学状况尤为赞许。他回国后与其家人一道创办了南通县第一、第二、第三幼稚园，从而形成了从幼稚园到大学、从普通教育到实业教育、从学校教育到社会教育的完整体系。在日本，张謇参观了盲哑院，看到盲人在那里学习识字、按摩、音乐、历史、地理，聋哑人则学习绘画、裁缝、刺绣等课程，使这些“无用之民”“犹养且教之使有用乎”[6]，深有感触。鉴于当时国内残疾人“贫则乞食，

---

① 张謇：《北京商业学校演说》，李明勋、尤世玮主编：《张謇全集》（第四册），第185—186 页。

② 张謇：《南通师范学校十年度支略序》，李明勋、尤世玮主编：《张謇全集》（第六册），第 371 页。

③ 张謇：《通州师范学校议》，李明勋、尤世玮主编：《张謇全集》（第四册），第65 页。

④ 张謇：《柳西草堂日记》，李明勋、尤世玮主编：《张謇全集》（第八册），第545 页。

⑤ 张謇：《致通州劝学所教育会函》，李明勋、尤世玮主编：《张謇全集》（第二册），第 254 页。

⑥ 张謇：《柳西草堂日记》，李明勋、尤世玮主编：《张謇全集》（第八册），第551 页。

富则逸居"[①],缺乏受教育、学技术的机会,他决心在南通创办残疾人教育,让他们"归能不待人而自养","以心思手足之有用,弥补目与口之无用"[②]。1913年,他开始筹资在南通狼山购地兴建盲哑学校,1915年先行开办盲哑学校师范科以解决师资问题。1916年11月,南通盲哑学校开学,张謇自任校长,这是中国人自办的第一所残疾人学校。东游期间张謇没有参观法政类学校,他认为近代中国出国留学生多去学习政治、法律等科,原因是受科举时代做官思想的影响,提出"中国目前兴学之要,普通重于专门,实业亟于名哲"[③]。同时,出于"苟欲兴工,必先兴学"[④]的认识,张謇在南通创办了众多的实业学校,如纺校、农校、医校等,在外地创办或支持创办的绝大多数也是为实业服务的实业学校,如上海吴淞商船学校、水产专门学校、苏州铁路学校、河海工程专门学校等。

其四,重视学生德育教育。东游期间,对日本商人不讲信义、商德最下的观感,引起了张謇的反思。他认为商校教谕斋藤清之丞"兢兢于私德"实在是对症之良药,并强调中国也应高度重视。在德育教育上,张謇始终把诚信教育放在重要地位。他认为,"以不信不义之国人,而冀商业前途之发达,是则大车无輗、小车无軏之行矣"[⑤],"信用者,即忠信笃敬之意"[⑥],屡屡强调诚信教育在学校教育中的重要性。在德育内容方面,东游的所见所闻也为他提供了生动的素材。名古屋商业学校写着"世界我市场"的标语,陈列着地球模型,"意将启发诸生昌其国之商业遍于五洲也",这种培养学生面向世界、开拓进取精神的做法使张謇受到启发[⑦]。

---

① 张謇:《筹设盲哑师范传习所之意旨》,李明勋、尤世玮主编:《张謇全集》(第四册),第239页。

② 张謇:《狼山盲哑学校开幕会演说》,李明勋、尤世玮主编:《张謇全集》(第四册),第350页。

③⑤ 张謇:《柳西草堂日记》,李明勋、尤世玮主编:《张謇全集》(第八册),第553—554页。

④ 张謇:《请设工科大学公呈》,李明勋、尤世玮主编:《张謇全集》(第一册),第100页。

⑥ 张謇:《本县农校欢迎暨南学校参观团演说》,李明勋、尤世玮主编:《张謇全集》(第四册),第371页。

⑦ 张謇:《柳西草堂日记》,李明勋、尤世玮主编:《张謇全集》(第八册),第552页。

在大阪府立师范学校，他看到学生“浣濯皆自为之，亦习庖事”[①]，对这种注重学生独立生活能力和劳动观点培养的做法由衷赞许。1913年，他在北京商业学校发表演讲时勉励学生“吾人之享用，不可较最普通之今人增一毫；吾人之志趋，不可较最高等之古人减一毫也”[②]，教育学生不要贪图物质享受，应树立远大的理想和追求。1923年，他在《女师范校毕业演说》中回忆：“二十年前，余参观日本实业教育，其学生勤俭之风，实令人钦敬。学校扫除等事，必由学生自为之……余甚望诸生等学彼勤俭之德。”[③]他把勤俭写入许多学校的校训，如盲哑学校为“勤俭”，女子师范学校为“学习家政、勤俭温和”，农校为“勤苦俭朴”，商校为“忠信持之以诚，勤俭行之以恕”。以上，足可见张謇对培养学生勤俭之德的重视。

〔作者陆阳，无锡市历史学会。无锡 214174〕

① 张謇：《柳西草堂日记》，李明勋、尤世玮主编：《张謇全集》（第八册），第543页。

② 张謇：《北京商业学校演说》，李明勋、尤世玮主编：《张謇全集》（第四册），第188页。

③ 张謇：《女师范校毕业演说》，李明勋、尤世玮主编：《张謇全集》（第四册），第555页。

张謇《东游纪行》诗释读

李秉星

摘　要：光绪二十九年，张謇应邀参加日本第五次内国劝业博览会，并借此考察日本的农、工、教育等，以之作为南通近代化之经验借鉴。张謇在70天东游期间，留下了26首纪行诗。《东游纪行》组诗为张謇一路所见所感的记录，诗句内容大部分可以与张謇日记所录对应，但间或透露了日记中未有的内容，二者可以相互参照、互为补充。通过这组诗歌的释读，不仅可以诗史互证，还原张謇东游的历程，也能进一步借助诗歌情感的抒发了解张謇真实的行旅感受与思考。

关键词：张謇　癸卯东游　东游纪行　纪行诗

光绪二十九年(1903)四月，张謇应邀赴日参加日本第五次内国劝业博览会，并借此机会考察日本的农、工、教育等。张謇于四月二十七日乘坐"博爱丸"邮轮赴日，开启了往返70余日的东游历程。其六月初六日返抵上海，在初四日返程的邮轮上，张謇已经开始总结旅途的收获，并编订一路所写的《东游纪行》组诗。此组诗歌在《柳西草堂日记》原稿中作"二十六首"[①]，而在是年八月十五日通州翰墨林印书局刊行的《癸卯东游日记》中作"二十五首"[②]，删去了原稿中的第二首("岩壑都疑斫削成")。《东游纪行》二十六首诗歌的排序大致依照张謇东游的时间顺序，诗句内容大部分可以与张謇日记所录相对应，但也有数首写作背景不甚明确。本文尝试以张謇东游日程为线索，释读《东游纪行》组诗[③]。

① 张謇：《柳西草堂日记》，李明勋、尤世玮主编：《张謇全集》(第八册)，第566页。

② 张謇：《癸卯东游日记》，北京：朝华出版社，2018年影印本，第83页。

③ 徐乃为《张謇诗编年校注》(下称《校注》)对此组诗歌已有笺注，但尚有未详之处。本文在其基础上，对照张謇日记中的相关记载，作进一步的解释与通读。诗歌全文及注释见张謇撰，徐乃为校注：《张謇诗编年校注》，第330—337页。

一、上海至长崎(四月二十七日—二十九日)

张謇四月二十五日定附"博爱丸"东行,二十六日午后送行装至"博爱丸",二十七日开行,二十八日午后经过五岛列岛,七时抵长崎。其间留有三首纪行诗。

其一

海上神山不渺茫,麻姑亲自见沧桑。船过弱水频前望,五岛林间麦正黄。

此诗描绘四月二十八日张謇赴日经过五岛列岛时的所见所感。前两句写作者自神话中的海外仙山进入现实的岛国。张謇《日记》闰五月初六日记遇到当年任职朝鲜时的旧识竹添进一郎(1842—1917),进而回忆起在朝鲜的岁月:"岁月骎骎已二十年,彼时余方三十,马山、水原行军之旌旗,南坛、汉城驻节之幕府,闭目凝想,犹若见之,而国势反复,殆如麻姑三见东海为桑田矣,可胜慨哉。"[①]可见所谓"麻姑亲自见沧桑",在海洋意象的拓展之外,亦有中日局势变迁的感慨。后两句描绘海洋行旅与五岛地区所见景色。《日记》载航船"行经大七小七,水犹微黄色,更东则渐绿,至水正黑处,浪渐大,距其五岛不甚远,船益震动。是日东南风故不猛。闻人言,凡经此,虽极无风必有浪,即无风,船亦动荡异他处。意海至深处,犹《元史》言琉求之落漈欤"[②]?《元史·瑠求传》言:"西南北岸皆水,至彭湖渐低,近瑠求则谓之落漈,漈者水趋下而不回也。"[③]此"弱水"即为航道上一段特殊的海域,作者以其比喻航海之险恶。又《日记》记经五岛:"岛之西南角有灯塔,林木秀茂,山上皆有田,梯田法也。麦已转黄,林际时时见炊烟。"[④]亦完全对应诗中"五岛林间麦正黄"的描绘。

---

① 张謇:《柳西草堂日记》,李明勋、尤世玮主编:《张謇全集》(第八册),第555页。

②④ 张謇:《柳西草堂日记》,李明勋、尤世玮主编:《张謇全集》(第八册),第537页。

③ 宋濂等撰:《元史》卷二一〇《外夷三》,北京:中华书局,1976年,第4667页。

其二

岩壑都疑斫削成，园亭台沼位沧瀛。直将院本传唐宋，钩染重重界画明。

此诗《日记》列于第二首，疑为初至长崎所作，故而诗句大致是对长崎所见日本山水、建筑的印象。张謇四月二十九日曾访东明山寺(兴福寺)，称“寺门在山麓，颇似杭州灵隐”[①]，可为参证。“院本”即院画，本指细腻工致的宫廷画风，与岩壑“斫削”之形以及后句中界尺引线的“界画”笔法相合，这些词汇大体是专用来描摹工整写实的建筑画面，张謇此处用以描绘在长崎所见线条分明的山石园亭。

其三

朱明隆武纪弘光，绝域求援事可伤。破觖金瓯谁挈汝，更堪乞佛拜东方。(长崎东明寺佛殿有明隆武元年太师招讨使黄斌卿题榜)

明清之际，南明朝廷曾屡次遣使赴日乞兵，据不完全统计，彼时南明朝至少曾有十七次乞兵的历史[②]。张謇游览东明山寺时，看到南明赴日乞兵的黄斌卿在寺中所留题榜，作诗感慨此段往事。《日记》四月二十九日亦记：“寺殿有明唐王隆武元年(1645)太师招讨使黄斌卿题榜，必其乞援时事也。”[③]“破觖”即“抉破”，“破觖金瓯”即国家破碎之喻，后两句实为张謇借南明乞师事作借古讽今的历史感慨：如同南明士人在山河分裂之际无所适从，只能乞师东方、留迹佛寺，今日同样到此的张謇感觉似乎重复了百年前的命运，自身也如同当年的乞师文臣一样仍需“绝域求援”，赴东寻访家国复兴的机遇。

---

① 张謇：《柳西草堂日记》，李明勋、尤世玮主编：《张謇全集》(第八册)，第537页。

② [日]木宫泰彦著，胡锡年译：《日中文化交流史》，北京：商务印书馆，1980年，第628—633页。

③ 张謇：《柳西草堂日记》，李明勋、尤世玮主编：《张謇全集》(第八册)，第538页。

二、自长崎北上大阪（四月二十九日—五月初一日）

张謇四月二十九日自长崎北上，过平户岛，夜入濑户内海，三十日凌晨至马关，五月初一日晨时至神户，当日午后车行抵大阪。其间留有三首纪行诗。

其四

长崎群岛碧巉巉，最好中穹角力岩。断霭流云封不住，夕阳透影上渔帆。

此诗应为张謇重回邮轮、描绘驶离长崎时所见。《日记》载："回时开行海，仅微风，所见岛屿，星罗棋布，斜日掩映林木间，浓苍蒨翠，下澈波底。角力岩中空一门，东西洞达，安期、羡门疑可招手而呼。"①所记与诗歌用语相合，为以船行的视角描绘长崎海岛的风情。

其五

平户村灯列万星，碧波中有战场磷。后人未可轻蒙古，印度曾穷拿破仑。

张謇离开长崎北上，过平户市，经过马关驶入濑户内海。《日记》记："晚入内海，过平户，岛民灯火数里不绝，远映波面，光若浮空，不知其为海上也。"②不似日记中单纯的风景描绘，诗句中作者看到夜色里海面的波光，想起战场上血脂所化的磷火，更进一步联想到历史上发生在日本海域的战争。蒙古曾于 1274 年、1281 年两次出征日本，第二次元日战争时，元丽联军即会师于平户岛，后遭际台风而导致战争的失利③，这正可类比当年拿破仑策划远征印度的破灭。此二事件均关涉帝国远征海外边地而失利的历史，张謇的联想背后应有对中日战争局势的思索。

---

①② 张謇：《柳西草堂日记》，李明勋、尤世玮主编：《张謇全集》（第八册），第 538 页。

③ 参宋濂等撰：《元史》卷一六五《张禧》、卷二〇八《外夷一》，第 3867、4628—4630 页。

其六

是谁亟续贵和篇？遗恨长留乙未年。第一游人须记取，春帆楼上马关前。(乙未定约在马关春帆楼旅馆)

此诗为张謇于马关感慨乙未年中日在春帆楼上签订《马关条约》一事。《日记》记三十日晨三时至马关，但午刻即开行[①]，且对其地未着笔墨，张謇很可能没有就地访问的机会，故而此诗或仅是因地感怀之作。

三、停留大阪(五月初一日—十九日)

张謇因参加博览会的缘故，停留大阪半月有余，至五月十九日方离开大阪北上。其间留有二首纪行诗(虽然以下二诗没有明确的写作背景，依旧按照组诗排序大致归入大阪时所作)。

其七

纪功炮弹卓碑题，月岁征清字可稽。底事不随风雨去，化为圆屋遍巴黎。

甲午战争后，日本为纪念各种胜利，在国内多处设立“征清纪念碑”，有时会以战争中使用或缴获的榴弹作为纪念物立碑(“纪功炮弹卓碑题”)。张謇应该在各处都见过类似的纪念装置，但此见闻未见于《日记》。诗句所描绘的或是顶部放置榴弹而呈圆形的纪念碑(“圆屋”)。在张謇看来，甲午战争的影响并未随着事件的过去而减弱(“底事不随风雨去”)，这些战争的纪念物，已经成为日本各处可见的日常景观(“化为圆屋遍巴黎”)。

其八

爱国先教稚子歌，画沙亦解认山河。生憎卅载中朝使，浪赞挥金铁甲多。

---

① 张謇:《柳西草堂日记》，李明勋、尤世玮主编:《张謇全集》(第八册)，第538页。

张謇在日参观考察各地幼稚园、小学，多次记录课程中的游戏与歌唱。日本学童多唱市歌、校歌，张謇受到此种教育气象的感染，回国后也自作校歌数首。又《日记》五月十七日于大阪学校所见："七八岁童子能画地作图，三四岁小儿亦据地以积木为铁道、桥梁式，得固多于失矣。"[①]可见前两句皆为针对日本儿童教育而言。后两句则为中日强国道路之对照：相对日本以民众教育为基础的现代化路线，张謇想起二十年前曾投身的军政事业，以及大清倾举国之力所建设的铁甲水师，这些曾经的努力经甲午一战均成幻景，故而其以"生憎""浪赞"（犹空赞）总结之。

四、自大阪至东京（五月十九日—闰五月初七日）

张謇五月十九日离开大阪继续北上，当日抵京都，二十一日至名古屋，二十二日至静冈，二十三日至东京，闰五月初二日往返横滨，初七日离开东京往青森。其间留有三首纪行诗。

其九

疏凿琵琶自北垣，农工赖泽万人喧。当时谣诼知何限，石剥泉飞更不言。

此诗以京都观水利发电场为例，记述日本发展工业遭遇的问题与成就。《日记》五月十九日考察京都观水利发电场时言"水自琵琶湖过山隧而来"[②]，当日又观水力组绳场和棉场："其分水处，山特耸起，树木如画，水悬泻丈余，练飞雪吼，有砖石漕受之。漕广六尺，循山麓曲折而下，以灌溉平原之田。凡所见水有用处，皆人工也。自明治二十三年始凿山建渠，通漕设楗，用费七十四万余，皆京都市捐集。创兴之始，人咸怨之，今农工商之利日新而月盛，至欲醵金写像以报始功之人者。其人则前京都府知事北垣国道也。功不在李冰离堆下，百世之祀宜哉。"[③]依据这段记载可知，"北垣"指当时在京都开凿水利工程的政治家北垣国道（1836—1916），

①② 张謇：《柳西草堂日记》，李明勋、尤世玮主编：《张謇全集》（第八册），第550页。

③ 张謇：《柳西草堂日记》，李明勋、尤世玮主编：《张謇全集》（第八册），第551页。

当时民众“人咸怨之”,并不理解其修建电场的举措(“当时谣诼知何限”),但建成之后(《日记》之“悬泻丈余,练飞雪吼”“凿山建渠,通漕设楗”,即诗句之“石剥泉飞”),于今民众已从中得利,反而开始称颂北垣国道当年的壮举。

其十

百年善政俗方纯,速化难期哲学神。廛市檐崇大黑守,町村社飨稻荷神。(“大黑守”犹华俗“财神”,有“大槌大黑”“得鲤大黑”等十余名称;“稻荷神”即狐)

此诗前两句言一个理想社会并非形成于朝夕之间。张謇在日考察教育,也常常见证明治以来日本教育制度的成功为“三十年之成效也”[①],这种培养实业人才的现代化教育方式与中国培养士人的传统科举教育大相径庭。此诗主题可与《日记》闰五月三日所记相参照:“中国人留学外洋者,多喜就政治、法律,二者之成效近官,而其从事也空言而易为力。若农工实业皆有实习,皆须致力理化,而收效之荣不逮仕宦,国家又无以鼓舞之,宜其舍此而趣彼矣。近年余与蛰先论中国目前兴学之要,普通重于专门,实业亟于名哲,世人渐有响应者,留学生之志于实业亦日多,是可喜已。”[②]“哲学神”非通行词汇,《校注》认为是“哲学人”之讹[③],或即上文“名哲”之意。则“速化难期哲学神”一句可与张謇认为的“兴学之要”相对应,即“普通重于专门,实业亟于名哲”的教育理念。在张謇看来,日本社会风气的改变历经维新三十余年方有成效,于中国,更要摆脱仕宦空言的传统(“哲学神”),转向教育与实业的追求。后两句对町村、市集崇祀的描绘,大概便是张謇所见日本善政之下的淳朴民俗。

其十一

始慕孙吴后李唐,中于赵宋亦回翔。只今事事摹欧美,摹到翘髭两角张。

---

① 张謇:《柳西草堂日记》,李明勋、尤世玮主编:《张謇全集》(第八册),第540页。

② 张謇:《柳西草堂日记》,李明勋、尤世玮主编:《张謇全集》(第八册),第553—554页。

③ 张謇《日记》八月二十二日言“《东游日记》印成,犹有误字”,其中用词错讹的地方应该也包括这组诗歌。

此诗描绘日本曾经长期学习中国，而近代以来对西方亦步亦趋。张謇五月初十日在大阪时于《日记》曾记："日人自三国时通吴，为交邻之始，士大夫雅慕华风，故服重吴服。国语谓二，谓五，谓人，谓豆腐，直是吴音。器重唐木，漆重唐涂。风俗亦有杂学宋、明者。自维新变法三十余年，教育、实业、政治、法律、军政一意规仿欧美，朝野上下孜孜矻矻，心摹力追，其用意最当处在上定方针，下明大义。今男女学生制服亦渐次更变矣。孟子以晋国为仕国，余谓日本真学国也。"[①]此诗大致是基于此段感想，《日记》称赞日本为善于效仿西方的"学国"，但诗中"摹到翘髭两角张"一句，却又似有讽刺保留之意。

五、自东京赴北海道札幌(闰五月七日—初十日)

张謇闰五月五日定初七日往北海道，七日即启程往青森，过仙台，八日上午至青森，午后附"肥后丸"开行，过津轻海峡至函馆，初九日晚附"萨摩丸"北上，初十日晨至室兰，下午陆行抵札幌。其间留有五首纪行诗。

其十二

昨日麦黄今日青，菜花浓处稻齐针。农时五月兼三月，天气南阴接北阴。

此诗为描绘闰五月七日在赴青森途中所见车外的农业场景。《日记》记："近青森之福冈、奥羽间，小麦尚有未尽黄，以是知气候之殊。"[②]北方因天气寒冷的缘故，农事较南方为迟，故虽时值五月，北方的气候农时却类同南方的三月。

其十三

烟囱随处见工场，雪覆寒天轨道藏。解识卫文兴国意，未容灵雨止零桑。

---

① 张謇：《柳西草堂日记》，李明勋、尤世玮主编：《张謇全集》（第八册），第545页。

② 张謇：《柳西草堂日记》，李明勋、尤世玮主编：《张謇全集》（第八册），第555页。

此诗前两句描绘闰五月七日过仙台时所见场景。《日记》记:“时时经其铁道,雪覆盖铁道,滨海丛杂,山间九月以后,天即雨雪,架木若隧,以防回风聚雪之没轨也。”①后两句用《诗经·鄘风·定之方中》卫文公的典故:“灵雨既零,命彼倌人。星言夙驾,说于桑田。”卫文公雨止后欲往桑田教民稼穑,为“务农急也”②。《左传·闵公二年》又言文公在位时“务材训农,通商惠工,敬教劝学,授方任能”③。张謇此处合用两典,意为国家兴盛在方方面面,不可止于躬劝农桑一端(“未容灵雨止零桑”)。张謇东游之初即总结自己对兴国之路的探索:“自丙戌会试报罢,即谓中国须振兴实业,其责任须在士大夫,因先事农桑,竭八年辩论抵持争进之力,仅成一海门蚕业。甲午后,乃有以实业与教育迭相为用之思,经画纺厂,又五年而后著效。比时即拟东游考察,会世多故,谗言高张,惧不胜其描画而止。今年正月,徐积余自江宁寄日本领事天野君博览会请书来,乃决。”④从致力农桑到“实业与教育迭相为用”,正是张謇对兴国之路探索的心路历程,而东游日本的初衷本身就与此有关,故诗歌后两句是基于张謇在赴北海道的路途中所见日本随处工业化的场景而发的感慨,希望中国近代化之“灵雨”在农业之外亦能加之实业与教育。

其十四

吕(吕四)东海气曾山峙,越后山光忽海铺。未必嘘寒能变燠,已知看碧亦成朱。

此诗同为自东京北上时所作。作者比较通州与日本越后地区的山水,吕东海气如山,越后却山光如海。《校注》以为后两句为比较中日局势之言,或言中国之改革尚且无有结果(“未必嘘寒能变燠”),但日本之改革

---

① 张謇:《柳西草堂日记》,李明勋、尤世玮主编:《张謇全集》(第八册),第555页。

② 毛亨传,郑玄笺,孔颖达疏:《毛诗正义》,北京:北京大学出版社,2000年,第238页。

③ 左丘明撰,杜预注,孔颖达正义:《春秋左传正义》,北京:北京大学出版社,2000年,第363页。

④ 张謇:《柳西草堂日记》,李明勋、尤世玮主编:《张謇全集》(第八册),第536页。

业已成就（“已知看碧亦成朱”）。则此“看碧成朱”或用辛弃疾《水龙吟》“倚栏看碧成朱”之意，稼轩所观文官花“粉碧绯紫见于一日之间”[①]，正如越后山光忽如云海铺展，花颜山色的突变便可比喻中日局势的盛衰逆转。

其十五

卧牛釜谷（卧牛：函馆市大山；釜谷：其内口之岬也）旋蠡口，平馆翁山建蟹螯。若论兵家犄角势，真宜陆奥着军艘。

此诗应为自青森过津轻海峡赴函馆之际所作。《日记》载：“馆后山名卧牛，函馆港内最大之山也。”[②]记述与诗歌自注相合。又《日记》记函馆：“地当朝鲜成镜道北，为日本商步之一。华商十余家，凡数十人；欧商二三家，十余人耳。”[③]《校注》将“蠡口”解释成商业城市，则符合此段对函馆的描写。后句是对函馆港“筑港”的刻画。《日记》五月十四日记张謇观大阪筑港，言“本海也，筑而后有港，故名筑港”[④]。“筑港”为日本在城市沿海所修筑的港口，此处当指函馆港。港口两端延展如蟹螯之形（《日记》曾言大阪筑港“伸股至首，合抱相向作蟹螯形”）。张謇日记中详细记述修筑过程，除却商业用途，也感叹海港的修筑对于军事布局具有重要作用。在地理上，函馆港与陆奥湾都是重要的港口；在军事上，则可相互配合成犄角之势。

其十六

津轻东接太平洋，中带江流豆满长。不惜西风摧去紧，晓星睒睒有光芒。

---

① 辛弃疾撰，邓广铭笺注：《稼轩词编年笺注》卷二，上海：上海古籍出版社，2007年，第307页。

② 张謇：《柳西草堂日记》，李明勋、尤世玮主编：《张謇全集》（第八册），第556页。

③ 张謇：《柳西草堂日记》，李明勋、尤世玮主编：《张謇全集》（第八册），第555页。

④ 张謇：《柳西草堂日记》，李明勋、尤世玮主编：《张謇全集》（第八册），第547页。

张謇闰五月初八日上午至青森,午后便坐船开行,过津轻海峡,五时抵函馆,《日记》载:"峡在青森、函馆之间,纬度与奉天省及朝鲜之图们江相直,日本海水过此而东入太平洋,船横过之,故易震荡。"[①]"豆满"即图们江,此记述与诗歌前两句相合。九日夜,张謇又换船出港,次日晨时至室兰,途中所见"斜月出云罅,光射波面,风浪平静,列岛远近风景殊佳"[②],或是末句"晓星睒睒有光芒"所写场景。

六、停留札幌(闰五月初十日—十五日)

张謇闰五月初十日至札幌,十五日返程。其间留有三首纪行诗。

其十七

伐木通山日抚夷,国人渐北土人稀。黛唇黑齿休相笑,乌鹊于今有是非。(虾夷女子既嫁,则以针刺唇四周,略似菱角而黛涂之;日本女子嫁则染黑其齿)

此诗为张謇记述北海道所见所闻。北海道地广人稀,《日记》述山东日照农人许士泰在当地带领华人垦荒的业绩,颇多感慨。十二日,张謇又参观重谷木拭工厂,考察木料加工,这些或是前两句所指。后两句描写日本女子婚嫁时"黛唇黑齿"的风俗。《容斋随笔》言:"北人以乌声为喜,鹊声为非。南人闻鹊噪则喜,闻乌声则唾而逐之,至于弦弩挟弹,击使远去。"[③]古代南人、北人对乌、鹊有截然相反的好恶,可谓地域风俗之差异,张謇即将对乌鹊的好恶是非类比异国对"黛唇黑齿"的偏好。

其十八

松阴藤角一茅宇,万药千蒲相向开。野老应无锦步障,都疑石卫

---

① 张謇:《柳西草堂日记》,李明勋、尤世玮主编:《张謇全集》(第八册),第555页。

② 张謇:《柳西草堂日记》,李明勋、尤世玮主编:《张謇全集》(第八册),第556页。

③ 洪迈撰,孔凡礼点校:《容斋随笔·容斋续笔》卷三,北京:中华书局,2005年,第256页。

尉家来。

此诗描绘札幌东皋园所见场景。《日记》记十四日由茨户返札幌:“复经东皋园看芍药、菖蒲,园占地约华之四亩,委曲其径,分区莳花,小石为界,缘以短草,果林、藤架参错其间。花烂漫五色,着雨弥艳。主人上岛正一,老翁也。”[①]诗歌正是描绘、赞赏当时所见的花园盛景。

其十九

日本海中风色愁,鲸涛日夜上眉头。谁捐库页珍千岛,同抱珠崖万古羞。

此诗表面描绘海面风波的险恶,实则为家国忧患的表达,其中忧愁的心情源自割让库页岛的历史。同地缘的感怀上看,诗当作于停留北海道时期,或为张謇观览北方海洋所感。

七、自札幌南返归国(闰五月十五日—六月初六日)

张謇闰五月十五日南返,经小樽、岩内港、寿都、粤尻、江差,十七日午后返至函馆,晚时又登舟开行,过津轻海峡,十八日凌晨至青森,十九日回东京,停留数日后启程,二十六日至大阪,六月一日返神户,四日抵长崎,旋即登船,六日返回上海。其间留有七首纪行诗。

其二十

山迎西北雪余颠,冬不来航夏不田。闻道年来渔业富,家家都有鰊鱼船。

《日记》闰五月十六日记在返程的航船上所见“风大,舟颇颠簸。濒海山巅,往往见雪”[②],与首句描绘相合。后两句描写日本渔业之发展。

---

① 张謇:《柳西草堂日记》,李明勋、尤世玮主编:《张謇全集》(第八册),第560页。

② 张謇:《柳西草堂日记》,李明勋、尤世玮主编:《张謇全集》(第八册),第561页。

其二十一

晓来恶浪过江差,夜出津轻月似磨。眼底平陂真一瞬,行人不敢畏风波。

此诗为张謇自北海道返程时过江差、津轻时所见所感。《日记》记十七日过江差时“舟尤震荡”;记过津轻海峡时,“月明风静,波涛不兴”“安睡如常,与早间之苦天渊矣”①。即言航途中晨起尚逢恶浪,入夜已波涛不惊,行旅波折可谓转瞬即逝(“眼底平陂真一瞬”),旅人自当不畏风波。

其二十二

布帆如雪水如蓝,树里人家水气含。倘得年年鱼稻美,滨名湖住胜江南。

此诗为张謇在静冈县所见所感。张謇十九日返东京,二十六日至大阪。滨名湖位于静冈县,应为张謇自东京南返时所经过。其五月二十二日北上路经之时已称赞是地“农田最有法度,他处所不及”②。

其二十三

亦觉陂陀喘汗劳,回看众壑已蓬蒿。如何路转峰逾邃,尚有云中富士高。

此诗似描绘张謇登山游览的经历。背景不甚明确,从“尚有云中富士高”一句看,写作时机应与上诗相同,为自东京南返时经静冈地区所作。

其二十四

手枕灵松但见图,一鳞一爪有云扶。海州千载苍龙劫,成败凭谁论智愚(海州云台山龙松,盖千年物。野人以为神而祀之,爇香树腹,遂焚死)!

---

① 张謇:《柳西草堂日记》,李明勋、尤世玮主编:《张謇全集》(第八册),第561页。

② 张謇:《柳西草堂日记》,李明勋、尤世玮主编:《张謇全集》(第八册),第552页。

此诗应为张謇自东京返大阪之间观龙松图所作。画面所绘松树为海州(连云港)云台山名胜,后毁于百姓祈福的香火。两年后,即清光绪三十一年(1905)四月初五日,张謇游访此松遗址,《日记》记:“松千年物,虬枝左右下入土,复起而上,横拿几亩许。道光壬辰,陶文毅题为‘蟠龙丈人’,至光绪壬辰,六十年而焚于乡愚祈福之香火。”[①]张謇当日作《乙巳三月云台山吊龙丈人歌》中有“昔我尝觏龙松图,千年神物尊东朐”之句[②],其所观之《龙松图》或即此诗所记(“手枕灵松但见图”)。末句之“成败凭谁论智愚”当是有感而发:“愚”者表面可指“乡愚祈福”之“愚”,但“千载苍龙”毁于群愚,未免是近代中国命运的写照。

其二十五

百釜熬波积暑霜,漉沙成卤石成塘。淮南马鲍今何在?尽有豪情追暇堂。(味野村鹾商野崎武吉郎,爱客好文,有追暇堂,其广百席)

此诗记张謇于味野村考察制盐一事。张謇闰五月二十三日得知吕四盐垣事成,隔日便有考察制盐的打算。二十七日记“就小山考冈山县儿岛郡味野村制盐事”[③],二十八日“至博览会水产馆专考盐产”[④]。六月一日“复至五良右卫门町访改良盐釜人井上惣兵卫及大野町铸釜人尾上久三郎”[⑤],釜为制盐工具。张謇六月初一日至神户,初二日至仓敷,乘人力车行三十里至味野村访问野崎武吉郎,并观其盐田,《日记》载:“田夹琴浦之两岸,石甃为塘,置闸引潮。周田四旁,渍卤于砂,因淋于井,由井通笕以入于池。”[⑥]此与“漉沙成卤石成塘”的描绘相合。考察后张謇又受邀到野崎武吉郎追暇堂别业小饮,并写书法相赠,即末二句所写场景。

---

① 张謇:《柳西草堂日记》,李明勋、尤世玮主编:《张謇全集》(第八册),第607页。

② 张謇撰,徐乃为校注:《张謇诗编年校注》,第356页。

③④ 张謇:《柳西草堂日记》,李明勋、尤世玮主编:《张謇全集》(第八册),第563页。

⑤ 张謇:《柳西草堂日记》,李明勋、尤世玮主编:《张謇全集》(第八册),第564页。

⑥ 张謇:《柳西草堂日记》,李明勋、尤世玮主编:《张謇全集》(第八册),第565页。

其二十六

郑四(太夷)曾谈有马郡,旁人复侈日光山。何当一策飞云鞚,十日松篁水石间。

此诗为张謇对游览日本山水名胜的想象与向往。张謇六月初四日抵长崎,旋即登上"弘济丸"归国,并于六日回到上海,结束东游的历程。其70余日之间,辗转各地考察实业与教育,夙夜奔波,未有尽兴观览日本风景的机会。诗歌言郑孝胥曾谈及马郡,而他人又称赏枥木县的日光山,张謇没有机会游览是地,故而想象有朝一日可以尽情游览各处名胜山水。

结　语

张謇的《纪行》组诗为其东游时一路所见所感的记录,诗歌中透露了日记中未有的见闻与思考,正可与日记中的记载相互参照。这26首诗虽然仅包含张謇东游历程的一些片段,但其写作贯穿整个日本之行,描绘了路途中有代表性的事件,内容不仅包括考察实业教育的主线,也涉及对日本地理、民俗、山水的记录。相较同时期赠送日人的诗歌,这些纪行诗可以说更能显露张謇东游时期真实的行旅感受与思考。

〔作者李秉星,南通大学东亚文化研究中心副教授。南通 226019〕

《东游日记》所见日本办学经费探析

何志文

摘　要：1903年，张謇、蒋黼受邀参加日本在大阪举办的第五次内国劝业博览会。游历期间，二人考察了日本的教育、实业，回国后各撰有《东游日记》，记录了考察过程。张謇、蒋黼等人参观了日本的幼稚园、小学校、师范学校、专门学校、盲哑院。在参观时，记录了日本不同类型学校的办学规模、办学经费以及办学经费的来源与用途。除生徒脩金外，地方财政补贴是学校办学经费的重要来源，地方财政支持是学校持续发展不可或缺的一环。观日本不同类型学校建筑设施，幼稚园游戏场更多，寓教于乐；师范学校有专门的实习基地；农科学校有专门的试验场所，规模较大；医科学校有专门的实验室，置有当时较为先进的设备；工业学校与当时的工厂需求结合，实用性更强。

关键词：张謇　蒋黼　《东游日记》　日本　办学经费

1903年，日本在大阪举办第五次内国劝业博览会，张謇受日本驻江宁领事天野君的邀请，赴日观会。与其同行者有蒋黼（字伯斧）、沈兆祉（字小沂）。此行自四月二十五日至六月初六日，除观博览会外，还考察了日本教育、实业，历时70余日。回国后，张謇与蒋黼各撰有《东游日记》[①]，为二人赴日考察的详细记录。

学界对二人的《东游日记》已有不少的讨论，孙宏云《蒋黼癸卯东游及其〈东游日记〉》[②]介绍了蒋黼《东游日记》的版本，概述了考察内容、此行的背景与动机，对日记所见的交游与教育思想作了探讨。鲁晶石《张謇的〈东游日记〉与对日印象》[③]简要论述了张謇《东游日记》对日的印象。王

① 张謇：《癸卯东游日记》，长沙：岳麓书社，2016年；蒋黼：《东游日记》，清光绪年间刻本。

② 孙宏云：《蒋黼癸卯东游及其〈东游日记〉》，《南开日本研究》，天津：天津人民出版社，2017年，第79—98页。

③ 鲁晶石：《张謇的〈东游日记〉与对日印象》，《安徽文学（下半月）》2018年第8期。

红《张謇癸卯东游日本原因探析》[①]考察了张謇癸卯东游的原因。蒋国宏《张謇癸卯东游日本及其影响研究》等[②],论述了癸卯东游对张謇教育思想、实业思想的影响。庄安正《张謇东游与〈东游日记〉》[③]介绍了张謇的东游以及《东游日记》的基本情况。

张謇、蒋黼二人的《东游日记》,记录了他们赴日考察过的幼稚园、寻常小学校、高等小学校、师范学校、工业学校、农学校、商业学校等的办学情况,对不同类型学校的办学经费均有详细记录。现在前人研究基础上,对张謇与蒋黼《东游日记》所见日本学校的类型,不同类型的办学经费来源、经费数额、经费用途等问题进行探讨。

一、赴日参观的学校类型

根据张謇、蒋黼二人《东游日记》的记载,他们赴日参观的学校共计24所。主要参观了以下五类学校:

(一) 幼稚园

五月初六日,张謇、蒋黼共赴爱珠幼稚园。爱珠幼稚园位于大阪淀屋桥中央区附近今桥三丁目,园长盐野吉兵卫。据蒋黼《东游日记》记载:"此园始于明治十三年六月朔,初立之时,群疑其为传习西教,乃相誓于神社。群疑稍释时,仅有幼儿四十人,今已半为学士矣。"[④]他们去参观时,恰逢爱珠幼稚园开园二十三年纪念仪式,张謇还为幼稚园写下书法"成人在始",落款"节晋张华诗语为爱珠幼稚园 张謇"[⑤]。

五月初七日,张謇、蒋黼访西村时彦商议幼稚园保姆事,问西村大阪府幼稚园开办之初如何发端,西村推荐问其友人清水常次郎。据清水言:

---

① 王红:《张謇癸卯东游日本原因探析》,《四川理工学院学报(社会科学版)》2000年第1期。

② 蒋国宏:《张謇癸卯东游日本及其影响研究》,《河南师范大学学报(哲学社会科学版)》2000年第4期;《简论张謇癸卯东游对其教育思想的影响》,《河海大学学报(哲学社会科学版)》2001年第2期。

③ 庄安正:《张謇东游与〈东游日记〉》,《安徽师大学报(哲学社会科学版)》1995年第2期。

④ 蒋黼:《东游日记》,第9页。

⑤ 瞿艳丹:《爱珠幼稚园与张謇研究会的情缘》,《张謇研究》,2015年。

“先是日本人有译德国幼稚园书者，后有德国妇人嫁与日官松井氏。明治九年，东京开幼稚园，聘此妇人为教习，且养成保姆十一年。大阪派出女生二人，往习保姆学，十二年学成而归，即开一府立之模范幼稚园，爱珠幼稚园之保姆即在模范园传习者也。至十三年六月乃开爱珠幼稚园。”①

（二）小学校

小学校有寻常小学校、高等小学校，私立小学校有寻常、高等之分。

张謇、蒋黼曾观伊良林寻常小学校、爱日寻常小学校与平岸寻常小学校。四月二十九日，观伊良林寻常小学校。该校位于长崎，校长一濑秀太郎，有男女生徒六百余人。五月初六日，藤泽元造导观爱日寻常小学校，位于大阪府，校长高桥季三郎，生徒六百余人，男女相半，分开学习，男生在东室，女生在西室。闰月十三日，观平岸寻常小学校，位于北海道札幌，采取单级简易教法，仅男女两教员，生徒共七十余人，四个年级，为乡村中最简单的学校。

五月初七日，藤泽元造导观大阪府东区第一高等小学校，校长冈村增太郎，生徒一千二百人，男生六百五十人，女生五百五十人。闰月初九日，观堀川私立小学校，学校为堀川道藏所立，有生徒四百七十八人，分寻常、高等二种。

（三）师范学校

师范学校有女子师范学校、府立师范学校、高等师范学校。

五月初八日，张謇与蒋黼、西村时彦、小池信美观桃山女子师范学校。学校立于明治二十三年，校长大村芳树，有三年制本科，本科生徒一百二十人；有讲习科，生徒四十人；有小学校，儿童二百八十八人；有幼稚园，幼儿九十人。

五月初十日，张謇与蒋黼、小池信美观大阪府立师范学校。学校建于明治八年，移建于明治三十四年，位于大阪府天王寺南河堀町，校长森本清藏。师范学科之外别开甲、乙、丙三种小学校教员讲习所，又有附属小学校，涵盖高等、寻常、单级诸种。本科生徒三百二十人，甲种讲习科四十人，乙种讲习科四十人，丙种讲习科四十人，附属小学校儿童五百七十人，

---

① 蒋黼：《东游日记》，第 11—12 页。

其中男童三百余人,女童二百余人。

闰月二十二日,观高等师范学校,位于东京,校长嘉纳治五郎,学校为养成全国教员之所,直接之弟子为寻常师范学校及中学校教员,其间接之弟子为小学校教员。张謇谓:“师范者,兴学之本。”[①]

(四) 专门学校

专门学校有工业学校、医学校、农学校、染织学校、商业学校、预备学校、弘文学院、职业徒弟学校及实业补习学校。

五月初九日,张謇、蒋黼与小池信美观高等工业学校。学校位于大阪府北区玉江町,立于明治二十九年,明治三十五年扩张,校长安永义章。生徒有三百六十人,三年学制。同日,又观大阪府立医学校,位于常安町,没见到校长。

五月十四日,张謇、蒋黼与小池信观府立农学校。学校位于大阪府鹤桥村,立于明治二十一年,校长井原百介,设有农科与兽医科。农科生徒一百三十人,兽医科生徒七十人。五月二十五日,张謇因治病齿在旅馆休养,蒋黼乘人力车前往驹场农科大学访路壬甫。蒋黼抵达后,因雨,不能往观试验场,仅在食堂会食。闰月十二日,张謇与蒋黼、路壬甫观农学校。学校位于北海道,立于明治五年,有四年制农学科、三年制土木工科、三年制农艺科、三年制森林科、二年制预修科、二年制研究科。本科学生六十九人,预科生徒九十一人,土木工科生徒五十六人,森林科生徒四十八人,农艺科生徒九十一人,研究生仅一人。

五月二十日,张謇与蒋黼、岛津源吉观染织学校,因校中停课无可观。五月二十二日,张謇与蒋黼观市立商业学校,位于名古屋,立于明治十七年,校长市村芳树,有本科、预科、速成科,生徒一千余人。五月二十三日,张謇与蒋黼观商业学校,位于静冈县,校长冈田祯三,规模略同名古屋而较小,有本科、预科、简易科,生徒四百余人。闰月初九日张謇与蒋黼观官立商业学校,校长神山和雄,校有中语、英语、德语、法语、俄语。

闰月初三日,张謇与蒋黼至成城学校寄宿舍访章静轩、洪俊卿,二人毕业后将入联队。学校有华人二百余人,食宿最苦,功课最劳,但留学生

---

① 张謇:《癸卯东游日记》,第 43 页。

名誉最美。张謇言："能自立者，必先能自苦。"[①]他对章、洪诸生寄予了厚望。又至弘文学院访陈嬴生、彭敏伯、吴廷翼。学院为嘉纳治五郎所立，专教华人，内分警务、普通师范、三科师范，只有速成科，无本科，学期为半年及一年半，由舌人[②]传译。

闰月二十四日，蒋黼观职工徒弟学校及实业补习学校，位于东京市小石川区。职工徒弟学校专为小学校毕业欲习手工者而设，立于明治十九年，内分木工、金工二科，学制各三年。实业补习学校专为工人欲明学理者而设，学期预备一年，实修二年，共三年。

（五）盲哑院

五月二十日，张謇、蒋黼、王惕斋与岛津源吉观盲哑院，盲者教识字母、教算、按摩、音乐、历史地理，聋哑者教习画、裁缝、刺绣、手语、体操，有不盲不哑者助教。按盲哑院例，张謇、蒋黼、王惕斋各纳助费十钱。

二、日本办学经费来源

张謇、蒋黼二人《东游日记》记录的日本办学经费来源主要有以下四种：

（一）生徒学费

生徒学费，又称脩金、授业料。伊良林寻常小学校，张謇《东游日记》载："授业料少者月十五钱。"[③]蒋黼《东游日记》载：男女生徒"每人每月出脩金十二钱"[④]。两人关于伊良林寻常小学校收取的授业料金额记录稍有出入。大阪市东区第一高等小学校，张謇《东游日记》载："收授业料（即学费）以区内外分多寡，区内每月金五十钱，区外六十钱（以中币计，钱五

---

① 张謇：《癸卯东游日记》，第 30 页。

② 舌人，即古代的翻译官。王志坚：《表异录》卷二："译语人曰象胥，又曰舌人"，上海：商务印书馆，1937 年，第 19 页。

③ 张謇：《癸卯东游日记》，第 5 页。

④ 蒋黼：《东游日记》，第 2 页。

百六百文)。"[①]蒋黼《东游日记》载:每年"收生徒学费六百元"[②]。中之岛高等工业学校,每生每年交一百七十元,含学费十元,自制衣服等三十元,书籍等十八元,膳费八十五元,杂费三十元。大阪府立农学校,学校每年入与四千余元。弘文学院,学费每月二十五元。堀川私立小学校,寻常生每月脩金二十钱,高等生每月脩金六十钱。北海道农学校,学生中学优品端者,免出授业料,并月给学费七元,谓之校费生,生徒中之学优品端者,免出一年授业料,谓之特待生。平岸寻常小学校,第一、第二、第四学年生月脩十八元,第三学年生月脩六元。职工徒弟学校,每人每月授业料二十五钱[③]。

观上所记,学生交纳的授业费是日本办学经费中相对固定的来源,通常按月收取。学费总额与每个学校招纳的学生数额有关,部分学校为定额招生。小学校中,高等小学校学费收费较高。工业学校收费相对较高,且涵盖内容较繁杂。留学生学费较高。农学校会免除品学兼优学生一定期限的授业费,并给予一定的奖励。有学校存在分年级收费的情况。

(二) 地方财政补助

地方财政补助有市税补助、市区公费、府补助、区役所补助等。伊良林寻常小学校,每年经费四千余元,收生徒脩金八百余元,由市税补助三千余元。大阪市东区第一高等小学校,每年用款一万一千四百余元,收生徒学费六百元,余均市区公费。大阪东区市立学校及幼稚园共四十一所,每年共用十九万余元,学生所出仅二万七千余元,余悉由区费补助。大阪府立农学校,每年经费二万七千余元,本校每年入与四千余元,余均由大阪府补助。堀川私立小学校,出入相抵不足百元,由本区役所补助六十元[④]。平岸寻常小学校,"村农子弟有半年耕半年学者,皆无授业料,其费取给于町村税"[⑤]。

由上观之,地方财政补贴是日本办学经费中很重要的来源,补贴的数额也较大。根据学校所属的性质,由不同行政级别的政府补助,地方政府

---

① 张謇:《癸卯东游日记》,第 13 页。

② 蒋黼:《东游日记》,第 10 页。

③ 蒋黼:《东游日记》,第 15、21、37、39、45、49、57 页。

④ 蒋黼:《东游日记》,第 2、11、21、39 页。

⑤ 张謇:《癸卯东游日记》,第 40 页。

对私立学校也会给予一定的补助。从地方财政补助的数额来看，地方政府对教育较为重视。可以说，地方财政补助是学校维持教学的重要支柱。

(三) 私人办学

私立学校的初始办学经费多源自创立者的私人财产。弘文学院，为嘉纳治五郎所立，其初始办学经费出自其个人。堀川私立小学校的开办经费即校长堀川道藏父母的遗产，学校的部分办学经费由赞成员补助，赞成员共十余人，皆其同窗会中人[①]。

(四) 教会补助

日本也有一些由外国基督教徒创立的学校。蒋黼《大阪府教谕概略》载：大阪府立桃山中学校为居留大阪的英国人所创，经费除收授业料外，皆由英国基督教会补助。大阪私立梅花女学校，为基督教徒所立[②]。基督教会通过办教育的形式去宣扬其信仰，学校的办学经费也会由教会补助。

三、日本办学经费数额

张謇《东游日记》有部分日本学校办学经费的记录，蒋黼《东游日记》对此记载的更为详细。现综合二人《东游日记》所载，将二人参观学校中有办学经费记录的统计如下表：

《东游日记》所见日本办学经费数额统计表

校名	学校类型	办学经费数额
伊良林寻常小学校	小学校	地价一万三千余，营造费二万八千余，预算岁支四千余，教员俸金自每月十二元至三十余元。 建筑费三万元，地价一万元……每年经费四千余元[③]。
爱珠幼稚园	幼稚园	园地凡三易，每易必廓其屋宇。今之新园建于千年春间云。建筑诸费八万六千余元，岁费约三千五百元[④]。

① 蒋黼：《东游日记》，第 37、39 页。
② 蒋黼：《东游日记》，第 27 页。
③ 张謇：《癸卯东游日记》，第 5 页；蒋黼：《东游日记》，第 2 页。
④ 蒋黼：《东游日记》，第 9 页。

(续表)

校名	学校类型	办学经费数额
大阪市东区第一高等小学校	小学校	校舍皆楼,购地、建筑五万一千余元。 教员月俸男四百四十三元,女一百二十九元,共五百七十二元,约以二十七人命分之,每人月得二十一元余,其最多者五十,最少者十二余,以资望为差。 每年用款万一千四百余元①
桃山女子师范学校	师范学校	校地五千八百十四平(合中国三十四亩),屋舍居十分之二。建筑费十三万余元,每年用款二万四千元②。
中之岛高等工业学校	专门学校	校地六千六百五十九平(约中国四十亩),屋舍居三之一③。
大阪府立师范学校	师范学校	校地万五千九百四十三平(合中国九十五亩),屋舍约居六分之一。建筑诸费二十一万余元④。
东成郡鹤桥村农学校	专门学校	校地三万六千九百七十二平(合中国二百二十余亩)。每年经费二万七千余元(内教员脩一万元)⑤。
堀川私立小学校	小学校	开办时,建筑费等共用五千元。 教员八人,最多者月俸四十元,最少者月俸十元,连地租及各用等月须二百二十元⑥。
北海道厅辖农学校	专门学校	校舍建筑费二十六元⑦。
平岸寻常小学校	小学校	岁费三百元。 每年经费三百余元⑧。

据上表统计,日本开办学校主要花费有购地费、建筑费以及支付员工月俸,有不购地者需付租地费。学校购地需要花费一笔不小的数额,但更大的花费在建筑或营造上,员工月俸属于每年相对固定的开支项。张謇与蒋黼日记中关于部分学校办学经费数额的记录有些许出入,但整体相差不大。

① 张謇:《癸卯东游日记》,第13页;蒋黼:《东游日记》,第11页。
② 蒋黼:《东游日记》,第13页。
③ 蒋黼:《东游日记》,第15页。
④ 蒋黼:《东游日记》,第18页。
⑤ 蒋黼:《东游日记》,第21页。
⑥ 蒋黼:《东游日记》,第39页。
⑦ 蒋黼:《东游日记》,第48页。
⑧ 张謇:《癸卯东游日记》,第40页;蒋黼:《东游日记》,第49页。

四、日本不同类型学校建筑设施

前述论及的日本办学经费中，建筑费用是办学经费中数额较大的开支项。张謇、蒋黼二人的《东游日记》详细记录所观学校的建筑设施等情况。

（一）幼稚园建筑设施

爱珠幼稚园，有教室（保育室）、细石铺数寸外运动场、内运动场与讲堂（游戏室）合[①]。观此幼稚园建筑设施较简单，教室不多，室外运动场仅数寸。

（二）小学校建筑设施

爱日寻常小学校，有东西教室共十七间、生徒接所（即雨天游戏室，广袤约四丈）、容仪室（为女生徒习容仪所）、男生徒运动场。大阪市东区第一高等小学校，有教室十八间。平岸寻常小学校，有男教师室、女教师室、雨中体育场、裁缝室、事务室，建筑较小[②]。观小学校建筑设施也较简单，主要为教室与体育场。

（三）师范学校建筑设施

桃山女子师范学校，除本科外，又有附属小学校、幼稚园。学校有寝室，寝室有七百五十六平方尺，自修室在寝室内，寝室有四叠寝具、自修几，有高一尺五六寸小书架，每个寝室一所一厕。有约方八尺浴池，旁有贮藏冷暖水用二石池（一方约三尺、一约四尺），室外有四排横竹。有食堂与厨房，食堂置矮几坐。有理发室与盥漱室，理发室设三大镜子，有梳具箱。有广四丈八尺、深六尺屋内体操场。有裁缝室，室内有缝衣机一具。附属小学校有理化室，室内置教员案，教员案旁置纸造人体形。附属幼稚园教室少而游戏场多[③]。

大阪府立师范学校，除师范学校外，又有附属高级、寻常、单级三等小

① 张謇：《癸卯东游日记》，第 11 页。

② 蒋黼：《东游日记》，第 7—8、11、49 页。

③ 蒋黼：《东游日记》，第 12 页；张謇：《癸卯东游日记》，第 14—15 页。

学校。学校规模宏敞,有教室、教员会话处、讲堂、生徒寝室、自修室、食堂,校外有农事试验场,校内有工业教室①。

高等师范学校,规模极其宏敞,有教室,但因学校正休假,只观其规模,有手工教室,教金工、木工、陶工、漆工。学校为师范生练习教授管理之地②。观日本师范学校,规模均较宏敞,设施也较完备。

(四) 专门学校建筑设施

中之岛高等工业学校,学校有机械、应用化学、染色、窑业、酿造、冶金、船体、机关八科,各有工场③。

大阪府立医学校,有数间教室、标本室、解剖实习室、细菌室。细菌室内有德国制一千三百十五倍显微镜④。

东城郡鹤桥村农学校,学校在山麓,四周有水,水外皆试验场,场分学生担当地与农夫担当地。校内除各教室外,有食堂、寄宿舍、养蚕场,校外有家畜病院、蹄铁场、畜舍、牧夫小屋、农夫小屋、堆肥小屋、种牛舍、农产制造室、家禽舍、养蚕室、温室、水禽舍、实习所,校前为场圃,有普通农场、试作地、试验地、蔬菜园、见本园、种苗园、植物园、果园、桑园、茶园、陆田、水田,有体操场⑤。

北海道厅辖农学校,学校楼上、楼下六十间,近校左一区为理化学教室,右一区为动植物学教室,外左一区为农科经济学教室,右一区为农学行政教室,皆左右对称,还有图书馆、普通教室、体操场、寄宿舍。有动物园,种类有牛、羊、马、驴、猪、鸡、鹅、火鸡,用于试验与经济二事。有农场八所,约合中国十二万亩。张謇、蒋黼参观了第一农场。第一农场有水田,分为试验与普通两种。有试验园,用各种试验方法栽培谷物、蔬菜等;有特有作物园,专植亚麻、商麻等;有蔬菜园,栽培蔬菜为主,旁兼播谷物;有生徒试作园,由农艺科二、三年级学生负责;有果树园,栽培适于北海道的各种果树;有牧草试作园,栽培东西洋各种牧草;有植物标本园,栽培各种植物;有普通耕作园,栽培北海道普通作物;有普通牧草地,收获干草作

---

① 蒋黼:《东游日记》,第 17—18 页;张謇:《癸卯东游日记》,第 17 页。

② 蒋黼:《东游日记》,第 55 页;张謇:《癸卯东游日记》,第 43 页。

③ 张謇:《癸卯东游日记》,第 15—16 页。

④ 蒋黼:《东游日记》,第 15—16 页;张謇:《癸卯东游日记》,第 16 页。

⑤ 蒋黼:《东游日记》,第 21 页;张謇:《癸卯东游日记》,第 20 页。

家畜饲料;有放牧地,夏季放牧牛、马及绵羊[①]。

名古屋商业学校,校舍规模开敞,大门有楼,楼门外有一椭圆形小池,池中以沙土凹凸为地球海陆,启发诸生昌其国之商业遍于五洲。学校无寝室,无食堂,有商品室、理化室,商品列华物甚多,教室二十,球场十,扣所五。学校旁有供学生寄宿楼。静冈商业学校,有教室,规模比名古屋小。青森商业学校,学校规模较静冈小,陈列甚简[②]。

观上专门学校,建筑规模都较开敞,尤以农学校占地面积较大,学校专业设备及场所均较齐备,兼具教学与生活功能。

结　语

章开沅《张謇传》提到张謇为自己确定的参观顺序是"先幼稚园,次寻常、高等小学,次中学、次高等,徐及工厂",他认为"张謇的参观不仅有准备,有目的,有计划,而且还非常讲究实际"[③]。从参观的领域来说,限于教育和实业,二者相较,教育又更为重要。张孝若《张謇传》对其父亲张謇东游有如下评说:"当时的考察,不重空论,专去考究它的历史和实事,很着重各项数字,随时都记下来。"[④]观张謇《癸卯东游日记》,可以发现日本教育的办学经费、办学生源规模都是其记录的重点,很多数字记录都有对应的中国计量单位,如相当于中国多少钱,相当于中国多少亩。通过考察,张謇对兴办新式教育有了更为清晰而具体的认识。这次考察,他了解了不同类型学校的办学环境、土地面积、建筑与设施规模、可容纳的生徒数额、开办经费、每年所需的经费、教员薪俸等。通过对办学经费来源的考察,可以看到地方财政支持对地方办学的重要性,地方财政支持是地方学校持续发展不可或缺的一环。这些经验为张謇创办一系列学校提供了重要的参考和借鉴。

〔作者何志文,南通大学历史文化学院东亚文化研究中心讲师。南通 226019〕

---

① 蒋黼:《东游日记》,第45—48页;张謇:《癸卯东游日记》,第37页。

② 张謇:《癸卯东游日记》,第28—29、34页。

③ 章开沅:《张謇传》,北京:中华工商联合出版社,2000年,第168页。

④ 张孝若:《张謇传》,长沙:岳麓书社,2021年,第148页。

张謇的“沪通联动”实践与南通早期现代化

——以通沪号信往来(1896—1911)为例*

李雪萍　周孜正

摘　要:张謇作为南通早期现代化的推动者,其倡导的“沪通联动”战略,深受上海现代化氛围的启迪,并在实际运作中将上海的资源与南通的发展紧密结合起来。借助新近披露的大生号信档案,深入剖析1896年至1911年间大生集团与大生纱厂驻沪事务所(简称沪所)之间的紧密互动。可以发现,这一互动不仅体现在沪所对南通大生的资金支持与市场信息交流的及时响应上,还涵盖了两地间物资采购的便捷通道、产品的高效转运机制,以及制度建设与政治影响力的相互渗透。张謇的“沪通联动”思想,以其独特的跨地域资源整合能力,为南通的早期现代化探索提供了强大动力,展现了其作为改革先驱的远见卓识与实践智慧,对南通乃至更广泛地区的现代化进程产生了深远影响。

关键词:张謇　大生号信　沪所　沪通联动

明清时期的南通是江海之交的一座小城,虽然盛产海盐、棉、布等商品,且距离东南经济繁荣的中心苏州不远,却是一个风气闭塞、商业意识淡漠的地方①。据明万历年间《通州志》记载,当地“商不列肆,不赶集,不以妇女主店,不久客在外,仅于本土贸迁有无”②。清康熙甲寅志云:“通州人‘性柔脆,不任劳苦。今适百里,非裹三日粮则废然返’。”南通当地外

* 本文系国家社会科学基金一般项目“抗战后无锡商会档案的整理与研究(1945—1949)”(20BZS095)的阶段性研究成果。

① 参见常宗虎:《南通现代化1895—1938》,北京:中国社会科学出版社,1998年,第2页。

② 万历《通州志》卷二。转引自常宗虎:《南通现代化1895—1938》,第4页。

输的棉布基本上全由山东、福建、广东、南京等外地客商集散，当地人只有极少数受这些客商雇用代收棉布，并不担经营风险。光绪年间，海门、启东、南通沙地激涨，“这里地广人稀，土地易于得到，谋生相对容易”[①]。本地农民小富即安，不愿意冒风险去经商，更不用说去投资近代工业。

明清以来的南通，商品化和早期现代化意识淡漠，是因为当地人的思想保守、闭塞。人少地多，生产条件优越，生活安逸的本地人不想冒险经商和外出闯荡。因此，南通要实践早期现代化，首先要改变当地人的安逸思想，转而接受和学习先进的现代化理念。此时，上海对南通的影响至关重要，张謇“沪通联动”的思想改变了南通的早期现代化进程。

甲午战败后，状元张謇回乡传播“父实业”“母教育”的自强理念。他积极创办企业、发展经济。特别是在1903年访日后，考察日本现代化的成果，返乡后兴办教育、倡导立宪、筹建商会、参加博览会、建设公园剧场等，深刻地推动了南通早期现代化。

南通早期现代化深受张謇个人思想和实践的影响。张謇作用于南通的早期现代化思想，其来源有很多：比如在北京、朝鲜游历时所感，考察日本企业、学校等所得，从阅读翻译西书中所知。除此之外，张謇多次往来于沪通之间，很多业务都在沪开展。上海作为近代以来极具现代化氛围的大都市，对张謇思想及实践的影响颇深。

据南通市档案馆朱江的研究，清末以来，沪通之间的来往十分方便，对地方贸易作用很大。“南通与上海地缘相近，因为沙船（一种平底帆船，适宜在沙洲较多的长江口和近海水面航行）运输、沙布（通州、海门一带农民所织的土布）贸易的原因，两地经济联系甚密。”因此，“张謇主动寻求接轨上海，使上海丰富的生产力要素成为大生纱厂的助推器”，是十分顺理成章的事情，比如“张謇把上海作为大生纱厂集资的主要所在”，从上海“杨树浦运来的官机给陷入筹办困境的大生纱厂注入生机”，等等[②]。

张謇在筹办大生纱厂时，就将上海的因素优先考虑了进来。1898年，大生纱厂在南通唐家闸动工兴建，1899年建成投产。早在1896年1

---

① 参见常宗虎：《南通现代化1895—1938》，第4页。

② 朱江：《荣宗敬、荣德生兄弟与张謇的交集》，《档案建设》2021年第4期，第77页。

月 26 日,“潘华茂、郭勋等 6 位筹办大生纱厂的董事,联名向两江总督张之洞上《遵办通海纱丝厂禀稿》”,禀稿中附有通海纱厂章程,其第六条提出:“拟立公所一处,由厂派人经理,刊刻戳记,以昭凭信。”[①]张謇与股东们设立沪所的想法,基本得到了张之洞的认同,禀稿中除了“刊刻戳记”没有获批外,其他都得到了支持。因此,设立驻沪大生公所的计划,不仅是张謇筹办大生企业的眼高一寸、棋先一着,更是报请官府同意后设立的。1896 年下半年大生上海公所正式设立,这比大生纱厂 1899 年正式投产早了将近三年的时间。因此,沪所是张謇“沪通联动”思想落地的先期成果。

另外,有学者统计,“1898 年至 1912 年和 1914 年至 1923 年这两个时间段,张謇在上海活动的时间每年都超过三分之一”[②]。笔者以为,常年来往于上海、南通之间,张謇的“沪通联动”思想及其影响下的各种成果落地南通,对南通早期现代化有深刻影响。

前人关于清末民初上海工业、城市等现代化成果对南通早期现代化的影响,目前已有一些研究,如卢建汶在《张謇事业发展的支点——上海》一文中指出,张謇清醒地认识到“上海对中国的作用,对周边城市的影响,因而充分利用上海独特的租界格局以及经济、技术和人才等方面优势,以上海为支点来发展自己的事业”。文中认为,上海是张謇“谋求政治的港湾”“筹措资本的盆地”“引才、培智的摇篮”“走向世界的窗口”“中兴事业的基地”[③]。但是,该文是以张謇事业与上海的关系为研究中心,南通的早期现代化并非其重心所在。

关于沪所的介绍,朱江在《大生上海公所》一文中也提到“大生上海公所的名称似乎模仿华商机器纺织公所”,“大生纱厂初创时期,华盛纺织总厂是大生经营管理方面的领路人”等,强调“上海一直是大生纱厂最主要的资金来源地,许多股东甚至没有实地去过大生纱厂,只是通过大生纱厂的驻沪机构与大生纱厂发生联系的”[④]。

---

① 参见《遵办通海纱丝厂禀稿》,《通州兴办实业章程》,南通:翰墨林印书局,1910 年,第 6—7 页。另参见朱江:《大生上海公所》,《档案与建设》2019 年第 9 期,第 88 页。

②③ 卢建汶、何晓宁、陈俊华:《张謇事业发展的支点——上海》,《江苏地方志》2005 年第 6 期,第 41 页。

④ 朱江:《大生上海公所》,《档案与建设》2019 年第 9 期,第 91 页。

不同于以往研究的是，其一，本文将研究重点落在南通的早期现代化，围绕"大生集团与沪所的往来(1896—1911)"为研究中心，着重介绍沪所对于南通早期现代化的影响，尤其是对大生纱厂创办与发展的现代化作用。其二，本文提出了"沪通联动"这个新词。2017年，由南通市档案馆、张謇研究中心编的《百年大生企业号信》[①]出版，笔者在阅读号信后，发现大生企业的现代化建设与张謇在上海设立的事务所有密切关系，从而提出张謇的"沪通联动"思想这个新概念，来解释沪所对南通早期现代化的作用。由于号信档案新出，利用其研究的学者不多，同时，"沪通联动"思想，这个提法尚未见有学者专文提出或专门着力。因此，本文拟围绕"以大生集团与沪所的往来(1896—1911)"为研究中心，就沪所与大生纱厂建设的具体细节，来探析张謇"沪通联动"思想的特点以及其作用于南通早期现代化的历程。

本文将研究时间段设定为1896—1911年，其原因是"1896年初"[②]，张謇在沪设立大生上海公所，次年下半年改名为大生沪帐房；研究时间截至1911年，因为到目前为止，1907—1911年上半年的8卷号信已经出版。大生企业号信不仅是南通大生各企业与沪所之间的往来信件，还能作为大生资金调拨的凭证。目前，通过这批号信，不仅可以看到沪所的具体业务处理、大生企业的经营情况，还可以看到当时南通的政治动向、经济水平和社会面貌等[③]。

一、大生集团、沪所的创办及历史背景

1895年，张謇奉张之洞之命在南通筹办纱厂。南通是典型的棉花产区，在此设纱厂棉花充足而优质。历经44月余在南通、上海等地的奔走

---

① 号信：即南通大生企业号信，是指南通大生各企业与沪所之间的往来信件。

② 朱江：《大生上海公所》，《档案与建设》2019年第9期，第88页。《大生系统企业史》第122页记录"1897年冬"大生公所成立，资料来自"原大生上海事务所秘书徐润周1962年的回忆"。南京：江苏古籍出版社，1990年。朱江认为《大生系统企业史》有讹误，根据南通档案馆所存的沪所资料来看，大生上海公所设立于1896年下半年。

③ 参见南通市档案馆、张謇研究中心编：《百年大生企业号信：清光绪三十三—三十四年(上)·导言》，北京：国家图书馆出版社，2017年，第1页。

集资,张謇数次面临"进无寸援,退者万碎"[①]的困境,最终克服重重困难,大生纱厂得以在1899年4月开车。

(一) 大生集团创办的缘由及沪所的演变过程

张謇在回忆创办纱厂缘由时说道:"年三四十以后,即愤中国之不振……乃决定捐弃所恃,舍身喂虎,认定吾为中国大计而贬。"[②]在接下来的几十年内,张謇创办了以大生纱厂为核心,包括棉纺织、垦牧、制盐、航运、金融等在内的大生企业系统[③]。

大生纱厂创办后,根据张謇和南洋商务局签订的《官绅约款》,"所有举董招股,以及年终帐目"[④]均由张謇掌握,官方"不论盈亏按股金逐年提取8厘的官利"[⑤],实际上与贷款无异。在集资困难、领用"官机"的情况下,张謇利用"绅领商办"的新模式,开辟了一条官方没有决策权、没有管理权,甚至没有参与权,官股股东只拿股息、不问厂务的新道路[⑥]。在这种经营模式下,张謇将南通与上海紧密联系起来,带动了南通大生纱厂走向现代化道路。

在"沪通联动"思想下,沪所在发展过程中,张謇将上海的资金、技术与南通的劳动力、产品紧密联系起来,促进了"沪通联动"。大生纱厂筹办期间,为了筹款及物资采购的方便,1896年上半年,张謇设立"大生上海公所",此后沪所逐渐承担筹措资金、转运工厂设备、购买物资、官商沟通等工作,地位日益重要,并于1907年正式更名为"驻沪事务所",成为继会计、考工、营业、庶务后的第五所,成为大生纱厂的核心管理机构。1920年5月,沪所搬到南通大厦[⑦],1935年底,沪所改为"大生总管理处",管理

---

① 张謇著,文明国编:《张謇自述》,合肥:安徽文艺出版社,2014年,第136页。

② 张謇:《大生纱厂股东会宣言书》,李明勋、尤世玮主编:《张謇全集》(第四册),第550页。

③ 参见大生系统企业史编写组:《大生系统企业史·序言》,南京:江苏古籍出版社,1990年,第1页。

④ 张謇:《通州兴办实业之历史》,《通州兴办实业章程·大生纱厂》,第38页。

⑤ 大生系统企业史编写组:《大生系统企业史》,第18页。

⑥ 参见赵明远:《张謇推行股份制的历史贡献》,《南通师范学院学报(哲学社会科学版)》2003年第3期,第13页。

⑦ 参见朱江:《大生沪帐房:从裕源到南太平码头》,《南通日报》2021年7月10日,第3版。

进货出货、人员任免、薪酬发放等事务,沪所由一个"下属办事联络机构",转变为大生集团的领导机构。1946 年 7 月,大生集团设立"大生联合事务所",此时沪所"再次成为大生纱厂驻上海的办事处"[①]。1953 年 1 月,经事务所申请、上海政府批准,成立 57 年的沪所正式撤销。

长期以来,沪所一直为大生纱厂的发展保驾护航。在大生纱厂筹办初期,沪所负责转运官机、购买物料、联系江海关等,以保障大生纱厂顺利开车;在大生纱厂起步阶段,沪所负责置办布机、批售布匹、收货付款、资金往来等业务[②];在大生纱厂高速发展期间,沪所为大生集团几十个企业处理购运原料、采办物料、批售产品、调拨钱款、接待人员等事务,俨然大生集团的"神经中枢"[③]。

(二)沪所对大生现代化的作用和影响

南通市档案馆存有许多沪所与大生纱厂往来重要的一手资料,其中有一批档案是南通大生纱厂与上海沪所的通信信件——大生企业号信。号信,顾名思义,就是标了序号的来往信件,能够及时关注信件送达情况、有无遗漏以及日后数目的查阅、核对。大生企业号信是大生各企业与沪所之间的往来信件,能够作为大生资金调拨的凭证。目前,1907—1911 年上半年的 8 卷号信已经出版。号信资料,全面反映了沪所与大生纱厂间的资金流动、业务对接、信息交流。具体来说,沪所对大生企业的开办有如下三方面的作用:

首先,沪所对大生的日常资金、市场信息方面有很多支持。经笔者统计,1907 年大生纱厂与沪所的资金往来有 166.4 万元、251.8 万两左右[④],厂所间资金来往频繁。

1907 年大生纱厂共向沪所寄款 192.9 万两、112.6 万元、股票 913 股,大笔资金主要是大生纱厂的所收纱款,也包括了数量可观的票据、券据等;大生纱厂收款 3.6 万两、51.8 万元、股票 1673 股、股票 200 分,大批款项是沪所寄往南通用于棉花采购的资金;还有一批收入沪账或厂账的

---

① 朱江:《保安坊:沪所最后一站》,《南通日报》2021 年 7 月 25 日,第 3 版。

② 参见大生系统企业史编写组:《大生系统企业史》,第 123 页。

③ 参见大生系统企业史编写组:《大生系统企业史》,第 123—124 页。

④ 根据南通市档案馆、张謇研究中心编:《百年大生企业号信:清光绪三十三—三十四年》(上、下)第 1—493 页统计得出。

1907 年大生企业号信中大生纱厂与沪所的钱款往来统计[①]

	支(寄去款项)	收(收到款项)	提(入沪帐等)
分类小计	现洋:1040330 元、181431.181 两 票:85042 元、44465 两 券据等:1688417.6 两 股票:913 股、900 元 存款:14600 两	现洋:516081 元 票:1500 元 股票:1673 股、310 元、200 分 解条:5000 两 解条回单:3 万两 入股:1000 两	入沪帐/厂帐:33866.5 两、19833.557 元 解条、送条等:518744.165 两、1390 元
小计	共 112.6 万元、192.9 万两	共 51.8 万元、3.6 万两	共 2.1 万元、55.3 万两
总数	共 166.5 万元、251.8 万两		

资金共 3.4 万两、2.0 万元,这些都是需要沪所及时对外支付的资金;号信中还记录了一些解条、送条等,共 51.9 万两、1390 元,号信展示了大生企业和其他钱庄的钱款业务往来。

从沪所与大生纱厂的资金往来中,笔者发现大生纱厂向沪所寄款中,最大笔的资金往来是各类票据、券据,共 173.3 万两、8.5 万元[②],从 1907 年的账略中可知,该年各庄回息收入为 11.1 万两[③],沪所有了早期银行借款及临时放贷的功能。沪所向大生纱厂寄款中,最大笔的资金往来是现洋,共 51.6 万元[④],这些现洋在上海装箱,通过大新轮运载,沿水路抵达南通,是大生纱厂秋季采购棉花的主要资金来源。

张謇在上海活动时,沪所还有联系政府的作用。1907 年第 52 号信中有一封张謇回复江督电报:"号电谨悉。前因购运抑米平粜,垫款至巨而急,故商借十万。商务局息款,是厂照章应缴之款,是另一事,绝不相涉。謇迥。"[⑤]张謇通过沪所与官方联系,就米款和商务局钱款事宜与江督协商处理。

---

① 此表格根据南通市档案馆、张謇研究中心编:《百年大生企业号信:清光绪三十三—三十四年》(上、下)中第 1—493 页的大生纱厂致沪所的号信中钱款往来绘制。

②④ 根据南通市档案馆、张謇研究中心编:《百年大生企业号信:清光绪三十三—三十四年》(上、下)第 1—493 页统计得出。

③ 参见南通市档案馆等编:《大生企业系统档案选编·纺织编Ⅰ》,南京:南京大学出版社,1987 年,第 52—54 页。

⑤ 南通市档案馆、张謇研究中心编:《百年大生企业号信:清光绪三十三—三十四年》(上),第 112 页。

除了资金上的支持，沪所还及时将上海市场信息带到南通。1907年，上海有裕通纱厂、景纶纺织厂、日晖织呢厂、振华纱厂等棉纺织企业，上海已成为中国最大的棉纺织工业区。在此背景下，张謇认识到"上海市场行情是大生纱厂必须关注的，设立办事机构有利于追踪市场动态"[①]。大生号信中记录了许多沪所与大生纱厂的情报交流，尤其是棉花、纱布价格的及时汇报。1907 年 8 月 9 日第 133 号信提及"厂中明日开庄，拟限价二十二元以内"；8 月 19 日号信提到"花已紧至廿一元矣"等[②]。据笔者统计，1907 年大生号信中提及的棉花价格在 21—22 元内浮动。通过沪所与大生纱厂的联络，原棉价格、物资情况、棉纱市场等变动信息迅速传达到大生纱厂，大生纱厂能够更好地作出市场决策，占得市场先机。

从大生号信的记录中，我们看到沪所在资金上支持大生纱厂，并将上海市场的信息带到南通，促进了南通与上海的联动，为南通企业的发展提供了广阔空间。

其次，沪所是大生纱厂采购物资和转运产品的重要机构。沪所设立初期，主要负责物料采购。1899 年大生纱厂订立的《工料总帐房章程》规定："机帐房设遇机器损坏补购，会同物料所查明后，应补何物，由物料所单报工料总帐房核明，备函寄沪添购。"[③]物料所查明需要购置的物料种类及数量，由总账房核查无误后，将单据寄往沪所，由沪所采购，大生纱厂"最早一批纺织机器和燃料也是从上海辗转运到南通"[④]。

沪所最早的一笔购货交款是"1898 年 1 月 15 日沪所付给万源洋货号的英洋 57.4 元"[⑤]。根据《电厂辛酉年工程材料机器及各项开销银钱帐略》记载，1921 年天生港电厂购买钢条、水泥、石子、砖瓦、洋松、柏油等多种建筑材料，购置钉子、插销、玻璃、螺丝等配件，用以建造各种办公场所[⑥]。大生档案里保存着南通营业主任高观四给沪所的信函[⑦]，希望沪所

---

①④ 朱江：《大生上海公所》，《档案与建设》2019 年第 9 期，第 89—90 页。

② 南通市档案馆、张謇研究中心编：《百年大生企业号信：清光绪三十三—三十四年》(上)，第 277、291 页。

③ 李明勋、尤世玮主编：《张謇全集》(第五册)，第 14 页。

⑤ 朱江：《春裕成时期的大生纱厂沪帐房》，《南通日报》2021 年 6 月 27 日，第 4 版。

⑥ 参见朱江：《张謇与天生港电厂(下)》，《南通日报》2021 年 8 月 7 日，第 3 版。

⑦ 参见朱江：《高清、高观四父子与大生企业》，《南通日报》2021 年 9 月 25 日，第 4 版。

为其购买铁钉、铁条、钢条等建筑材料。

除了物资采购,沪所还负责大生纱厂产品的转运。大生纱厂的纱、布常通过上海销往中国北方及海外。通海地区的土布深受东北地区人们的喜爱,从通海地区到东北,大部分关庄布都需要通过上海这个中转站[①]。南通绣织局的绣织品通过上海远销美国纽约,复兴面厂的面粉经由上海远销日本,产品转运时报关纳税、沟通官方等事宜,都由沪所办理相关手续[②]。

再次,沪所对大生学习先进制度、完善股份制有很多帮助。企业的现代化制度建设,对于企业的内部管理、经营成败非常重要,上海是大生纱厂规章制度的重要学习、借鉴来源。通过向上海的华资企业学习,大生纱厂初步建立起权责分明、富有人性的管理架构,促进了大生纱厂向近代公司转变[③]。尤其是"大生纱厂初创时期,华盛纺织总厂是大生经营管理方面的领路人",在"外资企业严格保密,不得而入"的情况下,华资的华盛纺织总厂却对张謇的大生敞开了怀抱。盛宣怀的堂弟——华盛总办盛宙怀"热情接待,有问必答",并对张謇的创业团队赞赏有加,认为他们"皆朴实有条理,所营必大有成"。这让张謇非常感激,"在盛宙怀去世 7 年之后的 1910 年,把这段经历写入《纺工说明书后序》中"[④]。

1907 年,是大生纱厂落实股东责任制的时期。1907 年大生号信中,收录了一则张謇致大生纱厂股东(包括上海股东)的通函,"大生纺纱公司七月二十三日开股东大会,前已登报。遵章应先举查帐员,所有选举查帐员之规则,前经呈请督部核准、兹特奉布。请按照所开规则,于股东户名内,就资格合宜、来往便利之人填票推举、尽月杪寄到"[⑤]。1907 年 8 月 31 日至 9 月 1 日(农历七月二十三日至二十四日),大生纱厂召开第一次股东大会,股东到会者 49 人。会上,张謇向股东报告 12 年创办历史,公推

---

① 参见朱江:《大生上海公所》,《档案与建设》2019 年第 9 期,第 90 页。

② 参见大生系统企业史编写组:《大生系统企业史》,第 123 页。

③ 参见汤可可:《张謇与近代公司制度创新》,《江南大学学报(人文社会科学版)》2007 年第 1 期,第 57 页。

④ 朱江:《大生上海公所》,《档案与建设》2019 年第 9 期,第 91 页。

⑤ 南通市档案馆、张謇研究中心编:《百年大生企业号信:清光绪三十三—三十四年》(上),第 241 页。

许鼎霖为议长，选举郑孝胥、刘垣、张詧、蒋汝藻、恽毓珂五人为公司董事[①]。股东们就大生纱厂体制、分配、经营、人事等重要问题进行讨论并达成共识，大生纱厂的股份制更加完善。

股份制的完善，是企业现代化的重要标志，这从张謇“手条”数量的变化就可以看出来。1907年之前，张謇常常通过“手条”向上海沪所下达指示。“手条”由张謇直接发往沪所，中间不经任何机构审核。“手条”可以用于指示沪所发放薪酬、划拨银两、借贷还款；或者是采办纺纱机、电灯、灭火机等物资；甚至包括托人办事、委托沪所办理业务等事务往来。1907年之后，大生档案中张謇的“手条”数量明显减少，尤其是划拨钱款的“手条”几乎绝迹[②]。不难看出，此时张謇调拨钱款的权力受到极大限制。至此，大生的管理权责更加分明，大生的企业制度更加规范化、现代化。

沪所成立以来，一直都是大生纱厂兴办、运行的强力后盾。在物资采购上，大生企业所需的纺织机器、燃料等大多是通过上海运到南通；在产品销售上，织户的土布大部分从上海转运到东北；在官商联络上，官机、燃料运输等都需要和上海的江海关打交道[③]；在大生企业资金往来中，许多钱款交接都经由沪所处理；在制度建设上，大生纱厂通过沪所向上海纺织厂学习；在政治活动上，沪所是张謇开展政治活动的重要驿站，沪所成为大生集团运转的重要枢纽。沪所的具体职能复杂且多样，有时候林兰荪、吴寄尘等沪所负责人也要代为处理张謇的家族事宜等。

（三）张謇“沪通联动”实践对南通社会现代化的影响

沪所是张謇“沪通联动”思想的先锋产物，其对大生企业现代化建设的作用和影响是方方面面的，诸如资金支持与信息交流、物资采购与产品转运、制度学习与完善股份制等。

1902年7月，张謇趁江西巡抚李勉林调任之机，“力促（三哥）张詧引退回乡获允。从此，张謇主外，张詧主内，如虎添翼”。1904年开始，“张詧全力协助推进南通大生纱厂各项事业，张謇则腾出身来坐镇上海‘大生

① 参见庄安正：《张謇先生年谱（晚清篇）》，长春：吉林人民出版社，2002年，第270页。

② 参见肖正德：《张謇“手条”与大生沪账房》，《档案与建设》2003年第11期，第34、47页。

③ 参见朱江：《大生上海公所》，《档案与建设》2019年第9期，第90页。

沪事务所'操控全局"[①]。张謇更有充分的时间常驻上海,利用沪所,将"沪通联动"优势发挥出来。

一、张謇的现代化思想,为大生及南通地区实现早期现代化提供了可能。对于落后地区的现代化,欧美学者有观点认为:"发展中国家的现代化会是一个充满动荡和激烈冲突的过程,一个具有现代化取向的政治组织则是推进现代化进程又保持其过程稳定的关键力量。"[②]现代化在一个国家、地区或城市的实现,前提是现代化思想观念的广泛传播,以及得到地方人民的共同认同。无论是思想传播还是人民认同,都需要有政治组织去进行。

清末的南通并没有什么现代化取向的政治组织,其早期现代化肯定难与欧美的路径相同。缺乏现代化政治组织的南通,为何在清末取得早期现代化的成功?

南通早期现代化的幸运之处就在于,一个江海之交的小城,虽然没有"现代化取向的政治组织",但是,张謇作为状元郎回乡办企业,其本人的声誉对南通城乡有着巨大的影响,这使得张謇本人的现代化思想及其实践,可以部分取代"现代化取向的政治组织",给并非上海、广州等大城市的江海小城南通,提供了现代化的可能和动力。他既推进了南通的现代化进程,亦是其过程中保持"稳定的关键力量",但是同时,很多风险都担在张謇个人肩上。

马克斯·韦伯在其名著《经济与社会(下)》中指出:"政治团体的现代地位是建立在有关参加者之中广泛传播的、对一种特别威严的特殊的信念所赋予的威望之上:即由它们所安排的共同行为的合法性。"[③]张謇作为南通早期现代化的政治代表人物,最开始只是他一个人孤军奋战,他弃官从商的思想理念,让南通地方官民惊愕不已,一时间,张謇这种"特

---

① 《张謇与三哥张詧》,2013 年 3 月 31 日,张謇纪念馆网站:http://www.zhangjianchina.com/view.asp?keyno=2693。

② 叶书宏:《世界眼中的"中国奇迹"》,2017 年 10 月 16 日,新华网:http://www.xinhuanet.com/politics/2017-10/16/c_1121811102.htm。

③ [德]马克斯·韦伯著,林荣远译:《经济与社会(下)》,北京:商务印书馆,1997 年,第 220 页。马克斯·韦伯这里所说的"政治团体",包含有暴力性质的"政治的共同体",这与张謇依靠个人魅力与工商实践,先成为"工商领袖",进而团结地方其他精英和平形成的"政治团体"有很大的不同。另参见《经济与社会(下)》,第 217 页。

别威严的特殊的信念”众人皆知，张謇的“信念所赋予的威望”及其企业的初步成功，让张謇的现代化探索从被人嘲笑转变为争相仿效，从而有了“合法性”。

随着1899年大生纺织企业的开工和扩大以及众多新企业、师范的创办，现代化观念通过报刊、企业实践、学校教育、地方建设等途径传入南通。这些让张謇企业的管理人员、投资人，以及认同张謇理念的地方政府、商会行业协会的代表人物，形成南通早期现代化的政治团体，并进一步获得引领地方现代化的合法性和可能性。

二、张謇“沪通联动”思想，对南通早期政治现代化产生了重要的关联作用。借助1896年就设立的沪所，张謇结交社会上各方面的朋友，收集国内国际的各种信息，购买建设所需的机器和物资。“沪通联动”是张謇推动南通早期现代化的重要推手之一，而沪所的设立，为这个推手提供了迅速、便捷、多元的可能。

张謇“沪通联动”思想作用于南通早期现代化，除了推动工业企业现代化之外，在政治现代化上还有如下两个方面的作用：

一、利用沪所联络“东南互保”，为南通早期现代化建设构筑屏障。沪所是张謇在上海从事政治、社会活动的基地[①]，也是张謇结交社会名流，讨论国事、家乡事的场所。张謇深知，南通要建成一“新新世界”，就必须有和平的政治环境，避免战争对地方建设的破坏。

1900年5月，义和团开始进入北京，导致了八国联军的武装干涉。张謇对庚子事变时局异常关注。1900年“5—6月间，张謇在上海逗留近一月”，在沪所晤见沈曾植等多人，了解义和团进京后的情况，商定解决办法。与沈曾植等积极“穿梭于上海、南京、通州之间，频繁与地方督抚、东南士绅、文化报人等交往、密议、策划”[②]。

6月4日，张謇通知大生纱厂助手沈敬夫“相北方匪警缓急为操纵”；与海门王同知“议陈团丁”，以保地方平安；要求南通各典当行“不可止

① 参见朱江：《大生驻沪事务所的特殊作用》，《南通日报》2021年2月28日，第3版。

② 参见王敦琴、羌建：《张謇："东南互保"中的"官民之邮"》，《南通大学学报(社会科学版)》2018年第2期，第143页。

当”,以免引起人心恐慌[①]。他安排好大生纱厂事务后,于6月16日抵江宁。17日的日记肯定了刘坤一、张之洞要求朝廷“明降谕旨,定计主剿”的主张。18日,他进见刘坤一,“陈招抚徐老虎策”[②],为6月21日慈禧向英、美、法等十一国宣传“东南互保”做了一定的准备。这段时间,张謇利用其“官民之邮”的方便,在沪宁之间积极行动,影响官府、士绅、新闻界等人士,最终促成刘坤一义无反顾于“东南互保”,稳定了东南局面;同时,也为家乡南通顺利、稳定地进行地方现代化建设,构筑了保护屏障。

二、“沪通联动”的政治交往,是南通地方自治的助推手。1903年6月,张謇从上海出发,去日本考察。他从近邻的发展中认识到,中国要进步,就必须改良政治,其一是推动清廷早日立宪,其二是在地方上推行自治。

1906年为在上海成立预备立宪公会,张謇在沪不断会晤支持立宪的端方、铁良等,并积极与汤寿潜等商量相关事宜,而这些人物都与沪所有密切关系。以1906—1907年的号信与年谱所记为例,张謇在沪所的政治活动有:1906年7月21日,张謇在上海拜访刚刚考察宪政回国的端方、戴鸿慈,与他们讨论宪政;8月16日,张謇在上海与刚从京师抵沪的袁树勋“久谈,知都中一切怪像”;12月11日,张謇会见汤寿潜,讨论召开预备立宪公会成立事宜。1907年1月21日,张謇参加商办苏省铁路公司筹建的沪嘉铁路开工仪式,到会的官绅有数百人;1907年12月10日到16日,张謇与汤寿潜等人商议国会问题,支持预备立宪公会与宪政公会等共同筹备成立国会期成会,领导全国请愿[③]。1906年12月16日,预备立宪公会在上海愚园成立,会长为郑孝胥,张謇、汤寿潜为副会长。

推动立宪,并非与南通的现代化建设无关,在张謇看来“立宪与自治”是密不可分的,“立宪基础,首在地方自治”。张謇从1905年开始,就以“村落主义”的思路,希望通过地方自治运动,把南通建设成一个现代化的“新新世界”。张謇提出“一个人办一县事,要有一省的眼光,办一省事,要

① 参见王敦琴、羌建:《张謇:“东南互保”中的“官民之邮”》,《南通大学学报(社会科学版)》2018年第2期,第144页。另见李明勋、尤世玮主编:《张謇全集》(第一册),第430、481—483页。

② 参见王敦琴、羌建:《张謇:“东南互保”中的“官民之邮”》,《南通大学学报(社会科学版)》2018年第2期,第143页。

③ 参见庄安正:《张謇先生年谱(晚清篇)》,第258—259、263、266、272页。

有一国之眼光，办一国事，要有世界的眼光"①，这是他对南通早期政治现代化与国家之关系的深刻思考，这种思考既是基于"沪通联动"思维，更是超越了区域性互动的大思考。

张謇说："窃謇以国家之强本于自治，自治之本在实业、教育，而弥缝其不及者惟赖慈善。"②张謇积极投身自治运动。大生纱厂的大股东许鼎霖，曾担任过浙江洋务局总办，"经常盘桓于十里洋场的上海"，当时"两人在上海的会面成了常事"，见面时两人常常讨论地方政治，赞同自治。1905年农历三月，张謇北上徐州，"过山阳晤丁宝铨，与鼎霖会议淮、海、扬、通合营自治事"③。虽然"淮、海、扬、通合营自治事"最后未成，但张謇通过在沪所的活动，利用"沪通联动"，联合南通周边的政治势力，为南通的地方自治创造更好的生态和条件。

结语：张謇"沪通联动"的外联思想与南通现代化

从1896年开始，沪所持续了57年，"把上海的资金、信息、技术和南通的市场、原料、劳力有效结合"，为南通的早期现代化做出了独特贡献，也体现了"大生纱厂始终接轨上海，把上海作为事业发展支撑的理念"④。

张謇"沪通联动"等早期现代化思想不仅成就了南通的早期现代化，而且深入南通民心。张謇南通早期现代化的思想及实践，也影响了周边城市的工商业者、政治团体。无锡民族工商业的代表人物荣德生，年轻时就很钦慕张謇，他说："昔南通因有张四先生(张謇)，致地方事业大兴，号称'模范县'。"荣德生认为近代南通的现代化，因有张謇而"一切得人则兴"，他曾感慨："如各县都能有张四先生其人，则国家不患不兴。"1948年时他曾自勉："余以一介平民，何敢谋国，只能就家乡做起，逐步推广耳。"⑤"刘国钧先生曾经告诉我，他原来是开布店的。当时国内抵制日

---

① 张孝若：《南通张季直先生传记》，上海：上海书店，1992年影印本，第297页。

② 李明勋、尤世玮主编：《张謇全集》(第一册)，第430页。

③ 参见高广丰：《从实业救国到谋划合营自治——"江北三名流"张謇、沈云沛、许鼎霖交往述评》，2019年1月23日，张謇纪念馆网站：http://www.zhangjianchina.com/view.asp?keyno=3811。

④ 朱江：《大生上海公所》，《档案与建设》2019年第9期，第88页。

⑤ 荣德生：《乐农自订行年纪事》，上海：上海古籍出版社，2001年，第208页。

货,他看到了张謇的文章中有‘制且未成,抵于何有’的说法,很受启发,就开办了纱布厂。”①

张謇基于沪所进行的“沪通联动”外联思想的价值底色在于:胸怀天下、海纳百川、爱国爱乡、重视实践。其于一百多年前的实践探索,对当前推进乡土企业现代化、地缘经济国际化、长三角一体化发展,都有重要的研究价值。

〔作者李雪萍,肇庆市第二中学教师。肇庆 526000;周孜正,华南师范大学历史文化学院讲师。广州 510000〕

① 张季直先生事业史编纂处:《大生纺织公司年鉴(1895—1947)》,南京:江苏人民出版社,1998 年,第 407 页。

政务环境与企业经营

——以张謇为中心的考察

丁　涛

摘　要:张謇成功创办大生纱厂等一系列企业,与清末政务环境的改变有关。清前期实行"重农抑商"政策,缺乏鼓励工商业的举措。晚清以来,随着西方列强的经济掠夺和财政危机的加剧,朝野上下开始重视工商业发展,使营商环境得以改善。一是法律政策的完善。张謇的创新权益、个人财产、自主经营权等,都受到了法律的保护。二是金融制度的创新。张謇能成功创办一系列企业,得益于银行和股份制等新型融资方式的出现。三是企业家奖励制度。为表彰张謇成功创办大生纱厂,商部授予其"头等顾问官",大大提高了其政治地位和社会影响力,为他日后扩大企业经营规模奠定了政治基础。四是融洽的政商关系。状元头衔和官绅身份,使张謇易于得到来自官方的支持,对于推动其实业发展大有裨益。

关键词:政务环境　企业经营　张謇

张謇是近代杰出的爱国企业家,成功创办大生纱厂等一系列企业,并在企业盈利后致力于发展教育和社会公益事业。营商环境是企业赖以生存和发展的基础,张謇能够成功创办一系列企业,与当时的政治、经济、科技、文化等诸多因素有关系,如清政府鼓励发展实业、晚清重商主义思想的兴起、机器纺纱技术的传入、一战期间帝国主义无暇东顾等。在诸多因素中,政务环境的作用尤为突出。企业运营之成败,与法律政策、金融环境、奖励制度、政商关系等息息相关。

一、法律政策

甲午战争后,清政府认识到商业的重要性,依次设立商务局、商部、农工商部等商务管理机构,采取了一系列保护工商专利的举措,赋予创办者在该区域一定年限的专办权利。张謇创办大生纱厂、大兴面厂等,都获得了专办之权。在开办大兴面厂时,张謇呈文指出:"今同在通州试办面机,事同一例,拟请援大生厂专办年限,十年之内,如有添设,即照分厂贴费若干。"①张謇开办面厂,要求援引大生纱厂专办之例,在通州专办十年。若十年内有其他投资者在此设厂,须给予大兴面厂一定的补贴。由此可见,张謇创办大生纱厂获得了专营十年的权利。1905 年,浙江候补道朱畴欲"复在海门境内通海桥地方,购度地基,建设纺厂"②。商部最终驳回了朱畴的请求,维护了大生纱厂在通海地区的专办权利。拥有政府赋予的专办权,是大生纱厂在通海地区发展壮大的重要保障。

首先,张謇创办翰墨林印书局,印书局版权得到了法律保护。1904 年,张謇呈文曰:"查各国印书,最重版权,中国近今编译各书局亦有版权之请。今恳咨明商部批准立案,并求札饬沪道出示:严禁各书贾翻印通州翰墨林书局编译之书,并照会租界领袖总领事立案。"③张謇指出各国印书都重视版权,要求政府出具法令,严禁翻印翰墨林印书局编译之书。该年 9 月,翰墨林印书局的版权获得商部的保护:"所有通州翰墨林书局编译各书,毋得任意翻印渔利。"④

其次,企业家的个人财产得到法律的保护。张謇在企业经营中大刀阔斧、积极进取,与个人财产受到法律保障不无关系。产权明晰是大生集团的重要特点。不仅公司财产与私人财产不相混淆,而且大生纱厂与大生派生企业的产权也非常明晰。各企业在财务上独立核算,互不统属。任何一家企业经营不善,都可自行破产清算,既不会牵连其他企业,更不会牵累股东。在大生集团运营过程中,曾发生过多起破产清算事件。譬如,1908 年 9 月"大兴机器磨面厂亏损巨大,纠葛最多,按商律破产"⑤。

① 张謇:《为开办通州大兴面厂咨呈》,李明勋、尤世玮主编:《张謇全集》(第一册),第 38 页。

② 张謇:《因朱某图在海门设厂呈部文》,李明勋、尤世玮主编:《张謇全集》(第一册),第 77 页。

③ 张謇:《为翰墨林书局版权咨两江魏督》,李明勋、尤世玮主编:《张謇全集》(第一册),第 53 页。

④ 庄安正:《张謇先生年谱》,第 225 页。

⑤ 庄安正:《张謇先生年谱》,第 281 页。

1908 年,正是大生集团蓬勃发展之际,大兴面厂于此时破产清算,并没有对大生纱厂的运营造成不良影响。公司财产与个人财产有所区分,各公司独立核算,使张謇在经营中没有后顾之忧,敢于承担商业风险。1920 年后,由于天灾、军阀混战和经营规模扩大,大生集团出现债务危机。1922 年以后,大生集团开始被银团监管。不过,大生集团的债务并未转嫁给张謇个人,张氏家族的生计未因企业的债务危机而受影响。

再次,企业家的自主经营权得到法律的保护。张謇创办大生纱厂能够成功,与企业拥有充分的自主经营权是分不开的。就企业产权而言,大生纱厂是官商合资企业。纱厂原定由张謇募集商股筹建,后因商股集资不顺,不得不求助于政府。当时官方有闲置的 4.08 万锭纱机,作价 50 万两。张謇领了其中一半,将价值 25 万两的官机充为官股。至 1899 年大生纱厂正式开车前,只收集到商股 17.83 万两,到开车后一个月商股也才收到 19.51 万两[①]。由此可见,在大生纱厂经营之初,官方占有超过一半的份额,是公司的大股东。在得知官机入股的消息后,沪董潘华茂、郭勋担忧政府干预企业经营,提出"现在敝处各股东闻知,又有禀请官款,不免众生疑畏之心,似乎已附股者各有退志,未入股者各有戒心"[②],故辞去了董事职务。当时,官商合办企业声名狼藉,潘、郭二人的担忧不无道理。此时,张謇与江苏商务局创新性地提出"绅领商办"的合作方式,即官股方面只拿官利、股息,不参与企业运营。两江总督刘坤一认可了该合作模式,致函张謇:"名虽为官商合办,一切厂务官中并未派员参与,诚如来示,事任绅董。"[③]因此,大生纱厂虽为官商合办企业,但官方并未干预企业的运营,张謇拥有充分的自主经营权。拥有充分自主经营权,是大生资本集团在此后二十多年中持续发展壮大的重要原因。

二、金融环境

张謇处于中国现代金融逐渐兴起时期。大清户部银行(后更名为中国银行)于 1905 年成立,交通银行于 1908 年成立。张謇能够成功创办诸

---

① 《大生系统企业史》,第 16 页。

② 张季直先生事业史编纂处:《大生纺织公司年鉴(1895—1947)》,南京:江苏人民出版社,1998 年,第 15 页。

③ 《大生系统企业史》,第 15 页。

多企业,与当时的金融环境密不可分。张謇出身贫寒,因冒籍风波而长期背负债务,自有资金较少。大生纱厂之成功创办,有赖于政府支持和采用股份制经营方式。筹建之初,纱厂拟集股 50 万两,其中政府以官机折银 25 万两入股,为大生纱厂提供了重要的资本来源。张謇另需集商股 25 万两,至 1899 年大生纱厂开车后一个月,实收商股 19.51 万两。在 19.51 万两商股中,地方公款占 4.19 万两,私人投资 10.72 万两,未确定身份者 4.6 万两[①]。在 10.72 万两私人投资中,张謇出资额仅为 2000 两[②]。兴建大生纱厂需要集资 50 万两,张謇仅出资 2000 两就能办成,这一方面得益于政府的支持,一方面得益于股份制这种新型集资方式。张謇兴办其他实业公司,如通海垦牧公司、同仁泰盐业公司等,也采取了股份制集资方式。股份制源于欧美,张謇等人率先将西方的金融创新方式引入中国。"现今发现的中国近代企业发行的最早股票便是 1897 年 9 月 26 日(光绪二十三年九月初一日)'大生机器纺纱厂'签发的股票"[③]。

张謇实业的成功,缘于金融;张謇实业的失败,也缘于金融,可谓"成也金融,败也金融"。大生纱厂(一厂)于 1899 年产纱,大生二厂于 1907 年建成。两厂利润丰厚,1912—1914 年,两厂利润率均在 30%上下。一战期间,1915 年、1916 年两年利润率低落,1917 年开始上升,1919 年、1920 年两年利润率高达 90%上下[④]。在高额利润的刺激下,大生纱厂开始盲目扩张。张謇拟订了庞大的发展计划,"要把棉纺厂从两个扩展到九个。即除一、二厂外,增设三厂于海门,四厂于四扬坝,五厂于天生港,六厂于东台,七厂于如皋,八厂于城南江家桥。此外,还打算在吴淞设大生淞厂"[⑤]。大生纱厂的历年盈余,绝大部分都被股东提取,扩张资金不得不依赖于借贷。鉴于大生纱厂向来盈利丰厚,金融业把大生看作"摇钱树",向大生提供高额贷款,于是大生便通过借贷大肆扩张。大生的扩张在很大程度上属于信用膨胀的性质。1921 年,大生一厂账面负债总额中的对外欠款达 400 万两,在建的三厂、六厂、八厂也都有高额负债[⑥]。大

① 《大生系统企业史》,第 18 页。
② 《大生系统企业史》,第 21 页。
③ 严学熙:《大生纺织公司年鉴》序文,载《大生纺织公司年鉴(1895—1947)》。
④ 《大生系统企业史》,第 130 页。
⑤ 《大生系统企业史》,第 142 页。
⑥ 《大生系统企业史》,第 151 页。

生系统的盐垦公司也严重依赖于借贷，大有晋、大豫、大赉、大丰、华成五公司负债合计 453.3 万两①。1922 年，大生集团遭遇债务危机。该年，国内棉纺业遭到重创，棉贵纱贱，大生各厂从高额盈余转为巨额亏损，信贷收紧，资金周转失灵。自 1922 年始，大生系统的主要企业，包括纺织、盐垦在内，先后被金融资本组成的银团接管，张謇失去对大生集团的掌控。大生集团在 1920 年代遭遇挫折，与张謇盲目扩张固然有关，但与金融市场提供了过多的信贷额度也有联系。

三、奖励制度

受儒家文化之影响，张謇本来志在仕途，无意从商。他屡次参加科举考试，其目的就在于入朝为官。张謇投身实业并非初衷，而是具有一定的偶然性。1895 年，张謇丁忧在籍，署理两江总督张之洞奏派张謇经理通海一带商务局。对张之洞之请，张謇是犹豫的，他在《自订年谱》中坦言“踟蹰累日，应焉”②。经过数日的思想斗争，张謇才下决心接手办厂事宜。在丁忧期间，张謇虽处南通，但一直关注朝廷政局，虽然接手创办纱厂的任务，但无时不关心朝政，仍以回京任职为宗旨。1898 年，丁忧期满，张謇即赴京销假，重新回到翰林院任职。恰逢维新变法运动，政治斗争激烈，张謇恩师翁同龢被贬离京，张謇又被传言与康、梁同党。经权衡考虑，张謇选择再度回到南通，远离北京的政治风波。此次回乡后，张謇全身心投入纱厂的建设，纱厂于次年正式开车产纱。

张謇创办实业取得成效，朝廷予以嘉奖，张謇备受鼓舞，坚定了投身实业的决心，并以更大的热情投身各项事业的建设。1903 年 9 月，朝廷谕令成立商部，奏请张謇为头等顾问官：“张謇在臣部未经设立之先，已能殚精实业，卓著成效，且以一寒素之士，而创始集股银一百数十万两之多，收回利权为数甚巨，此其惨淡经营、坚苦卓绝之诣，洵足树风气之先声。查该修撰张謇叠经原任南洋大臣刘坤一、前属南洋大臣张之洞奏保有案，是其才识宏通、学有实用，久邀圣明洞鉴。案查上年八月间臣部奏定各项

① 《大生系统企业史》，第 174 页。

② 张謇：《啬翁自订年谱》，李明勋、尤世玮主编：《张謇全集》（第八册），第 1011 页。

章程内载如商董中已经得有官职、品望较著者,应准作为臣部顾问官,自四等至头等为止,由臣部奏明派充,不必在部当差等语。方今商智未开,尤宜破格奖励合无,仰恳天恩明降谕旨,准将在籍翰林院修撰张謇,仍以原官赏加三品衔,作为臣部头等顾问官,遇事径达臣部核办,借以鼓励众商俾资观感,并请饬下南洋大臣江苏巡抚转饬地方官切实保护。"①商部上奏朝廷,指出张謇在商部设立之前,就兴办实业而且卓有成效,集股一百多万两,收回利权甚巨,足开风气之先。按照商部章程,商董中已有官职、品望较著者,可奏请作为商部顾问官,分为头等、二等、三等、四等四个品级。鉴于张謇成绩卓著,商部向朝廷奏请聘张謇为商部头等顾问官,赏加三品衔,并饬南洋大臣、江苏巡抚等地方官员切实保护张謇所开创的实业。商部奏请张謇为头等顾问官,大大提高了张謇的政治地位和社会声望。此前张謇的官职为翰林院修撰,仅为从六品。被聘为商部头等顾问官后,晋升为正三品,地位大大提升。

张謇于 1904 年 4 月 20 日,得知被商部聘为头等顾问官的消息,内心非常激动。他在当天日记中记道:"初一日上谕:张謇着赏加三品衔作为头等顾问官,钦此。江海之臣,宦情久绝,匆被恩命,甚愧叨逾。顾官为新制,又系实业于经营实业界中,或者小有裨益,是则王命之孚为可感矣。"②张謇认真抄录了上谕内容,对于受到商部的信任非常感动。5 月 2 日,张謇致函商部尚书载振,对被聘任为商部头等顾问官一事表示感谢。可见,对于出任商部头等顾问官一事,张謇内心充满喜悦,认为有了为国家效劳的机会。张謇任头等顾问官后,向商部提交了多篇重要奏陈,如创设全国渔业公司、铁路公司、航运公司、实业银行,筹办国际博览会,改革税制等。朝廷的嘉奖举措,提高了张謇投身实业和报效国家的热情。

商部顾问官具有以下特点:其一,等级分明,分为头等、二等、三等、四等四个品级。企业家地位之高下,一目了然。其二,授予人数少。商部自 1903 年成立,至 1906 年改组为农工商部,其间仅有寥寥数人获顾问官称号,其中张謇、袁树勋为头等顾问官,丁宝铨为二等顾问官,周廷弼为三等顾问官③。因为授予人数较少,商部顾问官能够得到社会各界的认可。

---

① 《商部奏请奖办理商业公司在籍绅士折》,《政艺通报》1904 年第 8 期。

② 张謇:《柳西草堂日记》,李明勋、尤世玮主编:《张謇全集》(第八册),第 582 页。

③ 王奎:《清末商部研究》,北京:人民出版社,2008 年,第 79 页。

其三，商部顾问官拥有官衔和特权。头等顾问官的官衔为正三品，政治地位较高。依照《商部改定章程》："商人得有本部顾问官及议员职衔者，无庸在本部当差，惟遇有关系商务利弊应行建白之事，准其随时具函，径达本部。只须叙事详明，一切体裁概不拘以绳尺。其事或准或驳，由本部核办。"[①]张謇被聘任为商部头等顾问官后，无须赴京当差，但拥有一项特权，即遇事直接向商部奏陈。这项特权提高了张謇参政议政的积极性。鉴于商部顾问官拥有较高的官衔和径直向商部奏陈的特权，而且商部还令南洋大臣、江苏巡抚等地方官员保护张謇开创的实业，因此，在被授予头等顾问官后，张謇的事业得到了官方层面更多的支持，迎来更为全面的发展。

四、政商关系

张謇生活在政治动乱的时代，政商关系并不融洽，政府压榨商人的情况屡有发生。然而，张謇在当时享有特殊的优待。状元头衔和官绅地位，令张謇受到众多官员的尊敬。张謇与政府之间的关系总体较为融洽，这是他能够成功开创诸多事业的重要原因。张謇于1894年状元及第，名闻天下，张之洞、刘坤一、周馥、端方等历任两江总督皆赏识张謇的才华，为他的事业提供了诸多支持。张謇创办大生纱厂，缘于张之洞的举荐。1895年，张之洞署理两江总督，当时张謇丁忧在籍，张之洞奏派张謇经理通海一带商务，在通海地区创设纱厂。张謇在募资过程中遇到严重困难，一度想要放弃，张之洞、刘坤一等人施以援手，保障了大生纱厂的成功开办。张謇在兴办通海垦牧公司、同仁泰盐业公司等其他企业时，也遇到诸如土地划界、资金短缺等困难，政府官员多能协调解决。商部成立后，张謇被聘为头等顾问官。民国以后，张謇先后出任南京临时政府实业总长、北洋政府农商总长等职务，政治地位一再抬升，这使他在处理政商关系时更加得心应手。

政府官员积极为张謇排忧解难，张謇也竭力为国家发展和地方建设建言献策。张謇充当了历任两江总督幕僚的角色，为刘坤一、张之洞起草

---

① 刘锦藻：《清朝续文献通考》卷三百九十一，杭州：浙江古籍出版社，2000年，第11405页。

《江楚会奏变法三折》的稿本《变法平议》,协助端方举办南洋劝业会,等等。在南通,张謇更是积极参与地方建设,兴办学校和公共事业,将南通建设为当时全国的模范县。在清末民初动荡的政治环境中,张謇和政府官员维系了一段难得的"亲清"型官商关系。

结　语

张謇能够成功创办大生集团,固然由多重因素促成,而晚清以来政务环境的创新与改革,则是其中必不可少的因素。中国古代王朝多实行"重农抑商"政策,未曾专设鼓励商业发展的机构,缺乏保护商人、鼓励经商的政策。清初依然贯彻"重农抑商"政策,商业管理和历代王朝基本相同。然而,随着鸦片战争以来西方列强对中国经济的掠夺和政府财政危机的加剧,"重农抑商"的传统观念逐渐瓦解,朝野上下开始探索鼓励发展工商业的举措。甲午之战,"天朝上国"败给"蕞尔小国",给朝野上下带来巨大的震动,此后,各类商务机构次第成立,鼓励工商业发展的措施纷纷出台,较大程度上改善了营商的政务环境。张謇成功创办一系列企业,正是在晚清以来商务环境改善的背景下展开的。

商务局的创设是晚清政府迈出鼓励商业发展的重要一步,当时署理两江总督的张之洞则是商务局的直接创设者。《马关条约》签订后,日本获得在中国内地设厂的权利,而且还有减税或免税之特权,势必对中国本土工商业带来更大的冲击。为促进中国本土工商业发展,张之洞向朝廷建议创设商务局,并很快在苏州、江宁、上海设商务局,奏派陆润庠、丁立瀛、张謇分别经理苏州、镇江、通海一带商务①。张之洞创办了中国最早的商务局,而张謇则成为中国最早的商务局经理之一。张謇经理通海一带商务局的宗旨,就在于利用通海地区盛产棉花的优势,就地创办纱厂。因此,张謇投身实业的开端,乃是商务局这一新型管理机构创设后带来的机缘。后来,张謇凭借"经理通海一带商务局"这一官方身份,募集资金,组织人员,协调资源,成功创办了大生纱厂。

商务局的设立是张謇经营实业的开端,商部的设立则使张謇的各项

① 参见张之洞:《筹设商务局片》,《张之洞全集》第2册,石家庄:河北人民出版社,1998年,第1143页。

事业迈上一个新的台阶。在张之洞首创商务局后的几年中，全国各省纷纷设立商务局。为统筹管理全国商务，朝廷于1903年增设商部（后于1906年改组为农工商部）。商部成立后，实行专利制度、商标保护制度、创业奖赏制度等一系列鼓励工商业发展的举措，进一步优化了国内的营商环境，推动了中国近代工商业的发展。商部之成立，对于张謇而言，受益尤多。张謇凭借直接向商部奏陈的特权，使其各项事业得到了商部更为充分的保护，张謇本人被聘为商部头等顾问官，跻身全国士绅领袖的行列，使他处理政商关系时游刃有余，也为他日后扩大融资规模和企业经营规模奠定了政治基础和社会基础。

〔作者丁涛，南通大学张謇研究院讲师。南通 226019〕

张謇与法治

张謇法律思想助推中国法治话语权构建

任国征

摘　要：张謇担任北洋政府农商部总长期间，推出了一系列鼓励农工商业发展的法律法规，在一定程度上为近代法治建设奠定了基础。张謇法律思想有助于对中国法治话语权在内容层面进行转换，从而使其更容易被民众理解、接受，并内化于行为之中。对应张謇法律思想的多层面性，中国法治话语权建构也将呈现出一种系统性。

关键词：张謇法律思想　中国法治话语权　当代启示

张謇等发起的预备立宪公会在1909年就完成了公司法和商法总则两部草案，成为此后张謇担任北洋政府农商总长期间颁布公司法和商法的基础。张謇在1909年担任江苏咨议局议长，领导了地方立法。

一、中国法治话语权的建构现状

张謇在近代中国法治话语权的建构中扮演了重要角色。他抓住短暂的任职机会，积极倡导并实践法治理念。他认为，维护社会发展秩序应"当乞灵于法律"，因为"法律之作用以积极言，则有诱掖指导之功；以消极言，则有纠正制裁之力"[①]。他主持推出20多部法律法规，推动了近代法制化进程。

中国法治话语权从来不是一个新生事物，在历史维度中一直存在着一个东方或中华话语，它的奠基人是老子、孔子，他们构造出具有独特东方思维的思想、观念，并发展出一套区别于其他文明体的话语体系。张传

① 张謇：《实业政见宣言书》，李明勋、尤世玮主编：《张謇全集》（第四册），第257页。

民将远古至现代的中国话语体系分为四个阶段：其一，独立发展阶段（远古至10世纪）；其二，交流共荣阶段（11—16世纪）；其三，西学东渐阶段（16—20世纪）；其四，复兴发展阶段（21世纪后）[①]。在此基础上，中国话语体系可以归纳为三大阶段：第一，萌芽及形成阶段（远古至春秋战国）；第二，完善阶段（秦至近代）；第三，重构阶段（近代以来）[②]。

中国法治话语权的内涵建设呈现出以下几个特点：第一，借鉴张謇法律思想的科学性、先进性与系统性，打造新时代中国法治话语体系；第二，汲取张謇制定法律的实用性与适用性原则，坚持实践的源头活水作用，中国法治话语权是附着于中国特色社会主义实践之上的；第三，兼容并蓄，以扬弃的态度审视中国传统文化和西方现代文化，秉持开放的心态，“中国话语体系能否更好地与世界沟通交流，融通中外是关键”[③]；第四，学习张謇立法经验，立足当时实际制定法律的智慧，强化培育法治创新能力。

二、张謇法律思想对于中国法治话语权建构的借鉴

张謇作为清末民初的杰出人物，深刻认识到法治对于国家稳定和社会进步的重要性。他主张以法治为核心，推动政治、经济和文化的近代化法制建设。张謇不仅积极参与了立宪运动，推动清廷实行君主立宪，还致力于经济立法，为经济活动提供法律保障。他强调法律应当是公正、公平、公开的，并且具有普遍性和可操作性。

张謇在主持立法过程中展现出立足实践的调研及广泛征求意见的务实态度，这一做法在他主持制定的多部法律法规中得到了充分体现。

其一，内容层面。张謇法律思想将对中国法治话语权在内容层面进行转换，从而使其更容易被民众理解、接受，并内化于行为之中。传播内容是传统传播体系和张謇法律思想的立足基点，但相对于传统传播体系内容的说教性、刻板性、自上而下性，张謇法律思想在内容设计上较为强调平等性、交互性、平面性。张謇深知立法必须基于实际情况，因此他在

① 张传民：《文化自觉、理论自觉与中国话语体系的建构》，《山东社会科学》2012年第10期。

② 黄萍莉等：《侯安都研究》，武汉：武汉理工大学出版社，2022年，第216页。

③ 朱薇、朱瑞卿：《中国以包容姿态构建对外话语体系》，《新华网》2015年6月12日，http://news.ifeng.com/a/20150612/43964868_0.shtml。

制定法律法规之前,总是深入基层进行细致的调研。以他主持制定的《森林法》为例,张謇在出任农商总长后,面对林业采伐无度、苗木培育失宜的严峻形势,把主要精力放在对全国林区情况的调查了解上。通过半年时间的深入调研,张謇对全国林区的现状有了全面而深刻的认识,这为他后来制定《森林法》提供了坚实的基础。

其二,载体层面。张謇在立法过程中注重发挥民主与宣传的作用,广泛听取林业专家、政府官员、商人及农民等社会各界的意见,确保法律贴合实际,具备可操作性。在制定《森林法》等法律时,他深入调研,集思广益,增强了法律的公正性和社会接受度。法律颁布后,张謇注重普法宣传,利用官方公告、报纸刊载等多种方式,提高民众的法律意识和素养,致力于让法律深入人心,确保法律得到有效实施。他认为:"立法之地,以治人生治法;行法之地,以治法生治人。"[①]这种立法与普法、法治与德治相结合的做法,对现代法治建设仍具深远影响。

其三,系统层面。对应于中国法治话语权的多层面性,张謇的法律思想建构展现出一种深刻的系统性。他既尊重传统儒家思想的"仁、义、礼、智、信",又积极借鉴西方法律的精华,形成了独具特色的法律观。其思想涵盖了立法、司法、行政等多个领域,主张法律应公正、公平、公开,并推动政治、经济、文化的近代化法制建设。张謇的法律思想与实践紧密相连,为中国近代法制建设提供了宝贵的经验和启示。

中国法治话语权的认知评价和建设需要中国思想界、学术界、理论界的创新能力的提升,这需要深入挖掘并借鉴以张謇为代表的传统法律思想的科学性、合理性与先进性,用现代话语阐释中国实践、总结中国经验、凝练中国理论,最终将形成具有世界影响力的中国法治话语权。

〔作者任国征,中央财经大学绿色金融国际研究院研究员,室主任。北京 100081〕

① 张謇:《变法平议》,李明勋、尤世玮主编:《张謇全集》(第四册),第35页。

海洋情结与家国情怀：张謇的海权思想及其历史贡献

羌　建

摘　要：甲午一战，不仅使“洋务派”强兵救亡的政治理想化为泡影，而且使国家陷入更深的危机。同时，迫使国人对海洋的重要性有了更加清醒的认识。张謇对海洋有着自己独到的理解，更为可贵的是，他还通过创办渔业公司、勘定海洋渔界、兴办海事教育、主导海洋立法等一系列活动，不断丰富自己的认识，形成了一套较为完整的海洋思想体系。

关键词：张謇　家国情怀　海洋　思想　举措

中国近代史是从海洋权益的丧失开始的。中国自明清之际开始实行“海禁”政策，阻隔了中国与外界的联系。工业革命后，英国成为世界工厂，急于寻求海外市场，在与清政府开展商贸往来的要求一再被拒、以及嗣后利用鸦片打开中国市场的企图又遭当局强势抵制后，悍然发动侵华战争，逼迫清政府打开国门。此后，列强纷至沓来，中国海防几近崩溃。

一、清末时局与张謇海洋利权意识的萌生

《马关条约》签订，张謇愤慨难当。为此，他甚至著文诘问北洋大臣李鸿章：“以四朝之元老，筹三省之海防，统胜兵精卒五十营，设机厂、学堂六七处，历时二十年之久，用财数千万之多，一旦有事，但能漫为大言，胁制朝野，曾无一端立于可战之地，以善可和之局。稍有人理，能无痛心？”①《辛丑条约》签订，危害之深、之大，张謇看得十分清楚。“窃自庚子遘乱，

① 张謇：《呈翰林院掌院代奏劾大学士李鸿章疏》，李明勋、尤世玮主编：《张謇全集》(第一册)，第14页。

赔款峻增,益以练兵、戡匪、学校、警察之需,每岁溢出二千数百万两。部臣与各疆臣无可筹画,则请开捐,不足又请行膏捐、房捐,又不足乃请提州县漕米平余。亦可为搜括无疑矣。”如此必将造成恶性循环,“胥天下之民不聊生,其祸且将牵动外侮,而危及宗社。此有志之士所为腐心而瘝忧者也”①。张謇认识到,当务之急,一在主动融入世界潮流,振兴经济,因为“世界经济之潮流喷涌而至,同则存,独则亡,通则胜,塞则败。昔之为商,用吾习惯,可以闭门而自活。今门不可闭也,闭门则不可以自活”②;二在重建海防,因为“际此海禁大开,五洲交会,各国日以扩张海权为事。若不及早自图,必致渔界因含忍而被侵,海权因退让而日蹙。滨海数十里外,即为公共洋面,一旦有事,人得纵横自如,我转堂奥自囿,利害相形,关系极大”③。

为了伸张海权,振兴经济,张謇前后十余次上书商部及南洋大臣,分析国际形势,反复强调利害得失,极力建言创立渔业公司,以维护国家海洋主权,挽回海洋经济利权。

二、张謇的海洋利权思想与实践

在为筹建渔业公司而呼吁、奔走的过程中,张謇的海洋利权思想不断发展成熟,形成了一套较为系统的理论。难能可贵的是,他还坚持不懈,通过亲身实践,努力将自己所持理念一一变成现实。

(一) 倡建渔业公司,以伸领海主权

1903年,张謇东游日本,进行了为期两个多月的考察。其间,他参观了日本第五次内国劝业会,现场考察了日本的数处渔业机构,真切地“感觉到一国渔业和航政的重要”。回国后,他立即着手在通州吕四(今南通市启东市吕四港镇)沿海创建了一家小型渔业公司。宗旨是把“当地渔人

---

① 张謇:《代某给谏条陈理财疏》,李明勋、尤世玮主编:《张謇全集》(第一册),第60页。

② 张謇:《致商会联合会函》,李明勋、尤世玮主编:《张謇全集》(第二册),第437页。

③ 张謇:《为创办渔业公司事咨呈商部》,李明勋、尤世玮主编:《张謇全集》(第一册),第101—102页。

和渔商团结起来,改良他们的用具及方法”[①]。

1904,张謇在《代某给谏条陈理财疏》中表达了自己对于维护海洋权益重要性的认识:“各国则视渔业为关系海权最大之事。其领海界限,视精远之炮弹所及为止,今已由三海里渐展至十海里。所谓领海者,平时捍圉边警及战时局外中立之界限,亦即保护鱼利之界限。两国分界处,往往以兵舰守之。美国于距海岸十二英里内,且行检查,每有因争渔界而开衅者。其郑重海权如此。”而中国濒海地方,向来十分注重盐业,渔业则往往被看作农业的附属,加之清代长期实行“海禁”政策,往往不被重视。“其专为渔者,穷海荒岛无田可种之民,无大资本者也。”[②]近来,“顷闻胶州湾德商在上海招集中国渔业公司”,张謇认为此举“侵我国之海权,夺我民之鱼利,上下受损,名实俱亏”。并对当局相关部门的漠视,表示强烈不满,“曾未闻南、北洋大臣有何策画,以为抵制”[③]!

面对如此时局,张謇大声疾呼:“今环球万国之政日新,我已不能固守其旧,而仍沿前朝之旧法取财,其取困亦必至之势矣。是谋变法,当先谋变理财之法,尤宜谋变理财而便民之法。”[④]其中“变理财而便民之法”之一即为“迅筹沿海渔业公司”。他建议:“凡奉天、直隶、山东、江苏、浙江、福建、广东七省,各宜自设渔业公司,由各省督抚就各省绅商中慎举声望、地位与此事相当之人,集股设法,拟章试办。一面由外部知照该国驻京公使,援据公法,转谕该商,令无相溷。公司事成,各省派兵舰为之周巡保护,其费由渔业公司酌量筹助。在国,得财政进步之方;在民,得实业扩张之地;在国际则保有海权;在外交,则稍伸公法。”[⑤]并咨呈南洋大臣魏光焘,极力申说,晓以利害:

中国商业若不能随事随时早占一分地位,为逐步自卫之基,将来

---

① 张孝若:《南通张季直先生传记》,南通:张謇研究中心重印,2014年,第109—110页。

② 张謇:《代某给谏条陈理财疏》,李明勋、尤世玮主编:《张謇全集》(第一册),第62—63页。

③⑤ 张謇:《代某给谏条陈理财疏》,李明勋、尤世玮主编:《张謇全集》(第一册),第63页。

④ 张謇:《代某给谏条陈理财疏》,李明勋、尤世玮主编:《张謇全集》(第一册),第60页。

> 美国托辣斯猛剧之风,更从太平洋排倒而来,中国民生更求何处立足。渔业一项,即据德商所拟创之规模,拖船十二号,运船二号,势已磅礴。中国之渔业,江北滨海一带渔户势散,苏松亦公有渔团之虚名,惟浙江宁台温三府渔团办法,较有联络之意。若不趁外人未得销路之时,为全局之布置,自固樊篱。将来外人见我销行获利,勾我滨海渔户为之向导,广销内地,其患不止亏损公司,并且占我大众渔民之利。①

在张謇的多方努力下,1904 年 10 月,江浙渔业股份有限公司在上海宣告成立。张謇经过仔细考酌,认为:“以海岸论,江苏居七省之中,吴淞又居江苏之中。各国轮舶之所必经,观听之所系,属有七省公共之渔业公司,自行我领海主权。”②在张謇的建议下,渔业公司将总公司设于吴淞。

(二) 参加米兰赛会,以彰领海之权

1905 年,张謇在《为创办渔业公司事咨呈商部》一文中认识到:“中国向无渔政,形势涣散,洋面渔船所到地段,或散见于《海国图志》等书,已不及英国海军官图册记载之详。”③这对维护海权十分不利。光绪三十二年(1906),“意大利在秘拉诺开博览会,要请中国加入”。清政府考虑到张謇正在经营江浙渔业公司,“如果也同意加入去会陈列,一定办得出色当行”。张謇“也打算趁此机会,尽力宣扬中国渔业历史和注重海权的现况于国外”④,双方一拍即合。

张謇很重视此次机会,做了大量准备工作,将此事记录在其《啬翁自订年谱》中。

---

① 张謇:《咨呈南洋大臣魏光焘》,李明勋、尤世玮主编:《张謇全集》(第一册),第 58 页。

② 张謇:《为创办渔业公司事咨呈商部》,李明勋、尤世玮主编:《张謇全集》(第一册),第 104 页。

③ 张謇:《为创办渔业公司事咨呈商部》,李明勋、尤世玮主编:《张謇全集》(第一册),第 101 页。

④ 张孝若:《南通张季直先生传记》,第 110 页。

> 以中国东南海渔界图往与会。渔界所至,海权所在也。图据《海国图志》《瀛寰志略》为之。中国之预各国赛会也,自维也纳、费尔特尔、巴黎、伦敦、大阪、安南、散路易斯七会之后,至是乃第八次。……以海产品物、中国渔具渔史、滕我东南海渔界图而去,彰我古昔领海之权,本为我有之目的。赛会之第一次,各省分任会费二万五千金外,悉责江浙渔业公司任之。①

博览会完毕,派去参会的郭漱霞专门有《赛会纪略》及《调查纪要》各一册,张謇欣然为之作序②。此处关于渔界图一事,另见江浙渔业公司于1906年所编《拟办中国渔业公司纪要》:“以中国渔业历史渔界全图为之纲领,渔业历史即由苏松太道延请通才速为编辑,渔界全图请知照海军统领萨提督镇冰按英国海军海图官局第三次本中国海方向书加以考,核准经纬线,着色精绘。”③这与上述张謇在《啬翁自订年谱》中的记载有较大出入。笔者认为,此套渔界图应是综合参考了古今中外的重要文献资料,精心制作而成。

(三) 劝办渔业协会,以保渔业之利

为了方便管理渔民,保障渔民权益,张謇经过细致考察,审慎考虑后,提议在沿海七省“宜各先立渔会”,并就具体做法建议如下:

> 总会七省各立一所。若无分会,则港汊纷歧,岛屿林立,渔民散处,数十百家不等,不清户口,不能稽查,即不能保护。不能保护,则民无所依,团体亦无由而立。宜各就渔户较多之处立分会,就其年长服众之人举为会董,畀以会章,分地编船,分船编丁,禀承总会,使相联络。仍由总会及渔轮随时稽查,庶平时海穷民疾苦有所告诉,不致求庇于外人。万一有事,接济导引之奸亦易于防诘。④

① 张謇:《柳西草堂日记》,李明勋、尤世玮主编:《张謇全集》(第八册),第1022页。

② 张孝若:《南通张季直先生传记》,第111—112页。

③ 《拟办中国渔业公司纪要》,上海:江浙渔业公司,1906年,第33—34页。

④ 张謇:《为创办渔业公司事咨呈商部》,李明勋、尤世玮主编:《张謇全集》(第一册),第104页。

这样做,既便于理清渔户情况,以便政府统一管理,又有利于各省渔户互通信息,相互接济。在当时的时局下,这样的做法为加强渔业管理、维护国家海权提供了一条合理路径。

(四) 导兴海事教育,以促人才养成

在张謇对发展海洋事业的全盘规划中,教育是重中之重。他对海事教育做了全面而细致的考虑与安排。

首先,他建议从兴办初等小学校开始,在渔民中导兴教育,以增长渔民知识,启发民智。

> 各就渔会地方建立初等小学校。渔民自幼狎习风涛,沙线潮汛,各谙所近。惟僻处荒洲穷岛之间,日以舟楫网罟为事,识字知算,粗晓外事,百人之中不得二三。岂其无才而汩于未学,论教育普及之义,实业进化之机,岂应遗彼渔民蠢蠢终古。公司既设,总会既成,凡沿海居民有至数十户百户以上者,各由总会酌量风俗、户口情形,为立初等或半日小学校,特编课本,学期四年。俾日渐开通,长其知识。其经费或由地方劝集,或即在裁减衙门营汛陋规之内酌留数成,以资教员俸食。①

其次,他建议在兴办渔业小学校的基础上,再办渔业专门学校,以形成较为完整的海事教育体系。1905 年,张謇鉴于"欧洲俄奥有水产博览会,德有海洋学博物馆,美有水产大学校,英法有渔业赛会",特别是"日本有水族院,不特本国渔产搜罗务尽,即他国足供参考之品,亦往往不惜重资购运陈列。孵化有学,饲畜有法,制造有业,防范有令,皆水产学之事也"。此外,"日本汽船初兴,驾驶管轮亦借材于欧美,今则自商船至于海军,无非本国学生学成备用,欧美之人所占无几"。与之对比,"中国自福建船政头二班学生以后,未闻有继起之材,江海商船悉委权于异族"。他听说"招商局江永船大领港粤人张勤生,其父昔在香港学习驾驶,得有文凭,充当船主。英人忌之,以后遂限华人,不给驾驶毕业凭证"。有鉴于

① 张謇:《为创办渔业公司事咨呈商部》,李明勋、尤世玮主编:《张謇全集》(第一册),第 105 页。

此，张謇建议我国应自主创设海事人才专门学校，即“就吴淞总公司附近建立水产、商船两学校”。并提出具体做法：“若设商船学校，即选渔业各小学校毕业学生，聪明而体弱者令学水产，其强壮者令学驾驶。学成之后，即以渔轮为练习。”同时，进一步指出“商船与兵船驾法略同，则渔业与海军影响尤切”①。

（五）提议规复海军，以固国之海防

伸张海洋主权，渔业航政固然重要，但如果没有足够的国防力量，渔业航政就缺失必要的保障而无法长久。这一点，张謇有着清醒的认识。中日甲午之战后，中国海防力量受到重创。欲立海权于外，必先振海军于内。在张謇看来：“窃自环海交通，五洲万国，非海陆军相辅而强不能立国。而海军与敌相见尤先，其关系视陆军为尤重，筹办亦视陆军为尤难。”②张謇十分关注海军的建设问题，并为此上奏朝廷，坦陈己见：

> 臣见报载海军大臣之分年计画，亦自条分缕析……甲午一役，一败涂地；坚舰利械，转为敌资。推求其故，则李鸿章误用一浮滑不学之同乡丁汝昌为提督，而在舰之士卒不尽学生，是正犯兵法所谓“将不得人，以兵予敌；兵不夙习，以国予敌”之戒也。……根本之图，教育为亟。为海军教育计，宜分三等：一沿海七省，先设海军中学……俾毕业后得入海军大学。此以移植树木之法，养成将领之用。一沿海七省，广设初、高两等小学。盖将弁之数少，而士卒之数多。日本及他国海军，人人知兵，乃能人人尚武。使将弁有学而士卒无学，必不能收指臂之效。是非使士卒同受教育不可。……一沿海七省，酌设商船专学。……注重于驾驶、管理。三年毕业，复加考察，如是，则进可令为兵，退亦可听为商，亦犹陆军之后备矣。③

---

① 张謇：《为创办渔业公司事咨呈商部》，李明勋、尤世玮主编：《张謇全集》（第一册），第105—106页。

② 张謇：《代苏抚条陈规复海军疏》，李明勋、尤世玮主编：《张謇全集》（第一册），第159页。

③ 张謇：《代苏抚条陈规复海军疏》，李明勋、尤世玮主编：《张謇全集》（第一册），第160—161页。

不仅如此,张謇还就具体所需各项经费计算出详细的预算,并建议由十八省分摊所需经费。他认为虽然规复海军的任务十分艰巨,然而绝不可因艰巨而退缩,因为“外侮之来日剧,协谋之患孔多。不有海军,不可为国”①。

(六) 制定法律法规,以保渔业发展

1913 年 9 月 11 日,北洋政府任命张謇为农林、工商总长(后改为农商总长)。10 月 18 日,张謇抵京就职。任农商总长近两年期间,张謇做了大量工作,发表了大量政见、文告,制定了大量政策、法规。为了给渔业发展提供政策上的保障,张謇专为渔业一项,就制定了《渔轮护洋缉盗奖励条例》《公海渔业奖励条例》《广东全省沿海渔团保甲章程》《修正公海渔业奖励条例施行细则》《公海渔船检查规则》等条例或细则②。张謇也因此成为学界普遍公认的我国为渔业制定现代法规的第一人。

三、张謇海权思想与实践的积极影响

张謇对于海洋利权的众多思考、谋划,为中国海洋事业的发展提供了丰富、有益的思想指引,其所付诸的诸多实际行动,更是为我国海洋事业的发展奠定了坚实的基础,做出了不可磨灭的贡献。

(一) 推动了中国海洋管理的规范化进程

1. 因时制宜,创新管理模式

首先,表现在“股份制+官督商办”的形式上。张謇创办的江浙渔业公司采用股份制形式。张謇清楚地知道单个民间组织的力量十分有限,是难以支撑重振海权的艰巨任务的,必须充分依靠政府。因此,江浙渔业公司采取了“官督商办”的形式。从表面上来看,张謇似乎营造了“垄断”的表象,但实际上并不依靠这种“垄断”获得经济上的暴利,而是受时局所迫,通过这种“垄断”,形成统一的组织,凝聚力量,为伸张海权铺平道路。

---

① 张謇:《代苏抚条陈规复海军疏》,李明勋、尤世玮主编:《张謇全集》(第一册),第 163 页。

② 沈家五编:《张謇农商总长任期经济资料选编》,南京:南京大学出版社,1987 年,第 380—395 页。

从其章程来看，拟有"局章"，商定设总局于上海，同时在江浙沿海十五处渔区设分局。公司分为若干部门，分设管理人员若干，各司其职，分工明确。主要包括：1. 总理，由政府主管部门推荐，主要负责与官方交涉，以及联络各省渔业公司；2. 总局设总董，由股东代表选举产生，主要负责日常的经营管理事务；3. 分局设董事，由总理任命，主要负责地方渔会组织日常管理。公司上联政府，下接渔民，负责上传下达，中间管理，"首保海权，次保鱼利"①。

其次，表现在公司对于捕捞作业的精心安排。张謇对于渔船海洋捕捞作业进行过细致研究和全盘考虑。他指出："我之沿海渔业，在随近海岸一二十里以内者居十之七，在大洋者居十之三。我既图以新法抵制外人拖船捕鱼，自宜在远洋布置。近海一二十里，仍留为我寻常小船捕鱼之利。外为内障，内为外固，可以相资为用而不相妨。"②

再次，公司对外宣传方式多样灵活。公司利用一切可以利用的资源、时机，对外宣传国家海权主张。如前述"米兰赛会"一事，有学者认为，这次赛会是"首次依照同年颁行的《出洋赛会通行简章》，由官方和民间联合自行举办的国际赛会，中国终于初步摆脱了由海关洋员把持赛会的旧格局，使筹办赛会朝制度化方向发展"③。

2. 抓住时机，致力法规建设

张謇任北洋政府农商总长期间，亲自主持制定了一系列渔业法规、条例、细则，开我国为渔业制定专门法规之先河。这些法规、条例、细则的相继制定、落实，对我国海洋事业的发展发挥了重大作用，产生了深远影响。从制度层面为海洋事业的发展创造了有利的条件，提供了坚实的保障；为民国时期渔业法规的进一步发展奠定了重要基础。如为南京国民政府时期《渔业法》《渔会法》等的颁布提供了蓝本，奠定了基础。《中国渔业史》一书指出，中国渔政"在张謇的主持下有了一个很大的进步"④。

---

① 《拟办中国渔业公司纪要》，第 9 页。

② 张謇：《咨呈南洋大臣魏光焘》，李明勋、尤世玮主编：《张謇全集》（第一册），第 58 页。

③ 马敏：《张謇与近代博览事业》，《华中师范大学学报（人文社会科学版）》，2001 年第 5 期。

④ 丛子明、李挺主编：《中国渔业史》，北京：中国科学技术出版社，1993 年，第 94 页。

(二) 促进了中国海事教育的发展

张謇十分重视教育对于其他事业发展的基础性作用,在创建渔业公司的同时,就极力倡导发展海事教育。

1. “中国航海家摇篮”——吴淞商船学校

1905 年,渔业公司建成之初,张謇就倡议兴办商船学校,终于 1912 年得以实现。其中过程,据《大连海运学院校史》记载可知:“光绪三十一年(1905),张謇筹集部分经费,在上海吴淞炮台购置地皮,着手筹建商船学校。此事因种种原因未竟,但他不久即将所筹费及炮台购地皮捐给邮传部上海高等实业学堂,为该校筹建商船学校之用。”再据《吴淞商船专科学校史稿》:1909 年,邮传部上海高等实业学堂增设船政科,办航海一班。1911 年分出,成立邮传部高等商船学堂,临时租用上海徐家汇民房办学,同时于上海吴淞口筹建新校舍。1912 年,改名吴淞商船学校。吴淞商船学校素有“中国航海家摇篮”之称,为海洋事业发展输送了一批优秀航海人才,并成为今天上海海事大学和大连海事大学的前身。

2. 吴淞水产学校

1905 年,张謇建议“就吴淞(渔业)总公司附近建立水产、商船两学校”。1909 年 9 月,江苏省咨议局正式成立,张謇当选议长。宣统三年(1911),江苏省临时议会在苏州召开,会议选举张謇为临时省议会议长。经过张謇的推动,临时议会议决:“设立水产学校,亟应派员筹办开学事宜。”1912 年,张謇任中央教育会会长,学校得以临时借地于江苏省教育会开学,暂定名为江苏省立水产学校。1913 年,学校整体搬迁至吴淞,改称吴淞水产专科学校。学校造就了一大批水产与海洋专门人才,后发展成为今天的上海海洋大学。

(三) 促进海洋实业发展

1904 年 10 月,江浙渔业股份有限公司正式开办。为了实现远洋捕捞,张謇特地从青岛德商处购进采用蒸汽机作为动力的“万格罗”号拖网渔轮。为表达自己对于渔业公司所系海权的寄托,张謇将之更名为“福海”轮,并规定日后“增船皆以海字排次”①。“福海”轮是江浙渔业公司第

① 《拟办中国渔业公司纪要》,第 15—16 页。

一条现代化作业渔轮,也是中国第一艘拖网渔轮,江浙渔业公司成为中国历史上第一个采用机器捕捞的海洋渔业公司。公司在集股章程中明确规定:公司所集股金,主要用于仿造新式捕鱼船,以及灯光围网设备。以确保专款专用,将资金用在海洋实业发展的实处。公司通过购置新式渔轮提高工作效率,制定章程保障规范运行等一系列措施,取得了实实在在的效果,如"福海"轮不仅巡海护渔,还不断探捕、试捕,发现了"小黄鱼自嵊山一带,按季节时气成群大批地自南向北洄游的规律",以及"大黄鱼和墨鱼、带鱼在嵊山渔场的资源状况和洄游规律"①。这一发现不但提高了江浙渔业生产的效率,而且也为科学合理开发嵊泗一带渔业资源奠定了基础。在科学化、技术化、规范化开发渔业资源方面,江浙渔业公司对推进我国海洋实业的发展具有里程碑式的意义。李士豪等在编写《中国渔业史》时认为:"时欧化东渐,互市日繁,人渐知水产事业之重要,南通张季直奏请设立渔业公司,购置渔轮,从事采捕,此为我国新式渔业之嚆矢,而吾国之渔业,乃走入一新的阶段。"②即"至此吾国渔政设施,已近代化具体化"③。

〔作者羌建,南通大学历史文化学院副教授。南通 226019〕

① 郭振民:《嵊泗渔业史话》,北京:海洋出版社,1995年,第48页。

② 李士豪、屈若搴:《中国渔业史》,北京:商务印书馆,1998年,第7页。

③ 李士豪、屈若搴:《中国渔业史》,第15页。

张謇以立法追求秩序思想探析

杨荣慧

摘　要:张謇积极倡导君主立宪政体,希望通过制度革新实现国家的长治久安。辛亥革命后,他促成南北议和,体现了其立法思想中对于"秩序"价值的执着追求。张謇的立法思想,是晚清动荡时局中中国传统文化精髓与西方新思潮交织碰撞的产物,不仅反映了张謇个人的远见卓识,也深刻体现了清末民初立宪派人士试图通过法律手段重构社会秩序、推动社会变革的共同愿景。

关键词:张謇　立法思想　秩序

张謇作为近代中国杰出人物,其多维贡献,远不止经济与教育领域。作为当时士绅群体的杰出代表及立宪派领袖人物,他在晚清至民国初期的政治舞台上扮演了重要角色,其活动范畴跨越了"实业救国"与"教育救国"的边界,深入国家政治体制变革的核心。从积极参与推动"东南互保"以维护地区稳定,到积极倡导并投身立宪运动,再到民国建立后致力于南北议和,拥护共和体制,张謇的政治实践深刻体现了其对于"秩序"这一核心价值的不懈追求。

一、张謇追求"秩序"立法思想的体现

(一)"东南互保"和《变法平议》中对"秩序"价值的追求

义和团运动的迅速发展,使各国列强在长江流域的势力面临严重威胁。当时英国驻上海代总领事霍必澜眼看北方局势变坏,如果祸及长江流域则会造成巨大损失。为了保住既得利益,他致电英政府外交大臣,建议与湖广总督张之洞以及两江总督刘坤一进行协商,在英国给予他们有

效支持的条件下，由他们在所辖地区尽力维护和平①。霍必澜意指各国列强与张之洞、刘坤一签订条约，互相承诺各自保护好所辖领域内对方的权益，从而将战火控制在北方。霍必澜的建议得到英国外交大臣的同意，并被授权与张之洞、刘坤一进行交涉。张之洞和刘坤一虽然倾向于接受英方的建议，但毕竟属抗旨行事，他们也有顾虑。张謇作为居间协调人，在这一过程中发挥了重要作用。

在与列强商讨保护东南之前，张謇建议刘坤一先招抚长江下游的盐枭徐宝山。因为徐宝山拥有一定数量的私人武器，张謇担心外国会在该队伍被义和团影响造成混乱时，进行武装干涉。刘坤一采纳了张謇的建议，并派他出面成功招抚徐宝山。正如张謇所设想，"抚徐之说，荷赐施行。内患苟弭，可专意外应矣"②。为消除刘坤一抗旨行事的道德困惑，张謇劝说刘坤一东南和西北同等重要，保住东南实际也是使清廷得以存续。这一劝说使刘坤一下定决心实行"东南互保"，使东南地区免于成为疮痍之地。张謇竭力促使实现"东南互保"，确实有对自身利益的考虑。当时大生纱厂刚有起色，张謇对"秩序"极度渴望。而张謇对"秩序"的渴望，正体现出当时东南地区的工商业者的普遍心理。九江、汉口等地的瓷商、茶商曾致函刘坤一、张之洞要求加强长江的"安全"；上海地区的民族资本家祝大椿、叶澄衷等多次电请刘坤一出告示"安抚民心"；旅居美日的华侨商人也多次致电刘坤一、张之洞，请求保护各国洋人，以免报复③。可以看出，"东南互保"体现了张謇以及士绅阶层对"秩序"价值的追求。他们督促地方官僚与各国列强签订条约，力求保东南安定。反映了当时社会地位不断上升的士绅阶层对作为法的价值之一的"秩序"价值的追求，这种追求在张謇之后所撰《变法平议》中有更为直观和突出的体现。

庚子事变后，清政府开始逐步改革其政治体制。次年二月，张謇完成了《变法平议》。也正是在这一年，变法诏书的颁布拉开了历时十一年新政的序幕。《变法平议》作为一份全面的社会改革方案，倡导各种变革都要建立在维护现有统治秩序的基础之上。"戊戌、庚子变乱迭兴；新党、旧党之争，衍为南北。支离变幻，不可穷诘。断以一言：则均之有诟骂而无

---

① 中国史学会编：《义和团》(三)，上海：上海人民出版社，1957年，第517页。

② 张謇：《致刘坤一函》，李明勋、尤世玮主编：《张謇全集》(第二册)，第108页。

③ 卫春回：《张謇评传》，第73页。

商量,有意气而无条理”[①],致使“朝局之变祸极于滔天矣”[②]。张謇将“无条理”视为戊戌以来变法失败的原因,认为变法应根据中国的实际情况,斟酌弊政标本,分轻重缓急逐步加以实施。“则意行百里而阻于五十,何如日行二三十里者之不至于阻而犹可达”[③],体现了他强调“秩序”的变法观念,也影射出其在立宪活动中追求“秩序”的立法思想。

(二)立宪运动与南北议和中追求“秩序”的立法思想

光绪二十九年(1903)张謇东游日本,对明治维新后日本的政治、经济、教育等各方面进行了细致考察。东游日本,使他的立宪意识不断加强。促使他最终高举起立宪旗帜的,是日俄战争中日本的胜利和俄国的战败。代表君主立宪制的日本对代表专制的俄国的胜出,被张謇视为民主宪政对专制制度的胜利,在中国实行君主立宪制已是刻不容缓。

张謇作为这场立宪运动当之无愧的领袖[④],为促进立宪进行了大量活动。张謇东游日本回国后,编辑出版了《日本宪法义解》《日本议会史》等鼓吹立宪的著作,并将其分送给各方人士,宣传和普及立宪知识。张謇特别重视对掌权大臣的争取,比如将《日本宪法义解》送给兵部侍郎铁良,主动恢复与袁世凯的交往以获取其对立宪的支持。张謇的立宪思想是一种遵循秩序的立法思想。他承认清政府是立宪的主导者,主张由清政府对立宪立法事宜做出顶层设计,使整个立宪立法过程有条理有秩序地进行。其立法思想也体现在他对革命党的评价中:“是时革命之说甚盛,事变亦屡见。余以为革命有圣贤、权奸、盗贼之异。圣贤旷世不可得,权奸今亦无其人,盗贼为之,则五朝六代可鉴,而今世尤有外交之关系,与昔不同。不若立宪,可以安上全下,国犹可国,然革命者仇视立宪甚,此殆种族之说为之也。”[⑤]他认为:中国历史上王朝更迭大多是盗贼窃国式的革命,对革命派宣扬的暴力革命作此类比,足以看出其在立法过程中对秩序价

---

① 张謇:《变法平议》,李明勋、尤世玮主编:《张謇全集》(第四册),第34页。

② 张謇:《变法平议》,李明勋、尤世玮主编:《张謇全集》(第四册),第62页。

③ 张謇:《变法平议》,李明勋、尤世玮主编:《张謇全集》(第四册),第35页。

④ 罗一民:《政治家张謇和南通精神》,《江苏省社会主义学院学报》2019年第5期,第7—8页。

⑤ 张謇:《啬翁自订年谱》,李明勋、尤世玮主编:《张謇全集》(第八册),第1021页。

值的追求。

除了从事立宪考察和宣传鼓动君主立宪政体，张謇还发起成立了预备立宪公会和江苏咨议局。预备立宪公会是国内第一个具有政治性质的立宪政团，在成立后的数年间不仅出版报刊宣传宪政，还编纂商法、开办法政讲习所、领导各政团请愿速开国会，所做工作有效地推动了立宪运动的发展。光绪三十三年(1907)至光绪三十四年(1908)，清政府迫于舆论压力，颁行若干仿行立宪谕旨，申明九年预备立宪期限。随后，江苏咨议局也在张謇的苦心经营下于宣统元年(1909)成立。江苏咨议局作为第一个成立且在全国颇具影响力的地方咨议局，可以说是立宪运动的试验场和推导源。江苏咨议局成立后，各省咨议局纷纷成立。张謇作为咨议局的领袖，多次组织国会请愿活动，要求清政府设立责任内阁并速开国会，这些活动使预备立宪期限缩短为三年。张謇希望这些立宪机构成为上层社会与下层社会互通的渠道，传达民意，制约王权，从而形成有序的宪政秩序。“立宪所以持私与公之平，纳君与民于轨，而安中国亿兆人民于故有，而不至颠覆眩乱者也。”①张謇所代表的士绅阶层强烈要求参与地方事务管理，这是清王朝政权合法性产生动摇的结果。但相比于革命党而言，张謇希望通过立宪来实现民权对君权的制约，逐步实现地方精英政治身份的合法化，体现出的仍然是其追求“秩序”的立法思想。

1911年辛亥革命爆发，张謇开始转向共和，但这并不意味着他抛弃了对“秩序”价值的追求。辛亥革命之后形成南北对立的局面，张謇则“通当南北之邮”，一手托起三家：他一方面规劝清廷顺应大势退位，一方面劝说革命党人停手让袁世凯掌局，并同时向袁世凯保证会说服革命党人移交权力，让其不要真的全部剿灭革命党人。张謇从减少战乱、维护秩序出发，充当南北议和协调斡旋的一方，体现出他依然将秩序价值放在首位。

二、张謇以立法求秩序思想的动因

(一) 传统文化铸就其追求秩序的观念

因为从小受到儒家文化的教育和熏陶，张謇对儒家的中庸之道非常

① 张謇：《年谱自序》，李明勋、尤世玮主编：《张謇全集》(第六册)，第565页。

推崇。对“中和”以及“平衡”的强调,正是其推崇中庸之道思想的表现。张謇认为,中庸之道是不会随着世界的改变而变化的。对儒家文化的推崇使其在立宪改革中遵循的是循序渐进的思路,反对暴力与激进,恪守着必要的尺度。

传统文化对张謇的影响,不仅培养了其忠孝、务实、稳重的品格,也构筑起他追求“秩序”价值的内在成因。这不仅体现在其创办工厂、设立学校中,立宪活动以及辛亥革命之后调和南北对立局面的表现,都体现了他务实、有序、不冒进的思想。

列强的入侵以及地方动乱的加剧使张謇愈发感到稳定的社会秩序对国家富强的重要,而东游日本的经历和日俄战争的爆发也使张謇意识到变革弊政对于实现“秩序”价值的必要性。“今全球完全专制之国谁乎?一专制当众立宪尚可幸乎。”[①]仿行立宪成为当时社会对变革弊政的一种共识。放眼世界,20 世纪初存在着英国式的“协定立宪”和德日式的“钦定立宪”两种君主立宪政体。两种政体虽都被称为君主立宪,却存在很大的区别。英国的“协定立宪”是市民阶级与旧贵族相互制衡的结果,宪法是双方势力互相制约的产物,君权受到来自地方、市民和议会的限制,立宪政府则是一种“有限政府”。英国的君主立宪是一种典型的立宪政体,而日本和德国的君主立宪却并不表现为通常的“分权政治”。对于明治维新的日本和 1918 年以前的德国,所谓的君主立宪只不过是君权政治的现代形式,对权力的集中运行并不会构成阻碍,是立宪主义嫁接于君权之上的一种“非典型的立宪政体”。

张謇主张由君主和议会共享立宪权、通过民权制约君权的英国式立宪政体。他指出,国会有三个重要功能,其中之一便是民众参政议政的机构,即由民众选举的议员组成国会,人民通过国会实现其参与国家事务管理的权利。他还指出,国会对于国家内部具有上传下达的功能,当政府在外交中遇到困难,有苦衷却无法完全告诉国民时,国会可以代为诉说;国民有无法忍受的事情却无法直接传达于政府时,国会也可以代为陈述。国会的存在使君主集权制下君民相隔的境况得到了极大改善。除了国会,张謇还强调应尽快建立责任内阁。因为责任内阁作为国会的执行机

① 沈祖宪、吴闿生:《容庵弟子记》(卷三),1913 年,第 18 页,转引自卫春回:《张謇评传》,第 187 页。

构，是国会权责的延伸。而张謇在立宪运动中的最大贡献，莫过于促成地方咨议局的成立和发展。其不仅通过提出《本省单行章程规则截清已行未行界限，分别交存交议案》《江苏咨议局关于本局议决权内之本省行政命令施行法》等有关议案，捍卫地方咨议局的独立地位，也因此与两江总督张人骏以及清政府展开过交锋，希望通过努力争取，使地方咨议局能够真正行使地方议会的权力。从其在立宪运动中对关乎民权的立宪机构也即国会、责任内阁和咨议局的重视中可以看出，虽然在初期的立宪宣传中，他把日本、德国、英国、法国等国家的宪政混为一谈，但实际上他更看重英国式的民众参与的立宪政体。如上所述，强调民权对君权制约的立宪政体并不意味着张謇支持革命党的暴力革命，相反他更希望通过宪法这一政治契约来逐步实现变革弊政，体现的是秩序变革的立法思想。这也是清政府无法像明治政府那样运用强大的权力应对现代化和列强入侵所带来的挑战，导致人们对清政府的信任丧失，从而想要通过立宪对君权进行制约的原因。在革命党推翻清政府之后，君主立宪已不再是可行之道。这时革命党所倡导的民主共和政体与君主立宪有着共通因素，如都要求权力制约、政治公开、民主参与，这也是张謇在时局变动后能够转身投入民主共和的原因。正如他所言："是故国民未能脱离君主政府，只有立宪，请求共和不可得。既脱离君主政府，只有共和，号召君主立宪不可得，亦国势事实为之也。"①

作为近代士人群体中的一员，张謇深受中国传统文化的影响，他认为："天下事贵得其中，若趋于极端，往往不能成事，即幸而能成，亦不过一瞬而已。"②他遵守"贵得其中"的中庸原则，认为社会变革首先应当保持分寸，然后再在应有的尺度内平稳推进，而不是激进革命。正如前所述，他强调变革立法要遵守一定的秩序，但并不反对变革本身。他曾言："中即事以为权，非执一以驭事。"③从其对中庸之道的理解中可以看出，张謇不同于思想僵化的顽固保守派。相反，他对中庸之道所倡导的有容乃大

① 张謇：《建立共和政体之理由书》，李明勋、尤世玮主编：《张謇全集》（第四册），第200页。

② 张謇：《暑期讲习会第二次演说》，李明勋、尤世玮主编：《张謇全集》（第四册），第625页。

③ 张謇：《沙健庵六十生日序》，李明勋、尤世玮主编：《张謇全集》（第六册），第557页。

的包容性以及社会应协调配合的原则有着较为深刻的认识，这也促使其去接纳和吸收西方文明，从而形成通过立宪来追求"秩序"价值、通过立宪来维护社会秩序的立法思想。

三、张謇以立法求秩序思想的当代启示

虽然立宪运动以失败告终，但张謇追求"秩序"的立法思想在当今却具有深刻的意义：

首先，完善立法维持秩序，保障经济社会健康发展。稳定的社会秩序是国家经济得以平稳发展的前提，也是经济社会健康发展的保障，而稳定的社会秩序需要通过立法来实现。正如张謇所言："立法之地，以治人生治法；行法之地，以治法生治人。"[①]体现出他对以立法维护社会秩序的重视，也深刻揭示了法治的精髓，即法律不仅是治理社会的工具，更是塑造社会成员行为规范的基石。对当代法治建设的启示在于，立法需以人为本。

其次，循序渐进加强法治建设，避免因试图一蹴而就而脱离实际。张謇认为，立法应"第轻重缓急之序"[②]。这一观点对当前加强法治建设提供了宝贵的启示。我国正处于社会转型期，从高速发展转变为高质量发展，很多方面都需要进行改革。这意味着在立法、执法、司法及法治宣传等各个环节中，都应遵循"轻重缓急"的原则，优先解决关系国计民生、社会稳定及公平正义的紧迫问题，如加强重点领域立法、优化司法资源配置、严厉打击违法犯罪等。同时，也要注重长远规划与短期目标的结合，先在部分地区试行改革，对于有效的改革措施便将其上升为法律，通过法律巩固改革的成果，条件成熟后再在全国有序推行。从而确保法治建设既能够迅速回应社会关切，又能够持续推动社会进步与和谐。通过科学合理的规划与执行，既考虑立法的前瞻性，又注重经济社会发展实际，维持稳定的社会发展秩序，不能过于激进而引起秩序混乱。

〔作者杨荣慧，南京审计大学硕士研究生。南京 211800〕

---

①② 张謇：《变法平议》，李明勋、尤世玮主编：《张謇全集》(第四册)，第35页。

官商博弈与共赢

——论张謇的税法思想

宋理健

摘　要:张謇的税法思想与近现代税法接轨,体现了税法构成要素设计及税法实施上的技术性,即将视角从政府抑商转向在官商博弈中寻找平衡点以实现共赢。张謇身份的双重性决定了其税法思想的双重性:一方面,他经营实业,需要稳定合理的税收政策维持企业的生存与发展;另一方面,他在政府担任要职,这意味着他期望为商品经济和市场经济的发展创造良好的条件与环境的同时要考虑国家财政的充足与稳定。为此,张謇提出了轻税减税、裁厘认捐与裁厘加税、改革盐税等税法思想。张謇税法思想的内容核心,正是通过为工商业提供良好的环境,从而稳定财政、增强国力,以达到实业救国的目的。

关键词:张謇　税法思想　裁厘认捐

张謇的税法思想受个人身份与历史环境两方面的影响,与近现代税法接轨。他希望通过合理税法促进民族企业与国力的共同发展,维护官商利益的平衡。

一、张謇税法思想之背景

(一) 时代背景

1. 税收政策亟待调整

清朝后期,中国的税制十分混乱,税种名目繁多,厘金等苛捐杂税不胜枚举[①]。落后的税制不但增加了农民、手工业者和城市中小商人的经

① 钱大群、董长春:《旧中国自由资本主义改革开放的倡导者——论张謇运用法律实行改革开放的思想与实践》,《法制与社会发展》1996年第6期。

济负担,也使刚起步的民族工商业举步维艰。庞大的厘金局税卡,使商品流通受阻,成本增加。中国货物完全无法与外国货物竞争,外国货物仅需要固定税额的关税和子口税便可以在中国境内通行,而中国本地货物却要"逢关纳税,遇卡抽厘",且"运销愈远,征纳愈多"。这导致中国货物"以最廉之人工,最多之原料,最轻之成本,而合运费与税厘计之,终不能与外货争衡"①,社会生产受到严重的阻碍。"各业商董所陈商务大略不一,而以厘捐为大病者,则人人一辞",可见工商业者皆对落后的税制愤恨不已②。张謇曾对外媒表示:"中国第一急务,不外整理财政……盖整理财政,第一步即在整理税政。"③

2. 工商业亟待发展

鸦片战争之后,列强叩开中国国门之后,不断掠夺中国的资源与财富,中国传统的自然经济受到冲击。小农经济与落后的制度无法与列强抗衡,中国想要改变现状,就必须发展工商业。中国一方面需要通过工业近代化抵抗列强的军事侵略,另一方面需要通过工商业的发展抵御列强的经济渗透。张謇身处清末民初,面对国家内外交困的现状,实业救国成为他的重要目标之一。

(二) 身份背景

1. 状元办厂

张謇师从帝师翁同龢,于光绪二十年(1894)考中状元,与多位清廷要员有密切的联系。他曾奉张之洞之命总办通海团练,并为张之洞起草《条陈立国自强疏》。光绪二十二年,张之洞奏派张謇在通州设立商务局,在通州设立了大生纱厂,随后又陆续在南通、海门等地兴办了一系列近代企业,形成了以大生纱厂为核心的大生企业集团。值得注意的是,彼时的民间资本弱小而又渴望发展,但由于政府长期奉行抑商政策,致使他们畏惧在企业内部与官僚建立"共事"关系,甚至恐于日常与官府交涉。因此,他们迫切希望有一种社会力量可以出来充当他们与官府之间的桥梁,为他

---

① 张謇:《遵拟整饬国货建议案办法呈》,李明勋、尤世玮主编:《张謇全集》(第一册),第448页。

② 章开沅:《张謇传》,北京:中华工商联合出版社,2000年,第251页。

③ 张謇:《对日本〈朝日新闻〉记者之谈话》,李明勋、尤世玮主编:《张謇全集》(第四册),第235页。

们向官府争取必要的保护与支持，帮助他们避免官吏的苛派与骚扰。张謇作为与朝廷关系匪浅的实业家，又有状元头衔的加持，起到了“通官商之邮”的作用。大生纱厂的成功创办以及其他实业、教育事业，使他在江浙商人群体当中拥有很高的声望[①]。在兴办实业的过程中，张謇切身体会到苛捐杂税对实业的危害，但他善于利用多年从政所形成的社会关系，既争取到官方的支持，又削弱官方对企业干涉的力度。他为民间资本向政府争取某些企业管理方面的自主权，也为清政府募集了一批民间资本[②]。张謇的税收思想符合他“通官商之邮”的身份，不仅意在为民间资本减负，也意在激发国家税源的活力，保障国家财政。

2. 政府任职

光绪三十四年，张謇奉旨筹办江苏省咨议局。尽管负责筹办江苏咨议局的班子中有数位官绅，但由于张謇的身份和社会影响，他仍然能在咨议局中发挥巨大的影响。咨议局成立后，也极力争取成为真正的立法机构。张謇数次通过咨议局向资政院提请改革税制的要求，希望落实自己的税法主张[③]。民国建立后，张謇在继续兴办实业的同时，担任袁世凯政府的农商总长，参与制定了诸多法令、条例、计划。张謇一上任就提出“扩张民业之方针，则当此各业幼稚之时舍助长外，别无他策。而行此主义，则仍不外余向所主张之提倡、保护、奖励、补助，以生其利，监督制限，以防其害而已”[④]。张謇在任期间颁布的一系列税制改革方案体现了其希望政府为私人资本自由发展营造条件的主张。

张謇身份的双重性决定了其税法思想的双重性：一方面，作为实业家的他需要稳定合理的税收政策维持企业的生存与发展；另一方面，作为政府要员的他期望为商品经济和市场经济的发展创造良好的条件与环境，同时也要筹谋国家财政的充足与稳定。张謇税法的核心内容，正是通过为工商业提供良好的环境，从而稳定财政、扩充国力，以达到实业救国的目的。

---

① 章开沅：《张謇传》，第 192 页。

② 章开沅：《张謇传》，第 76 页。

③ 章开沅：《张謇传》，第 194 页。

④ 张謇：《宣布就部任时之政策》，李明勋、尤世玮主编：《张謇全集》（第一册），第 257 页。

二、张謇税法思想之内容

(一)轻税减税

张謇在兴办实业的过程中,较早认识到税收对经济的调节作用,提出以调整税收政策来促进实业发展[①]。他认为:"农工商之政策,惟借税法为操纵,或轻减以奖励之,或重征以抑制之。盖未有不顾农工商之苦痛,而纯然以收入之目的,为征税之标准。猥曰苟且以济国用者也。"[②]张謇税法思想的核心之一就是通过对工商业持保护和奖励的方针促进民族资本主义的发展。对于经济与税收源流的关系,张謇认识到"窃惟劝业莫要于恤商,理财莫先于裕课。故言财政者,维持岁入,常执定额以取盈;言实业者,斟酌商情,每苦岁收之过重。二者事恒相反,不知收入实基于生产,苟产殖日臻繁富,斯税源日益扩充;否则,沟浍之盈,其涸正堪立待。执因求果,理至易明"[③]。张謇在其他文稿中也写道:"若言财政者,但事取用而不及长养,则固有既穷,必至搜括。上愈搜括,下亦愈穷,久将并搜括而无可得,此所谓'竭泽而渔'也。长养者,使下有可以自给,而后出其余以供上,上与下相处而安,不致生睊睊疾视之恶感。"[④]可见,张謇主张轻税,认为重税会使百姓不堪重负,国家经济无从发展,从而影响国家财政收入;轻税才是长久之计,既给经济留下发展的空间,也有利于保障国家充沛的税源。

张謇在工、农、商等多个领域都主张减税:"凡属土法创办及机器制造之货,初办五年,只征半捐半税。若系改造土货,就地收买零销,估值不满

① 付志宇:《近代中国税收现代化进程的思想史考察》,成都:西南财经大学出版社,2015年,第85页。

② 张謇:《实业政见宣言书》,李明勋、尤世玮主编:《张謇全集》(第四册),第258—259页。

③ 张謇:《拟请变通矿区税则呈》,李明勋、尤世玮主编:《张謇全集》(第一册),第349页。

④ 张謇:《为筹办棉糖林牧等试验场呈大总统(附表)》,李明勋、尤世玮主编:《张謇全集》(第一册),第383页。

万者，免捐免税；过万者，按应税应捐之数，只征七成。”[①]凡是农会在荒滩闲地“兴办树艺畜牧制造诸事，以为乡民倡导，……一概宽免捐税十年”。他还主张废止间架税和米粮捐[②]。张謇担任北洋政府农商总长期间，颁布了减少茶叶税率、减少矿区税、免除部分自制工业品关税等法令，落实了其“轻税减税”的税法主张。

（二）“裁厘认捐”与“裁厘加税”

由于清末社会动荡，农民贫困而转徙逃亡，田赋、杂税没有保障，厘金不仅成为清政府军费的重要来源，也成为国家岁入的重要支柱，成为常税。厘卡遍设，极大地限制了商品流通，加重了工商业者的经济负担。张謇清楚地解释了厘金制度如何重创工商业：“至一经工作，则其始以原料入厂而厘之，其继以粗制成第二种原料而又厘之。工业发达，则分工愈多；即一物之成，可经多次之制造；而尚为此物之原料者，是一物应完多次之厘，每次皆以通过之远近而遽加也。是何怪工业愈劝而不兴，洋货益充塞于市耶？”[③]张謇身处江苏这一厘金重灾区，目睹厘金造成的种种恶果，对这一制度深恶痛绝。他把厘金称为“冗官秕士游民之窟”，认为“欲固国必去厘捐”[④]。在研究西方税制后，张謇曾提出以印花税代替厘金制度，但由于当时中国缺乏配套的警察制度，再加上对商家铺户及营业情况难以统计等现实原因最终未能实现。于是张謇从彼时中国的现实情况出发，先后提出“裁厘认捐”与“裁厘加税”的主张。

1. 裁厘认捐

张謇首先针对厘金制度本身的弊端提出了“裁厘认捐”。所谓“裁厘认捐”，即“产销进出口，只捐一次，酌十年丰歉之中，定各县之额，而由各业董事调查货数，承认包缴”[⑤]。这种方法并不会减损国家税源。以通海

---

① 张謇：《农工商标本急策》，李明勋、尤世玮主编：《张謇全集》（第四册），第24页。

② 章开沅：《张謇传》，第115页。

③ 张謇：《拟请提议照约速定裁厘加税请秘密会议文》，李明勋、尤世玮主编：《张謇全集》（第一册），第212页。

④ 张謇：《致黄体芳函》，李明勋、尤世玮主编：《张謇全集》（第二册），第28页。

⑤ 张謇：《致王克敏函》，李明勋、尤世玮主编：《张謇全集》（第三册），第1236页。

为例,“通海商民所出厘捐之数,上用四而中饱六,包认则取中饱以归诸上,下照十年衰旺折中之数,则上下均平,照十年最旺之数,则上收中饱七八,下尚可留中饱之二三。事理校然,不待智者,且如中数二十万,旺数二十六万。若每年认定二十六万,是每年国家多收六万,而通海境内各卡尽撤,止留一局,每年核省一万八九千,一出一入,国家每年多收八万千。以此推之,宁藩司所属二十三局,若一例改归各业自行包认,国家无须克剥小民,而坐增二三十万之款矣”①。张謇认为“裁厘认捐”可使“无所谓卡局之留难,无所谓司扦之中饱。……以向之所中饱于局员、司扦者,即以半数归公,计所入亦视现在之比较三倍而有余”②的效果,既可使工商业免于官府盘剥,又可以增加国家财政收入。

2. 裁厘加税

随着列强对中国市场的不断蚕食,张謇对厘金有了进一步的认识。他将厘金与关税联系起来,提出“裁厘加税”的主张。张謇发现,低关税同样是外国货物不断挤压本土货物市场的原因,他国收取关税百分之五十至百分之二百的货物可以免税进入中国③。这使得关税不但无法保护民族工商业、促进对外贸易,反而使得外国货物可以轻而易举地进入中国市场。关税与厘金的巨大差异更使得华商托庇洋商,“查中国江海河面失主权而丧民心,无过洋商领单运货内地、华船愿挂洋旗一事……于是同一民船也,此受雇于华商,则刁难需索,节节阻滞;彼受雇于洋商,则否。今日受雇于洋商,则理直气壮,处处畅行;明日受雇于华商,则否”,商人的这种行为是“趋利避害,人之常情”④。

于是张謇提出按照国际惯例与国民需求调整关税的主张,具体内容包括:第一,由概括税率转为根据商品性质决定税率。具体来说:“宜分别输出入物品之性质以为差别,不宜如旧条约以值百抽五或值百抽七五概

① 张謇:《通海议办认捐本末要略》,李明勋、尤世玮主编:《张謇全集》(第四册),第22页。

② 张謇:《致王克敏函》,李明勋、尤世玮主编:《张謇全集》(第三册),第1236页。

③ 张謇:《与朱佩珍沈镛等致巴黎和会电》,李明勋、尤世玮主编:《张謇全集》(第二册),第699页。

④ 张謇:《为商航复商部文》,李明勋、尤世玮主编:《张謇全集》(第一册),第128页。

括之税率。其物品有应重税者，虽值百抽五十乃至值百抽百可也；有应轻税者，则虽不足值百抽五或竟免除之亦可也。此在国际上自有通例，各国亦自不能不予我以同等之权利。况以物品之性质为标准，则必无背于经济之公理，于各国贸易政策上，亦决无所损。”①第二，根据国内物品流通情况定税。即：“课税物品，以国内利用之程度与消耗之程度而定其等差，消耗品之中，又以奢侈之程度为等差；则我有酌剂之宜，国内商品自不致受外货之打击，而生产家、制造家、贩卖家皆得有安稳经营之余地，而不致有剧烈之变动之虞。”②第三，减免本国商品出口税。这是因为“至国际贸易，全视关税为之损益。各国通例，出口货多无税。吾国则不然。若丝、若茶、若棉，若其他土货有国际之竞争者，莫不有税，是抑制输出也”③。第四，定期修改税率。张謇强调：“估价之期，宜短不宜长。吾国关税，从价税多，从量税少。从价与从量固宜审察改定。而从价税之中，今有从十年前之价者，亦有从三十年前之价者。以经济状况之嬗演，货物价格无三年不变之理，故十年前之价格，与今之市场相较，有差至五六倍、七八倍，乃至十数倍者。嗜欲日开，文明渐进，加以交通之便利，习俗之推移，物价腾贵，日益急剧，则十年前之所谓值百抽五者，今变而为值千抽五矣。以此推之，则虽不改税则，以现在之市价，为课税之基础，税额已见增加。以后估价期限，总宜以三年为适当。”④

张謇认为：“商民为自救计，国家为兴业计，皆不得不裁厘。而国家既收加税之利于洋货，并不受裁厘之损于土货。失今不图，将加税之约。且愈不可恃。而吾国自为救亡起见，厘亦终不能不裁。否则听其自然，而国民生理，同归于尽。”⑤可见裁厘于民于国都是必要的。裁厘加税的方式不仅解决了厘金本身造成的矛盾，还解决了因为裁撤厘金而造成的财政收入减少。如果裁厘加税的措施可以落实，则“按其实际，则后一事之所

①②④　张謇：《国际公法学会讨论加税免厘之意见》，李明勋、尤世玮主编：《张謇全集》（第四册），第261页。

③　张謇：《实业政见宣言书》，李明勋、尤世玮主编：《张謇全集》（第四册），第259页。

⑤　张謇：《拟请提议照约速定裁厘加税请秘密会议文》，李明勋、尤世玮主编：《张謇全集》（第一册），第212页。

得，已足以抵补厘金，而前一事重课奢侈品之主义，果能贯彻，则增加更巨”[①]。即使裁厘会造成税源的暂时缺口，也可以通过增加关税弥补财政亏损，而增减关税又可以进一步保护民族工商业的发展。

(三) 改革盐税

宋代以后，盐税、关税、工商税等流通过程中的课税收入成为土地税之后国家的第二大财政收入源。清末以后，关税自主权受到列强干扰，关税常常作为清政府向外国政府或外国银行借款时的担保，那么仍然掌握在清政府手中的盐税的重要性不言而喻[②]。清代一直沿袭盐的禁榷制度，其中两淮地区基本施行专商引岸制度。这种制度下盐官与盐商之间维持着微妙的关系：一方面，盐商需要盐官庇护其食盐专卖特权，盐务官员则可以从盐商处牟取私人利益。尽管盐官在制度上处于优势地位，可以利用官职对盐商进行敲诈或剥削，但本质上合法的盐商与盐官都是榷盐体制的受益者[③]。到清朝后期，由于这种专卖体制造成官盐价格过高，民众冒着被处罚的风险也只能选择价格更低的私盐，这就会造成官盐滞销，从而影响盐税收入及国家财政。姚光批评这种体制称：“下以垄断出产，上以包纳赋税，政府因利乘便，听其专卖，盐商之名，因是而起，浸假而官商狼狈为奸。”[④]

光绪二十九年(1903)，张謇与友人合作在吕四场创办同仁泰盐业公司。在引岸专商制度下，盐的专卖权由运商独享，而盐场生产商则无法从中获利。两淮盐官先是拒绝了张謇成为运商的请求，后来甚至限制其购入原料，不但不对新创办的公司加以支持，反而多有刁难。张謇意识到“盐法不合今情，盐官便于痼疾，故盐愈绌而弊愈甚”[⑤]，旧的盐税盐官制度是新盐商发展的重要阻力。因此，张謇从新兴盐商的切身利益以及时

---

① 张謇：《国际公法学会讨论加税免厘之意见》，李明勋、尤世玮主编：《张謇全集》(第四册)，第 261 页。

② ［日］岩井茂树著，付勇译：《中国近代财政史研究》，北京：社会科学文献出版社，2011 年，第 25、371 页。

③ 吴海波：《清代榷盐体制下的官商关系》，《盐业史研究》2013 年第 1 期。

④ 姚光：《论盐政之罪恶》，姚昆群、昆田、昆遗编：《姚光全集》，北京：社会科学文献出版社，2007 年，第 18 页。

⑤ 张謇：《盐业整顿改良被扼记》，李明勋、尤世玮主编：《张謇全集》(第六册)，第 340 页。

局和地方盐业实际情况出发，提出了改革盐税的诉求[①]。光绪三十年，张謇在经营盐业公司时就提出，变通盐法之计"佥谓盐敝在散，救散用聚。聚之法，惟有设厂煎盐、就场征税可行。税就场征，则不论何人，皆得为商。人皆商皆税，则枭于何有"[②]。他还指出："聚之法若何？曰设厂，曰造田……能聚而后就场征税可行。按一鏾一盘一昼夜所出盐之中数定为额，按额以计税，分期以缴税，官认一商而事毕矣。"[③]认为盐税应该"就场征税"。张謇之前曾提出推行"就场征税"的办法，即国家对各个盐场定额收税，凡该盐场产的盐都是官盐。但这种方法使盐官的利益受损，因缺乏盐官的支持而无法推行，"阻斯议者，皆瞽惑于素食盐利之官僚吏卒。盖若辈倚是为生，一旦变法，将为涸辙之鲋矣"[④]。此时张謇对于盐税改革的意见，多源于其兴办盐业公司的实践经验，从盐商的角度出发，希望通过盐税改革维护盐商利益。

宣统二年(1910)，张謇以江苏咨议局议长的身份建议资政院"通改各省盐法"，提出变盐法大纲七条："曰设厂聚制，就场征税；曰合场运之力以设厂，分场运之界以任税；曰去官价，革丁籍，破引地；曰减课之额以增收之数；曰度支部平均盐课之高下，统计收入之盈虚；曰改散驻缉私为盐场警察；曰裁监督无实之司道，留稽征切近之盐官。"[⑤]民国建立后，张謇被推选为两淮盐政总理，提出《改革全国盐政计画书》[⑥]与《改革全国盐法意见书》[⑦]，延续了自己就场征税的主张，但为了减少改革阻力，决定暂时实

---

① 李晓龙：《近代盐务就场征税制改革与官商博弈》，《史学月刊》2020 年第 12 期。

② 张謇：《代某给谏条陈理财疏》，李明勋、尤世玮主编：《张謇全集》(第一册)，第 62 页。

③ 张謇：《变通通九场盐法议略》，李明勋、尤世玮主编：《张謇全集》(第四册)，第 78—79 页。

④ 孙宝瑄：《忘山庐日记》(上)，上海：上海人民出版社，2015 年，第 303 页。

⑤ 张謇：《豫备资政院建议通改各省盐法草案》，李明勋、尤世玮主编：《张謇全集》(第四册)，第 173 页。

⑥ 张謇：《改革全国盐政计画书》，李明勋、尤世玮主编：《张謇全集》(第四册)，第 212—231 页。

⑦ 张謇：《改革全国盐法意见书》，李明勋、尤世玮主编：《张謇全集》(第四册)，第 201—205 页。

行就场官专卖,待场产整理、制盐者组织起来之后再实行自由运销[①]。所谓就场官专卖,即废除引岸专商制度,在产盐地设立专卖局,盐产全部官收,然后加入盐税卖给运商。与前期极力主张废除专商垄断不同,《改革全国盐政计画书》强调国家对食盐的管理,例如"商人既无向盐户直接收买之权,凡从前场商产业……一律收归国有。若以上产业属之盐户,无碍官专卖政策者,则悉仍其旧"[②]。由此可见,张謇身为两淮盐政总理,虽然名下亦有公司,但此时的盐税主张已经不以盐商利益为唯一出发点,而是更多考虑国家的利益。

三、张謇税法思想之评价

(一)张謇税法思想符合当时的历史情境

张謇身处中国近代转型时期,目睹清政府落后的税制对国家经济的桎梏。张謇认为,旧的税制存在诸多弊端,必须要改变。但直接移植国外的税法,政府必定无法接受,民众也会无所适从。因此他结合自身经历,希望依据当时中国的现实情况提出切实可行的税法改革措施。

张謇的税法思想始终围绕一个中心,即通过法律来保障自由资本主义经济的发展以达到国富民强的目的,工商业的发展需要配套的税法体制的支持。对于清政府的税制,张謇力争改革官府垄断,为新兴实业的发展获取空间。民国以后,张謇担任农商总长,即将自己的税法思想付诸实践。税法作为经济法的重要一环,为民国初年的经济法制建设做出了巨大贡献。张謇制定的一系列税法颁布后,获得了工商界的广泛支持与拥护,改善了经济秩序,为近代中国的资本主义经济法制体系打下了基础。张謇税法思想的落实,对中国经济的发展产生了长远的正面影响[③]。

---

① 虞和平编:《张謇——中国现代化的前驱》,长春:吉林文史出版社,2004 年,第 239 页。

② 张謇:《改革全国盐政计画书》,李明勋、尤世玮主编:《张謇全集》(第四册),第 217 页。

③ 虞和平:《张謇与民国初年的经济体制改革》,《社会科学家》2001 年第 2 期。

(二) 张謇税法思想符合近现代税法原则

张謇的理论探索与产业实践过程是合二为一的。作为企业家，张謇在兴办实业的过程中认识到税法对于工商业发展的影响。他的税法思想不同于单纯的组织收入的传统税收观，而是通过合理的税收政策调节经济、保护产业，促进民族工商业的发展。这反映了近代化过程中民族资产阶级发展民族工商业的要求，也与近现代税法理论中的税负适度原则相一致。另外，张謇吸收西方税制的先进经验，并把国际税收环境作为考量税收政策的重要因素，力求内外产业税负公平①。

用现代的眼光来看，张謇的税法思想有很多不足之处，从本质上来说仍是一种官本位思想。但总体来说，张謇的税法思想是契合彼时工商业发展状况的。他从当时的现实出发，对官商关系进行调节，并非盲目照搬西方税制。由此，张謇可以称得上是中国税法近代化的先锋。

〔作者宋理健，苏州大学硕士研究生。苏州 215006〕

① 龚汝富:《张謇的税收思想》,《涉外税务》1998 年第 3 期。

张謇慈善思想的渊源及近代转型

赵明远

摘　要：张謇通过兴办教育、医疗、救济等多领域的慈善事业，大力推进实业、教育、慈善等地方自治事业的同步发展，构建起以慈善为表征的近代南通社会保障体系。张謇的慈善思想源于传统的社会伦理和政治理想，深深植根于"天地之大德曰生"的生民之德，并转向以促进社会改良和社会发展为目的的近代慈善理念。张謇的慈善成就影响深远，改善了民众生活，改良了社会风气，提升了社会文明程度，体现了他超越个人私利的高尚情操与人生追求，也为中国近代慈善事业的发展树立了典范，留下了宝贵的精神财富与实践经验。

关键词：张謇　慈善　社会保障　地方自治　王政

张謇的慈善、公益行为区别于传统的"善举""义行"，具有明确的救亡图存、改良社会的近代观念。他初步构建起南通基本社会保障体系，不仅成为南通"地方自治"的重要成果之一，也为推进中国早期现代化、发展近代慈善事业作出了可贵探索。

一、来源和动力：生民之德、仁爱之情和兴亡之责

出身社会底层"寒籍"的张謇，自幼随父兄从事生产劳动，对民间疾苦有切身体会，儒家匡世济民思想在其心中也根深蒂固。其慈善思想的来源即在于此。

甲午战争中国惨败，张謇不仅深深忧患于国家危亡，也忧患于家乡困苦，他说："通产之棉，力韧丝长，冠绝亚洲，为日厂之所必需，花往纱来，日盛一日。捐我之产以资人，人即用资于我之货以售我，无异沥血肥虎，而袒肉以继之。利之不保，我民日贫，国于何赖？"①在外强入侵、民不聊生

① 张謇：《厂约》，李明勋、尤世玮主编：《张謇全集》(第五册)，第6页。

的状况下，保障人民最基本的生产、生活权利显得尤为重要。传统的“民本”思想始终是张謇一生事业的基本动因。张謇慈善思想首先着眼于保障民生。

出于“为通州民生计，亦即为中国利源计”的目的，张謇创办了大生纱厂，厂名“大生”即意取《易经》“天地之大德曰生”。张謇以后兴办的企业仍多以“生”命名，如资生铁冶厂，广生油厂，泽生水利公司，阜生、颐生酒厂，懋生房产公司等。张謇曾对好友刘厚生说：“我们儒家，有一句扼要而不可动摇的名言‘天地之大德曰生’。这句话的解释，就是说一切政治及学问最低的期望要使得大多数的老百姓，都能得到最低水平线上的生活……换句话说，没有饭吃的人，要他有饭吃；生活困苦的，使他能够逐渐提高。这就是号称儒者应尽的本分。”①这一段表白，阐述的是张謇一生全部事业的出发点和最终归宿，就是保障百姓最基本的生存、生活权利。

中国传统伦理的核心——“仁”是张謇从事社会保障事业的道德本源和内在动力。张謇屡次反复引用“仁”的学说来说明他从事济贫救困事业是人之本性，并以启发他人慈善行为：“孟子曰：‘恻隐之心，仁之端也。’又曰：‘无恻隐之心，非人也。’此儒者之训也。诸君其有动于中乎？一钱匪少，一万匪多：各尽其力，以行其仁，以自完其为人而已。”②张謇曾这样教育其子张孝若：“慈善虽与实业、教育有别，然人道之存在此，人格之成在此，亦不可不加意，儿需记之。”③为了谋求更多社会成员对慈善事业的支持，张謇运用传统伦理中各种学派的人道理论来鼓动宣传：“若因果报应，道家之求长生者，须积善之功。赒人之急，济人之穷。释家云，布施为第一波罗蜜。其言孔多，无事灌灌。”④“墨家者流以养三老五更为兼爱。”⑤墨家的“兼爱”、道家的“积善”、佛教的“布施”之说、传统文化中的种种道德理论，均成为张謇进行社会救助与慈善活动的理论依据。

---

① 刘厚生：《张謇传记》，上海：上海书店影印出版，1985年，第251—252页。

②④ 张謇：《救济太嘉昆宝常五县难民募捐启》，李明勋、尤世玮主编：《张謇全集》(第五册)，第257页。

③ 张孝若：《南通张季直先生传记》，上海：中华书局，1930年，第505—506页。

⑤ 张謇：《南通养老院记》，李明勋、尤世玮主编：《张謇全集》(第六册)，第372页。

“士负国家之责必自其乡里始。”[①]张謇把儒家政治理想和乡土责任结合起来,以家乡南通为基地去实践他的理想。

二、理想和规划:践行“王政”与借鉴列强

儒家传统的社会伦理和政治理想是张謇慈善思想的源泉,他心中理想的世界是儒家经典中描绘的“大同”世界、“三代”盛世。他曾作《尧舜论》,钦羡远古圣王时代升平之世:“《尧典》之亲九族,平百姓,协万邦,雍黎民,定历授时,厘工熙绩,咨岳登庸,不私其子。《舜典》之察天齐政,同度量衡,命农工虞,明刑罚,敷教化,作礼乐,重纳言,慎考绩,六府三事,粲然备举。”[②]《周礼》中就记录了远古理想国度“养万民”的六种保障,“一曰慈功,二曰养老,三曰振穷,四曰恤贫,五曰宽疾,六曰安富”。儒家将这种政治理想与国家保障制度概括为“王政”,并成为一种重要的政治评判标准。

“王政”是张謇的政治理想。张謇把这样的社会图景作为当代南通的发展蓝图,希望南通向这样的理想社会回归,而他本人则努力效法尧舜式“圣王”的风范,“循其设施之迹,通其意而践之”[③]。张謇曾作《记论舜为实业政治家》,表达了自己向往远古贤君,想要发展实业、经营地方,希望领导南通实现“一年而所居成聚,二年成邑,三年成都”的宏伟志向和理想[④]。

张謇曾以养老为例来说明“王政”出现的标志:“盖人必有老,使天下之人皆得自养其老,是则养老之大者,王政是也。”[⑤]他还多次引用《孟子》中“养生丧死无憾,王道之始也”、《礼记》中“老幼孤独不得所,大乱之道也”等儒家言论来阐述济贫、赈灾、养老、抚幼等社会保障措施是“王政”不可或缺的。张謇生活的时代,外强入侵、民不聊生,在这样一个特殊时期,社会保障有更重要的现实意义,“王政不得行,于是慈善家言补之,于是国

---

① 张謇:《垦牧乡志》,李明勋、尤世玮主编:《张謇全集》(第六册),第581页。

②③ 张謇:《尧舜论下》,李明勋、尤世玮主编:《张謇全集》(第四册),第267页。

④ 张謇:《记论舜为实业政治家》,李明勋、尤世玮主编:《张謇全集》(第四册),第82页。

⑤ 张謇:《南通养老院记》,李明勋、尤世玮主编:《张謇全集》(第六册),第373页。

家社会之义补之,凡以济政之穷,与政所不能及,通于政焉而已”[①]。张謇基于对这个“王政不得行”时代的认识,指出“慈善”应成为“济政之穷”、补充“政所不能及”的重要手段,否则,“失教之民与失养之民”得不到救助,“为国家政治之隐忧者大也”[②]。因此,张謇“王政”的理想目标是力图构建以慈善为表征的完善的社会保障体系。

列强军事和经济侵略的同时,带入的思想理念,也给张謇提供了参照和学习的范本。张謇甚至认为,西方列强之所以富强也是因为他们的体制符合中国远古的“王政”:“朝夕环伺之强邻其所以驯致富强者,转有合于我二千年以前之政治。”[③]从创办大生纱厂开始,张謇一直在探寻一条适合南通实际的建设和发展路径。在这方面,张謇积极吸取着外来的经验。1903 年,张謇对日本进行了为期 70 天的考察,他在《东游日记》中写道:日本“自维新变法三十余年,教育、实业、政治、法律、军政一意规仿欧美,朝野上下孜孜矻矻,心摹力追,其用意最当处在上定方针,下明大义。……孟子以晋国为仕国,余谓日本真学国也”[④];“日人治国若治圃,又若点缀盆供,寸石点苔,皆有布置。老子言‘治大国若烹小鲜’,日人知烹小鲜之精义矣。”[⑤]虽然张謇在日本的治国经验中寻找到了中国传统文化的“精义”,但是他更多地看到了在汹涌澎湃的世界潮流面前,日本奋起直追、锐意进取的决心,“与世界竞争文明,不进即退,更无中立,日人知之矣”[⑥]。通过对日本及西方国家发展历程的考察,张謇逐步形成了自己的社会发展理念。

张謇以为:“慈善与国家社会之说之通于政,近世欧美人之言也。”[⑦]“惟是教养二事,在前清时代应归官办,即在欧美国家,亦多属公立。”[⑧]认为完善的社会保障既是传统“王政”标准,又是近世欧美通例,是完善的社会政治制度的标志。在日本考察期间,张謇曾至京都盲哑院参观,对“彼

---

①⑦ 张謇:《南通养老院记》,李明勋、尤世玮主编:《张謇全集》(第六册),第 373 页。

② 张謇:《呈筹备自治基金拟领荒荡地分期缴价缮具单册请批示施行文》,李明勋、尤世玮主编:《张謇全集》(第一册),第 431 页。

③ 张謇:《变法平议》,李明勋、尤世玮主编:《张謇全集》(第四册),第 62 页。

④ 张謇:《柳西草堂日记》,李明勋、尤世玮主编:《张謇全集》(第八册),第 545 页。

⑤ 张謇:《柳西草堂日记》,李明勋、尤世玮主编:《张謇全集》(第八册),第 538 页。

⑥ 张謇:《柳西草堂日记》,李明勋、尤世玮主编:《张謇全集》(第八册),第 542 页。

⑧ 张謇:《致卢鸿钧函》,李明勋、尤世玮主编:《张謇全集》(第三册),第 883 页。

无用之民,犹养且教之使有用”的做法深有感触[①]。1907年,他曾以美国人设立斯坦佛大学的事例来劝导江苏按察使朱某兴办盲哑学校。1912年,与英国传教士李提摩太的一次谈话,使他对南通社会保障的实施有了具体启发。在谈话中李提摩太言道:“中国非真能实行普及教育、公共卫生、大兴实业、推广慈善,必不能共和,必不能发达。行此四事,一二十年后,必跻一等国;能行二三事,亦不至落三等国。”[②]李提摩太的谈话使张謇深受触动,次日张謇就写了《感言之设计》一文,对李提摩太提出的四个方面事项进行了规划,设计了投资实业350万两、卫生教育慈善40万余两的建设思路和具体项目,包括建立养老院、残废院、盲哑学校、贫民工厂等,这些计划在以后的数年中逐步得到了实现。

三、方案和成效:实施地方自治,构建保障体系

从1905年起,张謇开始高频度使用“地方自治”一词。张謇说:“目睹世事纷纭,以为乡里士夫,苟欲图尺寸以自效者,当以地方自治为务。地方自治条理甚繁,当以实业、教育为先。”[③]“然则图存救亡,舍教育无由,而非广兴实业,何所取资以为挹注。是尤士大夫所当兢兢者矣。”[④]张謇把士大夫的乡土责任和“图存救亡”的使命相结合,认为发展实业、教育、慈善为主要内容的“地方自治”才是解决社会危机、实现国家富强的基本路径。张謇领导的南通早期近代化运动就是这种“地方自治”的典范,“窃謇抱村落主义,经营地方自治,如实业、教育、水利、交通、慈善、公益诸端,始发生于謇兄弟一二人,后由各朋好之赞助,次第兴办,粗具规模”[⑤]。

张謇把“地方自治”概括为实业、教育、慈善三个方面,他这样阐述三者的关系:“窃謇以国家之强,本于自治,自治之本,在实业教育,而弥缝其

---

① 张謇:《柳西草堂日记》,李明勋、尤世玮主编:《张謇全集》(第八册),第551页。

② 张謇:《感言之设计》,李明勋、尤世玮主编:《张謇全集》(第四册),第236页。

③ 张謇:《对于东台欢迎答辞》,李明勋、尤世玮主编:《张謇全集》(第四册),第458页。

④ 张謇:《柳西草堂日记》,李明勋、尤世玮主编:《张謇全集》(第八册),第566页。

⑤ 张謇:《呈报南通地方自治第二十五年报告会筹备处成立文》,李明勋、尤世玮主编:《张謇全集》(第一册),第523页。

不及者，惟赖慈善。”[①]“查地方自治，以进增社会之能率，弥补人民之缺憾为其职志。而进行之事业，属于积极之充实者，最要为教育；属于消极之救济者，最要为慈善。教育发展，则能率于以增进；慈善周遍，则缺憾于以弥补。”[②]张謇明确指出：慈善、公益是“地方自治”的重要组成，“慈善”的目的是“进增社会之能率，弥补人民之缺憾”，这是区别于传统的“善举”“义行”等施舍、赈济活动的。通过“慈善周遍”，张謇力图在南通构建起基本的社会保障体系。

根植于传统的儒家“王政”政治伦理，吸收了现代西方社会保障理论和具体做法。张謇区别于一般慈善家，而以政治家的眼光来看待慈善公益事业对于社会发展的意义。南通近代的社会保障体系，主要是在1906年至1922年这十多年时间构建起来的，与南通社会经济的发展同步。社会保障的主体应是国家和政府，并借助全社会的力量，通过国家立法强制。张謇以自己的地位和影响力不断呼吁政府加强对社会保障的支持，1912年张謇就对南京临时政府的财政预算提出意见，希望增加“善举费”，建造7—10处贫民工厂[③]。在创建新育婴堂时，张謇争取的官方拨款占建造费的1/4，并有常年6000元的官款资助；三所贫民工厂是张謇利用其两淮盐政总理的职权拨盐运司6万余元建立；1914年张謇向袁世凯政府申请开发泰县境内荡地15万亩作为“南通教育慈善基本产”，很快获得了批准[④]。大生企业集团成为兴办南通社会保障事业的主体。大生纱厂、通海垦牧公司、同仁泰盐业公司、广生油厂、资生铁冶厂等企业的历年账略中均有“善举”一项固定支出，有学者估计这种慈善性支出在这些企业的年度支出总额中平均占到近1%[⑤]。仅大生一厂1900—1922年的“善举酬应”支出就达354710.6规元两，另还有对育婴堂的资助13901.6

---

① 张謇：《呈筹备自治基金拟领荒荡地分期缴价缮具单册请批示施行文》，李明勋、尤世玮主编：《张謇全集》（第一册），第430页。

② 张謇：《致卢鸿钧函》，李明勋、尤世玮主编：《张謇全集》（第三册），第883页。

③ 张謇：《对于行政费支配之末议》，李明勋、尤世玮主编：《张謇全集》（第一册），第249页。

④ 张謇：《柳西草堂日记》，李明勋、尤世玮主编：《张謇全集》（第八册），第783页。

⑤ 虞和平：《中国早期现代化的前驱》，北京：中华工商联合出版社，2001年，第742页。

规元两①。

作为“地方自治”的重要内容,南通的社会保障体系学习了西方国家保障体系的形式和内容,设立了一大批社会救助、优待和抚恤机构,门类齐全,涉及面广,对因年老、失怙、伤残、失业、疾病等无助人群实施了较大范围的救助举措。南通的社会保障事业是在张謇带动下的南通社会的自觉追求,在相当程度上体现的是一种社会责任,以促进社会改良和社会发展为目的,与施舍式的慈善活动有着本质区别。

南通的慈善公益事业门类较为齐全,特别是最需救助的社会成员的生活得到了保障,南通社会一度出现了国内罕见的安定祥和局面,给到访者留下深刻的印象:“美国的流浪汉、欧洲的醉鬼、中国的乞丐,这些街头熟悉的身影和其他令人不快的事情在南通是没有的。这里的工厂、农垦工程、公路建设项目有效的吸引了所有的劳动力,而余下的老弱病残则被张謇帮助设立的慈善机构很好的照顾起来了。”②张謇也曾自豪地说:“南通县者,固国家领土一千七百余县之一,而省辖六十县之一也。以地方自治实业、教育、慈善、公益各种事业发达,部省调查之员,中外考查之士,目为模范县。”③张謇初步构建的南通近代社会保障体系,促进了社会的良性循环和协调发展,体现了慈善事业在社会发展中的重要意义,南通从一个封闭、落后的县城转变为外国友人目中的“中国的人间天堂”④。

四、情怀和风范:一生奉献,“牛马”精神

张謇晚年曾这样概括其投身实业、教育、慈善事业:“謇自乙未(1895)以后,经始实业;辛丑(1901)以后,经始教育,丁未(1907)以后,乃措意于慈善。”⑤其实,早年的张謇就有诸多慈行义举。1884 年他离开庆军军幕

---

① 大生系统企业史编写组:《大生系统企业史》,第 154—158 页。

② Fong F. Sec and K. L. Kwong, “Stories of People Who Achieve Success, Chang Chien”. Shanghai, The Commercial Press Limited, 1930. p. 65.

③ 张謇:《致内务部函》《致司法部函》,李明勋、尤世玮主编:《张謇全集》(第三册),第 839、841 页。

④ Fong F. Sec and K. L. Kwong, “Stories of People Who Achieve Success, Chang Chien”. Shanghai, The Commercial Press Limited, 1930. p. 64.

⑤ 张謇:《呈筹备自治基金拟领荒荡地分期缴价缮具单册请批示施行文》,李明勋、尤世玮主编:《张謇全集》(第一册),第 430 页。

回乡，途经山东，适逢黄河决口，沿途所见“饥寒载途、惨目伤心”，即发动亲友筹集棉衣一千余件发往灾区①。1886 年在家乡海门与父兄邀集乡人办公司兴蚕桑，买回几千棵桑苗赊与乡人种植，并送《蚕桑辑要》。1887 年张謇随开封知府孙云锦治河救灾期间，提出了“以工代赈”的赈灾主张。1895 年，金榜题名后的张謇回乡丁忧，在海门“举债营先君遗言欲举之家庙、义庄、社仓、石路、石桥”②，次年又出资建儒寡会，优恤士族寡妇。

南通“地方自治”全面铺开后，社会事业一直面临着经费不足的问题。在劝导公众关注并加入慈善活动时，张謇首先身体力行，率先垂范。张謇将个人的金钱、收入大量投入资助公益事业中去，总体出资情况难有确切的统计。张謇在去世前一年谈到他对教育、慈善等事业的资助时说：除纺织专门学校和通州师范外，他和叔兄每年承担的费用为：教育事项 58440 元，慈善事项 22560 元，公益事项 4080 元，总计达 85080 元。二十余年来，“除謇自用于地方，及他处教育、慈善、公益可记者一百五十余万外，合叔兄所用已二百余万。謇单独负债，又八九十余万圆”③。1922 年，日本人驹井德三考察南通后曾这样评论张謇：“表面以分头于实业、交通、水利之标榜，里面则醉心于教育慈善事业之振兴。”④张謇在慈善公益方面所付出的努力绝不亚于实业、教育等其他方面。

南通慈善事业经费短缺，张謇用自己的书法来谋取善款，高尚情怀感人至深。从 1906 年开始，张謇鬻字为育婴堂筹资，当时曾计划每季以卖足五百元为止，一年得二千元，可够百名儿童一年之用。然而育婴堂因所收婴儿不断增加，负债累累，张謇于 1909 年刊登启事，公开鬻字。1916 年以后，随着南通残废院、盲哑学校的建成，张謇创办的公益慈善事业不断增加，他又发布了《为残废院盲哑学校鬻字启》《继续鬻字启》，在百忙中不辞辛劳，不顾年事已高，继续卖字以获得更多的经费。他说：“旦旦而救人之助，不足济缓急也。而仆之力用于教育慈善事者，又以途多而分。无

---

① 张謇：《致尤逵庵函》，李明勋、尤世玮主编：《张謇全集》(第二册)，第 24 页。

② 张謇：《啬翁自订年谱》，李明勋、尤世玮主编：《张謇全集》(第八册)，第 1010 页。

③ 张謇：《大生纱厂股东会建议书》，李明勋、尤世玮主编：《张謇全集》(第四册)，第 573 页。

④ 政协南通市委员会文史资料研究委员会：《日本驹井德三的张謇关系事业调查报告书》，1963 年油印本，第 9 页。

已,惟再鬻字。""诸君虽略损费,然不论何人,皆可牛马役仆,又可助仆致爱于笃癃无告之人,而勉效地方完全之自治,使城南山水胜处,不复有沿途群丐之恼人。"[①]1922年,大生企业集团发生了前所未有的危机,各项慈善公益事业的经费筹集更为困难。年逾古稀的张謇为南通的各项地方事业殚精竭虑、苦苦支撑,并再次在报纸上登出《为慈善公益鬻字启》。张謇说:我"所负地方慈善公益之责,年费累百万,无可解除,亦无旁贷也。求助于人必无济,无已,惟求诸己"[②]。这次鬻字张謇原定期为一月,每日写两小时。事实上,张謇的这次鬻字竟持续了两年多的时间,直到1924年九月初一日,七十二岁高龄的张謇才最终放下了鬻字的毛笔。为此他作了一首题为《鬻字告终以诗记之》的短诗:"大热何尝困老夫,七旬千纸落江湖。墨池径寸蛟龙泽,满眼良苗济得无。"[③]

张謇不仅把书法看成怡情遣性的艺术,更是当作一种普通的劳动技能,把自己当成一个普通的劳动者,他说:"人世取与之道最明白正当者,无过以劳力为金钱之交易……今仆鬻字,自犹劳力博钱也,买字者犹以钱酬劳力值也。"[④]"任何人能助吾慈善公益事者,皆可以金钱使用吾之精力"[⑤],并说"劳力人固以有劳力处为幸"[⑥],庆幸自己的书艺也能为社会公益多做一份贡献。

为把南通建设成"一个新世界的雏形",张謇付出了毕生心血,成就了丰功伟业。他为构建南通社会保障体系的种种努力,体现了一位先贤高尚的人生境界。1904年张詧、张謇兄弟分家,他们的《析产书》中曾以这样的言辞表明二人共同的志愿:"要之,此后之皮骨心血,当为世界牺牲,不能复为子孙牛马。"[⑦]1922年5月,第三养老院开幕,这是张謇用其70

① 张謇:《为残废院盲哑学校鬻字启》,李明勋、尤世玮主编:《张謇全集》(第五册),第167—168页。

② 张謇:《为慈善公益鬻字启》,李明勋、尤世玮主编:《张謇全集》(第五册),第237页。

③ 张謇:《鬻字告终以诗记之》,李明勋、尤世玮主编:《张謇全集》(第七册),第356页。

④ 张謇:《致黄炎培函》,李明勋、尤世玮主编:《张謇全集》(第二册),第625—626页。

⑤ 张謇:《鬻字启事》,李明勋、尤世玮主编:《张謇全集》(第五册),第239页。

⑥ 张謇:《致黄炎培函》,李明勋、尤世玮主编:《张謇全集》(第二册),第626页。

⑦ 张謇:《析产书》,李明勋、尤世玮主编:《张謇全集》(第六册),第306页。

岁寿辰所得亲戚朋友的贺礼馈赠创办的。他在第三养老院开幕演说中说:“人恒以寿为重,其实人之寿不寿,不在年岁之多寡,而在事业之有无。若其人果有益于地方,虽早夭亦寿;无益于地方,即活至百岁,奚得为寿? ……天之生人也,与草木无异。若遗留一二有用事业,与草木同生,即不与草木同腐。故踊跃从公者,做一分便是一分,做一寸便是一寸。鄙人之办事,亦本此意。”①对于长寿的真谛、生命的价值,张謇在此有不同寻常的解读,他希望通过亲身劝导和示范,来帮助更多的人在慈善活动中体会人生的意义。张謇还说过:“下走之为世牛马,终岁无停趾;私以为今日之人,当以劳死,不当以逸生。”②“为世牛马”“为世界牺牲”,这是张謇人生观的朴素表述,也是他躬行实践的人生宗旨。正是有这样的人生追求和精神动力,张謇成就了常人难以企及的事业。

〔作者赵明远,民盟南通市委员会副主委,南通大学张謇研究院特约研究员。南通 226018〕

① 张謇:《第三养老院开幕演说》,李明勋、尤世玮主编:《张謇全集》(第四册),第 508 页。

② 张謇:《致缪文功李元蘅顾公毅函》,李明勋、尤世玮主编:《张謇全集》(第二册),第 252 页。

张謇的地方自治思想与南通实践

郝首阳

摘　要:清末民初,张謇秉持"村落主义",力推"地方自治",将南通打造成当时的"模范县""中国近代第一城"。分析这些成就取得的深层原因,需要梳理史料,深刻体悟其作出"地方自治"选择的必然性,分析其在当时历史背景下弃官从商、选择"实业救国"、亲为"地方自治"的内在动因。从张謇乡域创业的成就中,深刻感悟其躬力"地方自治"实践的坚定决心,感悟其立足于南通实际,推行"地方自治"所彰显的"村落主义"的鲜明特色。从精神价值的传承中,深刻领悟张謇"地方自治"思想的启迪性,体悟其作为传统社会精英在民族危亡之际表现出的爱国爱乡与责任担当意识,传承其"地方自治"思想的精神价值及道德风范。

关键词:地方自治　南通实践　历史背景　乡域创业　精神价值

张謇是中国近代史上颇具传奇色彩的民族实业家。甲午战争之后,他毅然弃官从商,寻找"实业救国"之径,回归家乡南通亲力"地方自治"的实践。历经三十多年拼搏,创造出中国近代史上多个"第一",把南通这个封建闭塞的小城改造成举世公认的"中国近代第一城"。

一、张謇的地方自治实践:创业成就中的务实特色

(一) 张謇经营地方的主要成就

1. 推进地方自治,始自实业先行

张謇认为国家之强本于自治,而以一己之力推行南通自治,一定要切实普及教育,但没有钱是办不成的,于是决定先致力于实业。实业又从何开始?中国人口众多,棉纺织品是日常必需,当他研究海关贸易册后,看到当时中国产业对外依赖最大之项竟是纺织和钢铁,于是明确提出实业振兴当坚持"棉铁主义"。1895 年开始在南通创办纱厂,定名"大生",后

来兴办的许多企业都有“生”字，意自《易经》“天地之大德曰生”，办厂就是“为通州民生计，亦即为中国利源计”[①]。大生纱厂经时44个月开车纺纱，之后相继创办生油厂、阜生蚕桑公司、资生铁厂、复新面厂、通遂火柴公司等，仅纱厂就创办了八家。创建通海垦牧公司、大有晋盐垦公司，把苏北绵延数百里的沿海滩涂建成粮棉仓。1920年设立淮海实业银行。

2. 实业教育迭相为用，创办各类学校

张謇认为教育为实业之母，主张小学为先、师范为本。最初只办小学和培养师资的男女师范。随着经济社会发展，需要高等技术人才日甚一日，于是创办职业教育。南通棉产丰富，成立农学专门学校；医学人才奇缺，成立医学专门学校；纱厂技术管理需要人才，成立纺织专门学校。到1924年，他创办的国民学校达370余所，其中高等小学60余所，幼稚园4所，中等学校6所。张謇还在1920年将各专门学校合并，建设宏大校舍，购置教学设备，成立南通大学。南通师范是他首创的中国第一所师范学校。他在开拓多种形式的职业教育方面也有不少首创，从1902年创办农学堂到1918年与黄炎培共创中华职业学校的16年间，共创办、资办职业学校20余所，其中尤以纺织、农业和医校最为有名。此外张謇最早提出国家“海权”概念，“渔界所至，海权所在也”[②]，为此创建吴淞商船专科学校和吴淞水产专科学校，即后来的上海海事大学和上海海洋大学的前身。

3. 弘扬仁善之心，致力慈善事业

张謇把慈善事业纳入整个社会改良的系统中，“实业、教育既相资有成，乃及慈善，乃及公益”[③]。他在创办实业的过程中，始终把慈善事业融入其中。民国初年废灶兴垦中，大丰公司等就明确规定：在收购产盐权、土地使用权时，面对盐民失业、无以维持生计的状况，除给每户盐民50亩“熟地”外，还要给予转业补助。1921年夏秋“江苏水灾之剧烈”，作为江苏省运河局督办，他一方面将全部工程采用“以工代赈”法，一方面向社会

---

① 冯圆芳、于锋：《一个人，一座城，在文物中寻觅张謇的家国情怀》，新华报业交汇点，2020-11-19。https://baijiahao.baidu.com/s?id=1683799180884019403&wfr=spider&for=pc。

② 梁林军：《“父教育，母实业”——张謇的企业家精神》，《北京日报》2020年11月30日。

③ 蒋建民：《“天地之大德曰生”——张謇的核心价值观探析》，南通网，2021-11-15。http://www.zgnt.net/content/2021-11/15/content_3067164.htm。

各界发出电函和信件,倡议赈灾。张謇一生创办了多项慈善机构,如1906年在南通唐闸建立全国最大的一所育婴室,收养弃婴;1913年在南通建造几所养老院;1814年在南通创办贫民工场,招收贫民子弟做工;1915年建立收容不良妇女的“南通济良所”,改良社会风气;1916年创办盲哑学校,自任校长;1916年创办残废院;还将南通养济院改建成栖济所,收养乞丐;创建义茔供穷人安葬。当慈善事业遇到资金困难,他竟刊登鬻字启事以谋取经费。

(二) 张謇地方自治的主要特征

1. “绅治”的精英主义色彩

张謇的自治实质上是一种“绅治”,这种自治特色也是时代的产物。张謇集众多资源于一身,有世人难以企及的身份、能力、禀赋及社会关系,具有一般地方士绅无法比拟的社会声望和能量,自然也就能脱颖而出实现“绅治”。南通自治在推进中表现出较高的组织性、有序性和系统性,体现出倡行自治的领袖个人主观思想及能动性,带有英雄主义和理想主义色彩,也就不可避免地出现民众“乏自动”的局限。既无外域人参与,结果是在他去世后难以持续。

2. “村落主义”的典型风格

张謇晚年常自喻自己的“地方自治”是“村落主义”,“窃謇抱村落主义,经营地方自治”[①]。“村落主义”最初是别人对他的嘲笑,到其晚年,随着南通“地方自治”事业的辉煌,其对“村落主义”变得越发自豪。但他施行的“村落主义”突破了传统意义上“基本族群聚居模式”的狭隘,不局限于“家族观念”和“宗族观念”,而以更开放的“天下一家、中国一人、民吾同胞、物吾与也”[②]为追求。虽以南通区域为“村落”,但已超越地理区域,而是以南通为样本,实现心中的“中国村”抱负,从更深意义上是在凸显大教育观念的“村落文化”。其“村落主义”是在“村落文化”的语境中展开的,基于南通又超越南通。这样,传统意义上的“村落主义”就从“村落文化”跃升到一个更宽广的地域范畴。

---

① 蒋建民:《张謇经营南通的辩证思维》,张謇研究网,2022-01-12。http://www.zjyjnt.com.cn/xwxt/show.aspx?wzid=469822603。

② 成尚荣:《“村落主义”中的天下一家、中国一人——〈张謇教育文论选注〉评述》,《江苏教育报》2016年11月2日。

二、张謇的地方自治思想:精神传承中的启迪意义

(一) 崇尚实干的新理念

张謇不畏艰难,在南通力倡富民之举,实现全方位的"地方自治"宏业,开辟出以实业、教育及慈善为主体的地方自治新路径。胡适就曾评价张謇:"独力开辟了无数新路,做了三十年的开辟先锋,养活了几百万人,造福于一方,而影响及于全国。"①其"独力开辟"独树一帜,创办翰墨林印书局推动出版事业;创建南通博物苑传播科学及普及知识;创办中国图书有限公司;提出治淮、治江、治运河的科学规划。他可谓是近代中国的英雄。

中国传统知识分子群体常因惯于清议、清谈、坐而论道广受世人诟病,张謇作为从士大夫转向民族实业家的先行者,以自己敏锐的思想及认知,不务虚言,勇于实践,以特立独行的个性,脚踏实地一步步将自己的信念变为现实,突破儒士群体的惯常思维,开创出实干兴邦的新风尚。

张謇把家乡南通从一个闭塞小城建设成为当时具有一流现代化水准的明星城市,南通自此成为举世公认的"中国近代第一城"。南通作为中国人最早自主建设和全域经营的城市典范,现代化意识是全方位领先的。成立全国第一个省级以下地方议会通州议事会;从工业,农业,生活服务、物流运输、金融保险业俱全;生产、生活区合理布局,主城区外,还设定工业和港口区,狼山风景区,形成"一城三镇、城乡相间"的现代城市格局。

(二) 彰显强烈的担当意识

张謇创办实业,始终恪守一种对国家、社会和他人的高度责任心。"当此职,当膺此责耳"②,以自己的学识,开放、包容与谦逊的心态,积极学西方之长,努力探索儒学与工业化融合之道,创造了许多中国第一,开辟出无数新路。从大生纱厂这一中国第一家棉纺织股份制企业,到通海

---

① 胡适:《南通张季直先生传记·序》,严云受编:《胡适学术代表作》(下卷),合肥:安徽教育出版社,2006年,第167页。

② 张謇:《致韩国钧函》,李明勋、尤世玮主编:《张謇全集》(第三册),第1229页。

垦牧公司这一中国第一家农业股份制企业。把闭塞的小城南通打造成“中国近代第一城”。他探索南通“地方自治”模式,使南通成为清末民初中国现代化建设的试验田、样板田。造福百姓,开启“强国之基”的“商战”道路,其精神中蕴含着敢为人先的开拓之勇。

新时代在探索我国实现高质量发展的进程中,面临许多需要解决的紧迫性技术与体制难题,需要大力传承和发扬这种敢于开拓、创新的首创精神。创业者和实业家需要从思想上认识到只有“创新”才是企业发展的不竭动力。在激烈的国际竞争中,惟创新则进,惟创新则强,惟创新则胜。创新是社会主旋律和时代最强音,创新是企业家的“灵魂”。创新对引领企业发展、实现产品迭代、提高市场占有率意义非凡。从而,在企业经营过程中,将创新贯穿到方方面面,实现企业高质量发展,为中华民族伟大复兴的历史进程增添更强劲的动力。

〔作者郝首阳,中共山西省委党校一级调研员。太原 030021〕

朱昌峻《现代中国的改革家张謇(1853—1926)》译文节选

丁　玎

摘　要：朱昌峻(Samul. C. Chu)，历史学博士，美国匹兹堡大学教授。《现代中国的改革家》(Reformer in Modern China, Chang Chein, 1853—1926)，是其博士学位论文，于1965年出版。此为译文节选。

关键词：张謇　朝鲜事件　自强运动　朱昌峻

第一章　导　论

19世纪晚期，中国遭遇了一场世界范围内的文化冲击，对其剧烈的程度，身处其中的参与者只有片面认识。生机勃勃的、扩张的西方已经坚决地嵌入文明世界的每一个角落，唤起了不同的反应：非洲大陆的盲从；对西方模式的应激式的反抗，例如日本。日本的经验印证了一个事实：对每一个与西方遭遇的文明国家而言，民族国家将不得不或多或少承受一系列工业化、社会改革以及重估文化价值的历程：一言以蔽之——现代化。中国的经验也不例外。在中国，与其他国家并无二致，一系列重大事件迫使有社会责任的人士认识到：不理解这些变革，传统中国文明将无法应对充满活力的西方。对这些人而言，问题的症结是：要变革到如何程度。对此，衍生出不同的思想流派：从仅仅期望最浮于表面的变革，到那些期待以西方文化彻底取代中国文化的人。两个极端之间，还存在一种群体，他们提倡对中国实施稳健的现代化方案，但必须保持一个底线：一切必须以传统文化为基石。

在后一种人中，张謇是最成功但也少有人知的人物之一。1853年，他诞生于一个小康之家，获得了最高的功名，他成功地做了一系列尝试：建立棉纺厂，成立学校，垦荒，引领建立了立宪政府，推行盐务改革和河防,以及就在他生命中最后的1926年,他还改革了江苏省一个落后的角落并使之成为全国闻名的模范县。张謇的事业和成就非常具象地显现了一股张力:19世纪后期到20世纪初的中国,变革的动力与复古的倾向是交互作用的。在更大的意义上来看,这也折射出全世界的现代化主义者在遭遇西方的冲击时,都会面对的问题。

张謇的人生跨越了他的国家历史上的一段过渡期,其间在西方的力量对比下中国的战斗力近乎真空。她衰败的原因很多,也归因于历时缓慢。从18世纪中期到19世纪中期的近一个世纪间,中国的人口数量增长了三倍,从超过143000000人增至430000000人①。周期性的自然灾害解决了如此巨大的人口数量的吃饭问题,相应的结果是,对这个衰落中的帝国政府而言,其应对公共事务的压力急剧增加了。清朝的满洲统治者在17、18世纪一直牢牢掌握着对中国大部分地区的统治权。在此期间,帝国的朝廷②一直推行由极端保守主义和王朝意识而非民族国家意识所形塑的政策,这项政策旨在通过严格坚持区分官员中的满族与汉族人来维持朝廷统治的绝对权力。在19世纪中叶,这一统治已经老态毕现。一系列大规模的叛乱——其中最为严重的是太平天国运动(1851—1864)和中国西南、西北边陲的回教叛乱(1855—1873)——最终被艰难地平定了,这取决于地方汉族武装势力的努力。接踵而来的是地方官员势力的急剧膨胀,针对分化权力而来的一场趋势致使帝国朝廷自此永远无法从头来过。

在这一可预见的朝廷衰亡的图景中,西方入侵了。中国与西方直至19世纪前一直维持着大致和平的往来,然而大英帝国与中国之间的鸦片战争(1840—1842)是公然的一记枪响,它标志了中西关系的新纪元。嗣后与西方打交道急剧地转变意味着来自西方的压迫。后者因其先进的科技以及中国方面军事机械的落后而手握王牌。每当中国试图以武力对抗西方时,她总是被打败,一如在鸦片战争中那样的,是与英法联军的"亚

---

① 关于这一议题的最新研究,何炳棣《中国人口论,1368—1953》,提供了1741年度143411559人以及1850年度429931034人的数据。何著,第281—282页。他对于这些数字的阐述也见于本书,第36—64页。

② 译者注:原文为court。

罗”战争[①](1856—1860),在安南(1884—1885)[②]对法国的抵抗战争。这些冲突使中国付出了代价,她失去了对缅甸和中南半岛的宗主国地位,这是她的海运航线上最重要的国家,这意味着她将不得不付出更多的代价。她也被迫对外国贸易开放一系列口岸——其中有汕头、上海和汉口——并且由于失去了对海关的主权以及支付战争赔款,她承受了更大的屈辱。无论在政治上还是经济上,中国似乎都走上了印度的老路,眼看着她将到达那个拐点——永不再是自己屋子里的主人。

面对着西方的压迫,中国为形势所迫,为缩减她与西方的差距而采取了一些步骤。中国在军事实力上的劣势最为显而易见。顺理成章的,第一批杰出的中国官僚如曾国藩、李鸿章、左宗棠采取的措施是改进这个国家的国防。1855 年,在与太平军作战期间,曾国藩在江苏省成立了一个小型的兵工厂。十年后,曾国藩和李鸿章出资于上海成立了江南机器制造总局,在当时乃至嗣后很多年间这都是中国最大的兵工厂。同时,左宗棠在福建省福州市建成了一支水师。以建立军工厂和水师的方式,他们三人引领了中国追赶西方武力优势的浪潮。

军备上的改善吸引到了中国那些最为开明的官僚的注意,同一时间,在教育领域也开始了一场适度的改革。建于 1862 年的同文馆,旨在培养翻译人员,成了中国历史上第一所高等教育机构的前身。二十年后,启动了一项遣送幼童赴美留学的计划,由第一位在美国受教育的中国人容闳经办。这些措施配合了李鸿章等人当时推行的自强运动。自强(自强求富运动,洋务派大臣所推行的进步思潮)运动的前进的步伐虽然有限,但还是在机械制造与培养学生等领域取得了改进。在舆论场上,围绕着在中国建造铁路一事的利益问题,又展开了激烈的争论。对铺设电缆一事,朝野中几乎没有非议,而第一条线路铺设于天津和其大沽口之间,直到 1879 年才启用。在轻工业领域,原计划于 1882 年在上海建立一家棉纺厂,但一直到二十年后才投入生产。李鸿章是这一系列举措的领导者。

中国应对西方的压力所采取的一系列反应取决于许多事实,其中最

---

① 译者注:原文“Arrow”,指一艘名为亚罗号的船只。1856 年,悬挂英国国旗的亚罗号停泊于广州湾,因其执照过期,中方官员登船检查并扣留中国籍船员。中英双方为其国籍及船员归属权发生争端,英军借此炮轰广州城。因亚罗号事件这一导火索,爆发了第二次鸦片战争。事件又称为“亚罗号事件”,现据原文直译。

② 今越南。

主要的议题是关于主导权的。中国与日本形成了鲜明的对比,有多方面因素,日本在其朝现代化努力的进程中,获益于一群崛起的富于才干和精力的领导者;而中国在致力于转型和现代化时却受困于缺少一个有凝聚力的领导者。毋庸置疑,个别敏锐的个人已经意识到:中国需要遵循西方的现代化历程。除了前文已提及的几位,我们仅仅需要再特别点出几位人物如冯桂芬、郭嵩焘、薛福成和郑观应[①]。尽管如此,这几位的贡献突出于时代,仅仅是因为他们是当时的异类而非代表了整体。掌权的官僚—士绅阶层中的绝大多数人有着保守的视野,他们认为这些投入将威胁到其在中国社会的特权身份所依附的基础。随之而来的是改革派大臣的措施尽可能零星地展开,每一次改革的推行都与顽固的反对派针锋相对:这些人都来自官僚—士绅阶层中的保守者。

西方的压迫和中国的抵触在19世纪的最后几年及20世纪前十年都激化了。通商口岸的进口额度有了飞跃式的增长。在19世纪前半叶,鸦片是西方仅有的能够以任何方式在自产自销的中国销售的物品;几十年的西方商业倾销业已造成了中国国内对工业制造商品的胃口。棉线和棉布在进口诸种类中名列前茅,而煤油、蔗糖、面粉以及其他消费品也不落后。在中国,外国商品不断增加的销售额度似乎证实了很多西方人所相信的那种观点:中国是一个广阔的、未开发的市场。这一假设更加激发了西方势力瓜分这一市场的欲望。

面对西方的压迫,中国在自我调适上所表现出的迟钝,与日本的一系列举措对比,就更加相形见绌。在1853年佩里上校登陆以前,相较于鸦

① 冯桂芬(1809—1874),一位江苏士人,供职于曾国藩幕下,是最先认识到西方科学的重要人物之一。亚瑟·威廉·慕恒义(Arthur William Hummel):《清代名人传略》,美国政府印刷局(United States Government Printing Office),第241—243页。郭嵩焘(1818—1891),同为李鸿章和曾国藩的至交,曾作为中国第一位外交官于1876年出访海外,并且始终力促政府通过铺造铁路和电话线路的方式来获益于西方科技。《清代名人传略》,第438—439页;徐中约(Immanuel C. Y. Hsu):《中国进入国际大家庭:1858—1880年间的外交》,美国:哈佛大学出版社,1960年,第180—185页。也参见大卫·汉密尔顿在哈佛大学的关于郭嵩焘的论文《论中国》,第1—29页。薛福成(1838—1894),李鸿章的幕僚之一,曾以初代中国外交官受命出访英国和法国,并曾对这些国家的政治体制印象颇深。《清代名人传略》,第331—332页。而且,后来转为商人的士人郑观应,在1880年间写下了一部激进地鼓吹现代化的、名为《盛世危言》的著作,其中他有很多后来人视为革命的观念张本。萧公权:《翁同龢与戊戌维新》,《清华学报》创刊号,第222页。

片战争前的中国,那个岛国就各方面而言都更加孤立于西方的影响,业已迅速上升到了一个新阶段。1890 年,日本宣告了她的新境况,于是也吸引了中国和西方的注意:她不再被视为亚洲国家中的落后者。同时,她对邻国尤其是朝鲜一度试图扩张其影响力的野心,也已将其卷入与中国在许多事务上的冲突。1894 年,两个国家终于因为一个不起眼的突发事件在朝鲜开战。海陆上的战役迅速证实了日本在现代战争诸多面向上的优势,战争的结果很快就一目了然。

作为战胜国,日本变成了一股更加具有侵略性的势力,她一步步蚕食着中国。后者应对一个如此后发的现代化非西方国家时所表现出的无能,宣告了她自强运动的破产。1895 年《马关条约》的签订结束了中日战争,接下来的三年,法国、俄国、大英帝国和德国都成功地从她身上夺取了武力和经济上的特权。中国支离破碎的一天似乎近在眼前。

面临如此可怕的局面,中国那些为渐进式改革和现代化所采取的措施被放置一边,取而代之的是被称为改良派的模式。由才华横溢却不够中庸的康有为领导,1898 年,一班改革者设法向光绪帝这位帝国的主宰上达天听。此后发生的事件被后世称之为“百日维新”。三个多月的时间里,一个接着一个指令从皇座上发下来,其中包含了一系列大刀阔斧的政治与行政改革方案。这看似意味着改良派的胜利,然而却很短命。在推行这些改革指令之前,一场宫廷政变爆发了,手握实权的保守派慈禧太后重新收回了她的权力,她曾允许光绪帝试行几年。六名改良派被执行死刑,康有为本人不得不流亡。

尽管改良派试图改革中国的做法失败了,其行动的后果,其强大中国并使她远离“该死的外国人”的渴望却流传下来了。百日维新失败两年之后,轮到平民大众有机会采取行动了。义和拳,一种神秘的地下团体应运而生。他们获得了保守派官员势力的推举,后者认同其宣称要以武力将外国人全体驱逐出中国的口号。对西方的力量毫无真实的了解,义和团挑起了纵火、谋杀的事端,这很快导致了激烈的反击。出人意料的结果是:中国在八国联军的手下蒙受了奇耻大辱,中国被迫向其赔偿了一笔总额达到四亿五千万两白银的巨额赔款。

义和团的溃败向哪怕最为保守的中国官僚证明了,一些改革是极为必要的。太后本人从她躲避联军追捕的仓皇出逃中清醒过来,向官僚下令要求改革建议。许多重要官员凭借他们的观点崭露头角。这些大臣中,两位总督大臣张之洞和刘坤一,论激进和影响力,旁人无出其右,他们的势力几乎遍及了整个扬子江流域。

从义和团溃败到1911年辛亥革命的十年间,改良派的势力一直在明确地推进。他们受到了日本在1904—1905年日俄战争中获胜一事的鼓舞,将其解释为亚洲宪政国家对欧洲专制势力的胜利。到了1908年,慈禧太后与光绪帝去世,改良派大臣一行人等心里满怀希望,在满族统治下,一种受到权力庇护的渐进的改革即将发生。

然而,这一切不可能发生,部分是因为满族大臣中主流保守派,他们普遍不情愿设定改革措施,因为这将威胁到他们在中国的特权地位。更为急迫的事是,革命派独立于保守派和温和改良派。早在1885年,孙逸仙,未来的中国革命领导者就已经表达了他的坚定信念:朝代的更替对中国改革的成功而言是一个无法避免的先决条件。然而,他的话对当时海内外的中国上流人士几乎没有留下什么印象。1894年到1900年的一连串灾难反而使革命派联合起来,并且1901年以降,他们迅速地获得了大量海外华人的同情,并从中获得了经济和道义上的支援。

革命降临之际,其成功和世界上大多数革命并无二致:无计划、无组织、从一系列突发事件中获益。在大约四个月的时间里,清政府交出了所掌管的统治权力,一个临时政府——中华民国创立了。

期待帝国的颠覆标志中国现代化进程的起飞的人们,很快就迎接了厄运,终致失望。由于缺乏一个强大的、整全的政府来致力于重整国家,无休止的内战爆发了,这导致了国家的分崩离析。然而,共和主义者似乎又遭受了一记打击,第一次世界大战期间,袁世凯(第一任民国大总统)试图恢复帝制以巩固其独裁权力。在这一点上他落败了,随后猝逝。袁世凯之死终结了所有重归王座的企图。然而,第一次世界大战期间,中国共和主义者们共同致力的目标一如既往的渺茫。中国从战争中获得的唯一益处,就是她从西方政治经济的侵入渗透中所得的间歇。尽管从政治的角度看,日本野心勃勃的计划,相较于对欧洲西方列强的关注而言更为紧迫,从经济上看,中国初生的工业尤其是她的轻工业,在缺乏外国竞争的环境下还是得以迅速成长。同时,各种西方观念也在对中国施加影响。在战争的尾声,中国仍然处于政治动乱中,但是,从社会及经济的层面看,她已不再是1890年的中国。

在这一系列事件的序幕之前,张謇完成了他的毕生志业。作为一个现代化主义者,他的成就与这些事件息息相关。并且,当他于其生涯中行进时,他也相应地为形塑其国家的当代历史扮演了角色。

第二章 早 年

1853 年 6 月 1 日,张謇诞生于海门一隅常乐镇上的一个小村庄[①]。然而,他的家族已经在毗邻的南通居住了数代,张謇在孩提时就已迁居此地。南通坐落于扬子江北岸,靠近江苏省的入海口,位于扬子江的冲击三角洲,除沿江五山:军山、狼山以及三座更矮小的山丘以外,地势十分平坦。一位方志作者勾勒出了南通人民的性格:勤勉、有毅力,十分亲睦,但是保守和迷信[②]。他们大多以种植棉花为生,也种植主要的粮食作物如水稻和小麦。总体而言,南通和其他扬子江北岸的地区一样,和江南地区相比,在气候、土壤肥沃程度及资讯上并不得天独厚。

张謇的父亲张彭年,有两位妻子,她们一共为他生了五个儿子。大张夫人郭氏,生了大儿子张誉和小儿子张警,排行居中的三位是张謩、张詧和张謇,都系小张夫人金氏所出。张謩九岁时,在与邻家男孩玩耍时死于一场意外的溺水。张警和张誉也先后死于 1902 年和 1914 年。在他的四个兄弟之中,张謇仅仅和他的三哥张詧相伴到最后。但是两人之间温暖和亲密的关系,他们多年间在诸种事务上亲密相伴、共同成长,这支持了张謇的一生。

张謇的家族历代都是目不识丁的农民。他的父亲接受了一些适当的教育,借此打破了这一家族惯例。张彭年成为一个颇具地方影响力的农民。然而,以他的教育水平,仍然不足以确保他获得科举考试的资格[③]。张謇早年就显现出极高的智识并为父亲偏爱,在他三岁时就为之开蒙。整个童年期间,他在多位塾师指导下学习,先与其兄弟同学,随后独自进

---

① 以下对张謇早年生涯的引文基本上以其子的张謇传记和他本人的年谱(编年记事)为准。《年谱》中含有传记中所未见的某些材料。张孝若:《南通张季直先生传记》,中华书局,1930 年,第 1—66 页;以及张謇:《啬翁自定年谱》,1 编。这两类史源在下文中标记为《传记》和《年谱》。

② 汪培棠:《江苏省乡土志》,上海:商务印书馆,1937 年,第 475 页。

③ 《海门厅图志》卷 21,第 7 页(a)。也见于何炳棣:《明清社会史论》,第 310 页。

学。他将要把他早熟的岁月投入学业和参加数场科举考试之中。

1868年,张謇十五岁时,他通过了人生中第一场考试。在当时,家族中三代一年直系亲属没有功名的青年,可以在当地士绅中寄名于保人或联合的保人①以求获得考试资格,这是被默认的。既然张謇的家族出身系耕种务农,他不得不遵从。尽管并不缺有意愿的保人,他的父亲却还是特别信任他的老师宋蓬山。而且当后者提议,如果挂在毗邻如皋县的张驹名下,张謇参加考试会更加顺利,张彭年同意了这一提议。张謇于是以张育才之名,在如皋县参加了他的初试。从张驹之后的表现看,他是一个不正直的人,并且在县官的包庇之下,向张謇家中寄送匿名信件以索取大量钱财,并且后续麻烦不断。终于,张謇不得不在一个漆黑的、下雨的子夜离开如皋,以免牢狱之灾。幸运的是,几位形同父子的友人及时伸出了援手,其中有张謇的新老师赵菊全、书院山长孙云锦。很大程度上,在他们的努力之下,张謇获准恢复他自己的名字和籍贯。这场纠纷前后拖延了五年,给张謇留下了深远的影响②。

然而,早年的困难并没有阻挡他在第一次尝试下就获得秀才的功名。他成功地通过了县试、州试和院试,最终一场考试名列第26名,评级附生。1870年,他第一次试考举人并且以课试第16名考中,但是在参加会试时失败。并且在会试上还失败了四次,分别在1873年、1875年、1876年和1879年。反复失败对张謇而言尤为耻辱,毕竟他曾经在1876年和1879年的江苏省科试中都拔得头筹,在1876年就从副生拔举到了廪生的等级。同时期内,他也成功地通过了两所地方书院的考试,名列前茅,以及1877年的岁试和三场额外的考试(1879)。举人的身份等级却持续笼罩着他,直到1885年,是年他游学北京,参加了殿试,再一次表出于众人,他在京城的会试中获胜并取得了二甲的排名。届时他三十二岁。

这一次他已经取得了可观的声誉,被认可为学者。尽管如此,他通往进士的道路一点都不比举人的容易。更遑论,他还从那么有影响力的人物处获得了极大的信心,如工部尚书潘祖荫,还有帝师翁同龢,他们都是几次考试的主考官,也竭尽所能地帮助他。有些相助的例子被张謇记录

① 译者注:原文为 guarantor or co-guarantor,应译为"保人"。

② 张謇:《张季子九录》卷三,第一页(a)—第二页(b)。下文所引用文献都标记为《九录》,附相应缩写。

在其私人记录中。例如,在1889年他第二次尝试进士科前,潘就位列主考官,他试图将其卷子加入通过考试的人之中,却最终失败。1890年,考官将他的卷子推荐到最终候选之列,由翁检视。翁下定决心不但要确保张謇过关,还要确保他获得第一名。当卷子收上来后,翁和其助手小心翼翼地通览了最好的卷子,试图通过字体和内容挑出张謇的卷子。最终,他们确定了一张最像的。然而当这位候选人的名字被揭示,张謇的名字再次不在其列。考试结束后的复盘显示,他的卷子早就在前几轮筛选中因为一点格式上的错误被一位副考官抽出来了。翁深为懊恼,而张謇本人并不沮丧①。此时,他将近四十岁,已经将人生中的二十年花费在了考试上。据他自己推算,他已经统共在考场里关押了120天。他已经被任何一次尝试所带来的无力感压垮了,并且决心放弃,"拒绝考试的毒害"。

然而,两年后的1894年,张謇在其兄长的坚持之下,再次赴京参加考试。张榜之际,他甚至不愿意动身去现场。这一次,他的名字被发现排在第六十名。复试中他再度前进,排到了第十名,而且在殿试结束后,他被选中为状元,全体中最高等级。他被授予一等翰林院修撰。可是有必要点出他的好朋友翁同龢的名字,却并不在最初两轮考试的主考官之列,但在最终一轮考试的主考官八人组之中②。

在攀爬科举功名阶梯的鏖战中张謇成家立业,在科考以外施展了才能。早在1870年,他就订下了与胡氏的婚姻,那年张謇十七岁,然而出于一些原因他们的婚期推迟到了四年之后。张謇婚后就进入孙云庆幕下,孙在当时的军事势力涉及南通,对张謇十分友善。尽管只是一个普通的

---

① 这些引文具见于张謇传记和他的《年谱》。参见《传记》第19—21页和《年谱》卷一,第31页(a)—第32页(a)。事有不巧,在一些关键主考官的记录如翁同龢的日记中,并未能见到关涉这些事迹的具有实证价值的记载。

② 《传记》,第22页。一些非正式的社会资源,与将张謇带上通途的游幕生涯有着不浅的关系。其中之一主阅卷人多少能够识别出他的试卷,并注意到一些在之前使他错失良机的瑕疵。这位考官心知张謇是翁同龢的得意门生,在向八名终考考官上交试卷前完善了这些瑕疵。根据当时的风俗,最终的头三甲的排名,由八位考官每人推举出一人,最终听从主考官。当时翁同龢排名第四,他坚持选张謇为状元;副考官坚决不予让步。直到获得了另外一位位高权重的官员的及时相助,翁同龢(也是张謇)未了的心愿才得以落地。参见 Fan-t'ien-luTs'ung-lu,卷八,第26页(b)—第27页(b)。关于考试纷争的进一步研讨,参见商衍鎏:《清代科举考试述录》第八章,北京:生活·读书·新知三联书店,1958年。

书记,在军中他被置于孙的儿子身边,并且被容许有时间学习。首先,这对张謇而言有长期的好处,这可以确保他多年来的有力支持;其次,也在早年给张謇机会,让其在处理国际事务和水利保护上获得经验,使他具备了能力。

1876 年,通过孙的引荐,张謇转而为吴长庆效力——吴当时是浦口的卫戍总长,位于南京沿江两岸,但很快迁转到山东登州。他带着张謇赴任。吴将军幕下有很多忠心耿耿的青年,其中就有袁世凯,中国的第一任大总统;薛福成,之后任英国和法国大使;以及何嗣焜,之后是张謇的至交[①]。所有人都被设身处地地对待。张謇的工作并不重要,因此他有充沛的精力专注学习。在他逐渐成熟过程中所交接的人事,毫无疑问使他在此间的几场考试里取得好名次。

张謇与吴长庆的关系使他介入了 1882 年的朝鲜事变。中日间现代纪元下的外交关系早在 1870 年就开始了,当时日本首次尝试无视与中国的通商条约。李鸿章和大使副导种臣终于在 1873 年达成了协议。然而,1874 年日本的突然举动,包括向台湾发动一场“惩罚性质的扩张”,以及对中日间涉及琉球岛的归属的争论,这都说明已经在很多方面存在着潜在的冲突。这些潜在的危机的光点中,朝鲜,在中国和日本双方的眼中,逐渐扩大。

意识到在朝鲜的不稳定地位,中国——以李鸿章为代表,追求一种策略:用一种危机制衡另一种。倚靠英国的援助是为了抵御俄国的阴谋,并且对付日本的野心,朝鲜国王被指令签署与其他势力尤其是美国签署商业条款。然而,李先生的担子并不轻松,因为朝鲜国王本人夹处于不同势力之间,其中最大的一支来自闵妃所辐射的势力范围,以及年轻国王的父亲和太上皇、反对派大院君。不止于此,整个国家几乎都拒绝与任何外国的邦交。在这种情况下,很大程度上是依赖李先生的信用,朝鲜与美国的通商条约才得以在 1882 年初签署。其他国家迅速跟进,朝鲜与英国、法国和德国签署了类似的条约[②]。

1882 年 7 月,大院君集团支持下的极端民族主义叛乱分子围攻了日

① 译者注:何嗣焜并非吴长庆幕下,此处为作者误记。

② 蒋廷黻:《中日外交关系,1870—1890》,《中国近代史》十七卷第一节,上海:商务印书馆,1939 年,第 107—169 页。

本领事馆,杀死并打伤了几名日本人,并迫使日本大使花房义质逃窜至一艘英国轮船以保平安。张树声时任直隶省总督,暂时代替正依据传统丁忧习俗去职在家的李鸿章,立即派遣了海军上将丁汝昌和马建忠前往朝鲜[①]。随后,吴长庆将军的军队受命立刻整编发兵朝鲜。8月9日收到命令的当下,吴早就在张謇随侍他的六年里越来越认识到他的能力,将其置于相当于现代意义上的整个谈判团队的首席。张謇是时29岁。

他的第一个任务,是整编登州的部队,事实证明这是一个棘手的挑战,因为部队必须在十二天内抵达朝鲜。由于吴将军的文书大多回到他们自己籍贯所在省份参加省试,张謇扛下了这一超负荷文书工作的重担。幸运的是,他有袁世凯、薛福成和何嗣焜的鼎力相助。即便如此,张謇还是争分夺秒地忙碌于工作,直到确保军队能在指定日期登陆入境[②]。

就在8月16日,军队整装待发。接下来的一天,从齐鲁乘四艘轮船前往朝鲜。由于做了充分高效的计划,轮船在指定的8月21日抵达了马山[③],即便曾因极端天气在威海卫有过一天的推迟。朝鲜登陆给予被张謇选为精英团队首脑的袁世凯以时机,得以在优势条件下展示他的冷静和勇气。8月25日,中国军队越过汉江,在距离首尔两英里处扎营[④]。

就在战争的拐点上,中国转而采取缓兵之策,通过捉拿其首领来平息朝鲜的叛乱集团。在与丁汝昌和马建忠协商好之后,26日上午,吴将军到大院君处进行了措辞友善的拜访。对中国方的善意信以为真,大院君于当天下午回访,随即他被礼貌但严密地扣押,并被告知他的所作所为已经违背了中华帝国的意志。他随后被押送到马山的一艘运兵舰上并被送至天津。29日,中国的轻兵袭击并包围了叛乱的主力。由于失去了首领,叛乱被迅速击败。

战斗结束后,张謇注意到许多叛乱者看来只是为了主人或个人情感而战。他说服了吴将军,先关押囚犯,等待朝鲜地方官到来并且只惩罚那些带头挑起事端的不义之徒,从而没有发生对叛乱势力的无差别屠杀。

---

① 张树声:《张靖达公杂著》卷六,张云锦编,武昌刻本,宣统二年,第11页(b)。

② 《传记》,第35页。关于张謇和袁世凯早年的关系,也可参考陈志让:《乱世枭雄袁世凯传》,美国:斯坦福大学出版社,1972年,第15页。

③ 译者注:原文Masan,为南朝鲜港市。

④ 《年谱》卷一,第22页(b)—第23页(a);张树声:《张靖达公杂著》卷六,第11页(b)。

事后朝鲜国王和吴将军都慷慨地嘉奖了张謇在整件事务中的表现。国王赠送他一件礼服。吴将军,履行了他曾许诺给所有为远征取胜者奖励,给张謇在南通的家中送去了一千两白银[①]。张謇于 1884 年从朝鲜返回。就在同一年吴将军去世,他的幕府也被解散。

对张謇而言,从朝鲜归来后的十年是相对平静的十年。他继续在科举考试上取得缓慢的进步。他协助父亲完成其改进南通的丝绸制品的计划。他的文学声誉已经获得很高知名度,以至于他被几位域内乡邻邀请写作地方志。如前文所述,他最终取得了成功。1894 年,时值 41 岁,他夺得了最高等级考试的第一名。然而,他本应感受到的长期目标终于得偿所愿的喜悦和满足,却被同年其父亲的死亡抵消了。也是在 1894 年,中日就朝鲜问题开战。战争又迅速向全世界证明了中国在捍卫自身利益时的极度无能。条约最终于 1895 年 4 月 17 日于马关缔结,世人皆视作国耻。这对张謇个人而言也是深刻的震撼,他进而下定决心放弃所有公务,回到他的南通故乡。

从张謇随后转而从事现代化事业来看,似乎可以总结出,他作为科考举子的长期奋斗生涯,以及他在朝鲜的个人经验,直接与他如何看待政府公务和他决心抛弃此职有关。张孝若在为其父所作传记中业已指出,导致张謇从官僚职业中抽身的主要原因是:他对中国贫弱现实的关注,他渴望打破百无一用是书生的偏见转而投身实业,以及他认识到即便最高级别的官僚也仍然对皇权心存同情和不切实际的幻想。在张謇的一件特殊遭遇中,最后一点才尤为显见。太后玉辇回京当日,张謇曾在现场。那是个雨天,迎接慈禧的官僚都跪在御道两边的泥泞里,一如宫廷礼节所要求他们做的。他们的样子十分滑稽,尤其是太后甚至没有试图表彰他们的忠心[②]。

以上罗列出的原因显而易见,但是他长期的扭曲的科举考试经历,以及他在朝鲜居留的经历,可能对其潜在动机影响甚深。他早年科考中的艰难与他拒绝屈服的态度,昭示了一种独特的固执和坚忍不拔的人格,这将在未来显现,尤其是在他为大生棉纺厂集资一事运作时。他后来的失望情绪使他眼界大开,对官僚生涯又萌生了渴望。此间,他终于通过了考

---

① 《传记》,第 26—37 页。

② 《传记》,第 67—68 页。

试,业已年届四十,也因在传统领域外的冒险活动而有所闻名,也得到了一些学者的优越条件。但对他而言,在官僚机构中缓慢晋升的前景却毫无吸引力。

张謇的朝鲜经验也给他留下了至关重要的印象。1882 年平定“壬午兵变”的成效向他证明了,只有通过在朝鲜事务上诉求强硬的政策,中国才能抵御日本在此地的威胁。他就朝鲜问题写了三条对策,其所有藏本皆已亡佚。不过,我们还是能够从他的其他作品中拼凑出其所建言的朝鲜对策。他建议,要反复重申目前所签订的条约,并明确申明中国对朝鲜的宗主国地位,并且在朝鲜北部城市平壤的驻军要维持现状[①]。他进一步建议:(1) 遵循汉朝先贤,将北朝鲜合并入中国作为边疆防线;(2) 向朝鲜调派一位中国总督和军队,以强大其对外防御力并对内改革;或者作为一种交换条件;(3) 鼓励朝鲜自行处理内政,使其军事装备现代化,并与满洲的中国军队一起整编[②]。

日本对如此冒进的政策激烈反对的可能性,张謇并非无从预见。他只是希望中国掌握主动权,迫使日本要么接受中国的地位,要么承认自己是个侵略者。事实上,他的好战的建议出于其坚定的信念:中国可能会暂时失去朝鲜,但从长远来看永远不会被击败。他的观点并不孤立,当时有一些官员有类似的敏感,比较有名的是邓成修和张佩纶。然而,这些建议被时下受李鸿章政策影响的皇帝否决了,其主张是以权力制衡的方式维持朝鲜全境的和平统治。尽管张謇的新颖建议未见采纳,可以清楚地得出一个结论:他清醒而强烈地意识到来自日本的威胁。类似的对后来日本的恐惧,也一定程度上促使他放弃了常规的官僚职业,而致力于为其国家的现代化做一些实在的贡献。

对张謇而言,《马关条约》的签订才真正标志着他学者生涯的结束。之后,他将其时间和精力都投入到一项事业中:其中包括一连串事关中国现代化的问题。其中有实业、宪政、现代教育、农垦、盐务改革、水利,以及公共慈善事业。1894 年以前的张謇,从传统科举考试体系所塑造的“青年才俊”的评判标准而言,他并不算特别优异,也许比大多数人更有才干也更具有世界性的眼界,但也肯定是足够忠君爱国,也深深浸淫于儒家经

---

① 《九录》(一)卷一,第 7 页(b)。

② 王芸生:《六十年来中国与日本》一,天津:天津大公报社,1932 年,第 207 页。

典。1894 年之后的张謇保持了旧道德的核心,然而,在这个人物身上,增加了前瞻性、行动力和进取心。这是一位即将引领潮流的人,他为中国指出了走出旧纪元进入新时代的路。这就是我们将要重点关注的张謇。

〔作者丁玎,南通大学张謇研究院副教授。南通 226010〕

张謇廉正观的诗词叙事

张厚军

摘　要:张謇作为清末民初社会转型时期的代表性人物,将短暂仕途中的廉政表现与贯穿一生的廉洁清正融于一身,在他创作的咏物、咏史、交游、唱酬、记事等类诗词中有着大量呈现。

关键词:张謇　诗词　廉正观

江山不幸诗家幸,张謇有幸成为中国传统社会最后一批全面继承传统诗学和灿烂诗艺的士人①。张謇秉持儒家"修身、齐家、治国、平天下"的抱负,不甘蛰伏于社会底层,主动参与跌宕起伏、曲折向前的社会实践,为诗歌创作积累了鲜活的素材,他将许多重大事件记录在诗歌中。张謇在诗词创作中,吟咏花草、感时伤事、吐露心声、抒发情怀,留给后世两千余首诗词,被林更白赞为同光诗人之"第一层次",章士钊评其诗歌创作为"平生豪气压江东,一洗诗人放废风",钱仲联评其诗风为"唐宋并蓄"②。张謇的诗词,不少篇章透露出对清正廉洁的向往、对奢靡颓废的厌弃、对勤政廉政的赞赏、对忧国忧民的激扬、对干事创业的彰扬。梳理这些诗词中所蕴含的廉正观,有助于深入探寻张謇廉正观的丰富内涵。

一、咏物诗词中养蓄廉正情怀

张謇青少年时期,既受到勤劳、节俭良好家风的熏染,又因入私塾苦读儒家经典,将儒家"修身、齐家、治国、平天下"的理想抱负深植于心底,表现出为国为民的心胸和情怀,为一生坚守清正廉洁打下了深厚的思想

---

① 张謇撰,徐乃为校注:《张謇诗编年校注·前言》(上册),第34页。

② 张謇撰,徐乃为校注:《张謇诗编年校注·前言》(上册),第13、15—16页。

基础。在《盆松》一诗中,以“等闲怜托处,梁栋与谁论”[①]表达出对涧松入盆、失去成为栋梁机会的慨叹;并以松喻人,希望改变出身寒微的处境,成长为有用之才,从而一展凌云之志的远大抱负。在《画鸭》一诗中,用“沧洲何限闲鸥鹭,相对烟波万里晴”[②]的诗句,通过对栏中圈养之鸭与烟波中自由翱翔的鸥鹭相对比,抒发了不甘于清淡隐逸而志在万里的情怀。在《中秋宋宅楼中对月》一诗中,青少年时期的张謇就对人生短暂发出感叹,写下“百年当短烛,独夜正高楼”[③]的诗句,将人生百年比喻为短短的蜡烛,从时光流逝中寄寓感慨,必须珍惜光阴好好读书、提高修养和才能,习得文武艺,沿着“耿耿丹霄路”[④]这一科举之途,实现读书求仕、为国为民有所作为的抱负。在《宋氏塾冬夜大雪》一诗中,张謇写道:“但看修竹失苍容,却与寒梅莹贞魄。”表达了对大雪压修竹,修竹、寒梅傲立雪中,不为大雪所折服的坚贞魂魄,而此时的张謇更是“少年此时肝胆清,俯仰歌商真气逖”。他的一腔浩然之气荡然于胸中,油然而生“浩然欲控双白龙,去访神人藐姑射”[⑤]之情,彰显出不为严寒所屈服,而欲乘风踏雪去寻访仙人的豪迈情怀。求学时张謇的视野已经不仅仅局限于书塾之中,开始关注民生和社会。在《过排河观》一诗中,对“沧海成田后,巍然一寺开”的自然变迁发出感慨,同时表达出对王朝更迭、社会演变“兴衰何处问”[⑥]的沉郁情怀,奠定了他后来投身实业、廉洁彰德、力推地方兴旺发展的基调。他还分别在《松影》一诗中以“谁言据地龙方卧,鳞甲掀张欲并飞”[⑦],在《竹影》中以“百尺琅玕刺碧霄,舒风鸾尾自翛翛”[⑧],在《梅影》中以“酒杯清浅神相接,纸帐惺忪梦有痕”[⑨]来抒发自己与松、竹、梅“岁寒三友”精神相通、灵魂相合的志怀,在欣赏松、竹、梅坚贞节操的同时,也陶冶自己正直、廉洁的操守。

二、交游、唱酬诗词中陶炼廉正情操

张謇在青年时期就对清正廉洁持有赞赏的态度和识见。他在 18 岁

①② 张謇撰,徐乃为校注:《张謇诗编年校注》(上册),第 1 页。
③④ 张謇撰,徐乃为校注:《张謇诗编年校注》(上册),第 2 页。
⑤⑥ 张謇撰,徐乃为校注:《张謇诗编年校注》(上册),第 3 页。
⑦⑧ 张謇撰,徐乃为校注:《张謇诗编年校注》(上册),第 113 页。
⑨ 张謇撰,徐乃为校注:《张謇诗编年校注》(上册),第 114 页。

时就作了一首交游唱酬诗《施伯厚祖望归自山西见访》，其中就有“艰难多苦语，质素见清才”“劳劳廉吏子，为尔重低佪”[①]的诗句，对友人在艰难困苦中能够保持朴素的本质和清正廉洁的德行表示赞赏和感叹。言为心声，同时也反映出张謇在内心里对清正廉洁品性的坚守。在《留别诸友》诗中，以“龙虎有时吟宝剑，斗牛何处系灵查”[②]来抒发向往建功立业的壮志豪情。在《奉送知州孙观察公三十韵》一诗中，记述了孙云锦的军中功绩、治通业绩和百姓颂赞，用“居官询父老，今代几循良”[③]表达了对孙云锦奉公守法、清廉为民的高度赞许和追随之心。并在《应孙观察公书记之召将之江宁答周彦升家禄三首》中，表达了“感子临别言，念子能固穷。读书上义命，岂不安蒿蓬。愿言砺明德，相厚无始终”[④]等遵守友人叮嘱的心情，表露出对儒家安贫乐道、廉洁自守的期许，表明了自己践行明德修身、安贫乐道、廉洁奉公的心声。在《寄从子仁祖都门诗三首》一诗中，以“云何坚汝骨，友仁而事贤”对后辈进行道德引导，并殷切叮嘱晚辈“涉足苟不慎，即堕沉涡漩。与其利曲钩，无宁直如弦”[⑤]，在处世中要坚守正直、廉洁的原则，避免陷入人事纷争的漩涡之中。在《送吴彦复刑部罢官归庐江》一诗中，写道：“是非彼此宁无定，忠孝声名要有根。”[⑥]勉励友人面对是是非非，要以坚持自身的操守为根本。在《奉送松禅老人归虞山》一诗中，对因受维新变法牵连遭贬的翁同龢抱有深深的同情和不平，用“兰陵旧望汉廷尊，保傅艰危海内论。潜绝孤怀成众谤，去将微罪报殊恩”“青山居士初裁服，白发中书未有园”[⑦]的诗句，称赞翁同龢的威望与清廉，并为他遭遇不公而鸣不平。并在《呈松禅老人》一诗中，更以“尚湖鱼鸟堪寻侣，大泽龙蛇未息机。正可斋心观物变，蒲团饱吃北山薇”[⑧]的诗句，劝慰翁同龢在隐逸中清修，等待时机到来。纵观张謇的交游唱酬诗，或赞赏清廉品行，或劝人坚守清廉，体现出对清正廉洁的德性修养的重视。

---

① 张謇撰，徐乃为校注：《张謇诗编年校注》(上册)，第12页。
② 张謇撰，徐乃为校注：《张謇诗编年校注》(上册)，第43页。
③ 张謇撰，徐乃为校注：《张謇诗编年校注》(上册)，第37页。
④ 张謇撰，徐乃为校注：《张謇诗编年校注》(上册)，第41页。
⑤ 张謇撰，徐乃为校注：《张謇诗编年校注》(上册)，第377页。
⑥ 张謇撰，徐乃为校注：《张謇诗编年校注》(上册)，第281页。
⑦ 张謇撰，徐乃为校注：《张謇诗编年校注》(上册)，第285页。
⑧ 张謇撰，徐乃为校注：《张謇诗编年校注》(上册)，第291页。

三、咏史、记事诗词中涵养廉正观念

结束了私塾苦读生涯之后，张謇离开家乡，游幕、随军入朝、赴京科举。经过一番跨越多个地域的游历，大大开阔了视野、增长了见识、提升了才干，而对清正廉洁的奉行和遵守，在诸多诗词中都有呈现。

在咏史怀古中抒发爱国主义精神。在《登北极阁》一诗中，用“只今祠宇昭忠在，历劫休寻十庙灰”[①]的诗句，表达了对忠君爱国精神的嘉许。在《读史》四首诗中，以“西羌应复思充国，南土谁能继杜翁”“张毡出使中行说，列障封侯赵破奴”“横海楼船今不远，灵旗指顾画招摇”“节度微闻承盛宠，筹边仡仡自高楼”[②]等诗句，盛赞历史上成功守边、治边、和戎的名将名人，并表达了希望追随吴长庆为国出力、做出一番事业的心愿。在《题文姬归汉图》一诗中，以“相看苏武节，但觉魏王才”“故国千金重，闻笳二子哀”[③]的诗句，表达了对苏武、蔡文姬坚守节操、心系故国和家人的钦佩之情，也是自身的家国情怀、爱国精神的抒发。特别在《东游纪行二十六首・其六》中，以“是谁亟续贵和篇？遗恨长留乙未年。第一游人须记取，春帆楼上马关前”[④]的诗句，表达了对李鸿章主和误国、割地赔款的强烈谴责与愤懑。

以诗词反映民生疾苦，期盼官吏廉洁奉公。走出江海地域的张謇，更加广泛地了解到民间的疾苦，在《农妇叹》中，描写了“谁云江南好？但觉农妇苦。头蓬胫赪足藉苴，少者露臂长者乳”的凄惨景象，对“乱后田荒莽且芜，瘠人腴田田有主”[⑤]的生民艰难生活之状，有着发自内心的悲戚与怜悯。在《从孙观察公奉差淮安纪行十六首》一诗中，刻画了“可知憔悴贫家女，不似婵娟曲里人”[⑥]的民生疾苦。在《良吏篇》诗中，提出了“治平有理道，要见儒者真”的治理观念，希望良吏能够“愿言牧与宰，毛羽少自珍。

---

① 张謇撰，徐乃为校注:《张謇诗编年校注》(上册)，第 61 页。
② 张謇撰，徐乃为校注:《张謇诗编年校注》(上册)，第 64 页。
③ 张謇撰，徐乃为校注:《张謇诗编年校注》(上册)，第 91 页。
④ 张謇撰，徐乃为校注:《张謇诗编年校注》(上册)，第 331 页。
⑤ 张謇撰，徐乃为校注:《张謇诗编年校注》(上册)，第 27—28 页。
⑥ 张謇撰，徐乃为校注:《张謇诗编年校注》(上册)，第 70 页。

勿令乡校中,感慨思先民"[①],表达了忠诚于国家、关心民生的民本情怀和清廉节操。在张謇应教育部征集而作的《拟国歌》中,表达了对"巍巍兮尧舜,天下兮为公"的理想社会的向往,对"贵民兮轻君,世进兮民主"[②]的期盼,奠定了他推行地方自治、开启民智、推进民主进程的思想基础。在目睹了官场的黑暗与倾轧之后,张謇对官场彻底失望,状元及第的喜悦并没有在心底存留多久,就萌生退意。在《除夕日宴坐啬庵有怀西山静宜园寄英敛之并令儿子和》一诗中,表达了"生平不识作官好,京师两年历寅卯"[③]的感慨,体现了对清末官场贪污腐化成风的愤恨,转而投身于《题通海垦牧公司慕畴堂》一诗中所描述的"犹将求国家之事,耕宽闲之野,钓寂寞之滨"[④]的垦牧事业之中去了。

以诗词谴责贪婪狡诈、不信守承诺之徒。在社会上遭遇背信弃义、丧失廉耻的不良之人,让张謇愤懑痛恨不已。因为冒籍风波,导致张謇家庭屡遭勒索讹诈、陷入困顿。他在记事诗《占籍被讼将之如皋》中倾诉了"高堂华发摧明镜,暑路凋颜送客舟"的忧伤,抒发了"惆怅随身三尺剑,男儿今日有恩仇"[⑤]的愤恨。在《班子行》一诗中,鲜明地表达了"苦如皋学官与诸伧也"的痛恨心情,说食人的老虎"钩爪锯牙,啖人如麻",痛恨为虎作伥者"班子得人狐鬼驯。狐鬼蠢,尔敢如此?班子之所使"。刻骨铭心的教训,使得张謇在痛恨不义行为的同时,也认识到自身的不谨慎,"吁嗟!自不慎非班子酷"[⑥],更增添了对清正廉洁的期盼与渴望。以至于张謇在三十九年后,还在《途中忆三十九年前至如皋时途中诗》中对这次经历念念不忘,认为自己"此生合受炎天暍,未觉斯须是我凉"[⑦],过往的那次遭遇就如同现在的炎炎夏日般煎熬着自己,以及竟日在繁忙劳碌中殚精竭虑、克勤克俭,未曾感觉到片刻的悠闲。这首诗充分表现出张謇生活中的正直与勤奋。在《题大生厂厂儆图谣四首》中,以"鹜非鹤,菌非芝。以为

---

① 张謇撰,徐乃为校注:《张謇诗编年校注》(上册),第127页。

② 张謇撰,徐乃为校注:《张謇诗编年校注》(上册),第417—418页。

③ 张謇撰,徐乃为校注:《张謇诗编年校注》(上册),第460页。

④ 张謇:《题通海垦牧公司慕畴堂》,李明勋、尤世玮主编:《张謇全集》(第七册),第77页。

⑤ 张謇撰,徐乃为校注:《张謇诗编年校注》(上册),第31页。

⑥ 张謇撰,徐乃为校注:《张謇诗编年校注》(上册),第33页。

⑦ 张謇撰,徐乃为校注:《张謇诗编年校注》(上册),第379页。

鹤而鹜笑,以为芝而菌嗤"来讽喻鹤芝变相,以"本心空,花叶背;杏乎杏,桂乎桂,贻汝悔"来刻画桂杏空心,以"水沸沸兮波兴,草茸茸兮风生;蜮潜凭兮阴而深,噫嘘嚱阴而深"来暗喻水草藏毒,以"盘不倾,几不折,谁能涎汝盘之实"来讥刺贪婪之人只顾攫取财富[①],对在创办大生纱厂时言而无信的投资人进行谴责,并告诫世人要讲诚信、重承诺。

四、传承张謇诗词中的廉正观

作为优秀传统文化的一个重要组成部分,张謇诗词是近代社会变迁的生动写照。其中的咏史怀古、品月赏花、考古阐学、题画评剧、吟咏唱酬等篇章,多方面地表达了张謇的家国情怀、仕进心声、文士情怀、诗史品格,也彰显出他清正廉洁、旷达自任、正直磊落的思想世界。通过多种形式组织品读张謇廉正诗词,汲取其中所蕴含的廉正思想,对我们今天大力加强反腐倡廉建设,营造廉洁家风和世风,丰富文化活动和精神生活,具有深远的意义。

(一)品读张謇廉正诗词,营造廉洁清正家风

张謇祖上以务农为生,有"不爱私财,不取非分财"的家训传承。张謇在为其父所作的墓志铭中记载:"府君督謇兄弟读书力田……曰:'从古无穷人之天地,人而惰,则天穷之。'"表现出以勤俭持家、勤奋读书、下力种田、不能懒惰等家训告诫后人的良好家风。而张謇的母亲则"平居训迪謇兄弟,必以远大中正,无世俗之言""有钱,以偿夙负,振贫乏"[②],以树立远大抱负,做人要中规中矩、堂堂正正、节俭行善、接济穷人来教育孩子,从而形成了安贫乐道、独立自重的家风。以至于张謇在游幕生涯中,对家庭和慈母思念不已,他在《检衣》一诗中写道:"游子计出门,终岁十常七。还家慈母劬,出门慈母惙。""念此心孔伤,泪下不可掇。游子眼中泪,慈母心上血。"[③]在《思故乡行》一诗中,表达了对父母"为余千里筹资粮,期余努

① 张謇撰,徐乃为校注:《张謇诗编年校注》(上册),第293—294页。

② 张孝若:《最艰难的创业者——状元实业家张謇传》,北京:新世界出版社,2016年,第14、18页。

③ 张謇撰,徐乃为校注:《张謇诗编年校注》(上册),第11页。

力志四方”[①]的思念与感激之情。将慈母的形象、牵挂和谆谆教诲始终挂在心头，直接影响着张謇对清正廉洁行为规范的遵循。在这样的家风熏陶下，幼时的张謇又进入私塾，接受儒家传统经典的浸润。儒家“一箪食一瓢饮，在陋巷，不改其乐”“节用而爱人”的安贫乐道观念，“富贵不能淫、威武不能屈、贫贱不能移”节操观念等，都对张謇形成潜移默化的影响。他提出：“勤俭之广义，虽圣人之成德亦由之”[②]，“俭之反对曰奢，奢则用不节……是奢之病，妨人而亦妨己。故俭为美德。”[③]认为儒家所倡导的“温良恭俭让”美德，是必须身体力行、一以贯之的道德规范，其中的节俭是值得大力倡导的美德，也是张謇终生秉持并践行的道德和行为规范。这些因素影响了张謇的廉正品性和行为，也作为素材融入其诗词创作之中，为我们今天的品读与学习传承提供了生动的教材。

张謇廉正品性的养成与廉正诗词创作，对于今天衣食无忧的我们，如何对下一代进行勤俭节约、清廉的道德养成教育有着深刻的启示意义。当前，拜金主义、享乐主义等对物质的追求，在社会上还有不小的市场，不少父母出于对孩子的宠爱，忽略了对孩子进行节俭、清廉教育，在物质上毫无原则地过度满足孩子，使不少孩子极尽奢侈之能事，用名牌、炫富、比阔绰等，这些极不利于对青少年清廉价值观的养成。须知欲壑难填，对个人来说，一旦忽视勤俭、廉洁的美德养成，“由俭入奢易，由奢入俭难”，人生观、价值观会逐步改变，容易陷入物欲享受、奢靡浪费之中，甚至会导致贪污腐化，这从披露的不少贪污堕落案例中都可以找到实例。因此，学校、家庭、社区有针对性地引导青少年品读张謇廉正诗词，通过家庭阅读、读书会、诗词阅读专题会、课外阅读等形式，指导青少年领会其中的廉正精神，既有助于增强教师、家长的廉洁观念，也有助于引导青少年树立远大的理想和抱负，养成正确的“三观”，将会对其成长具有深远的影响，同时也有助于在整个社会形成清正廉洁之风。

---

① 张謇撰，徐乃为校注：《张謇诗编年校注》（上册），第47页。

② 张謇：《农校开学演说》，李明勋、尤世玮主编：《张謇全集》（第四册），第349页。

③ 张謇：《师范学校开学演说》，李明勋、尤世玮主编：《张謇全集》（第四册），第122—123页。

(二)汲取张謇廉正观念,丰润廉洁清正世风

诗言志,张謇在诗词创作中寄寓了自己清正廉洁的观念。诗词伴随了他的一生,廉正节操也是他一生的坚守。勤俭家风与廉洁观念的熏陶与浸润,使张謇养成了廉洁清正的道德品性。儒家传统的“达则兼济天下,穷则独善其身”思想,引导着张謇试图通过仕途能有一番作为,在任期不长的施政期间,他着手抓吏治、定规章、裁冗员,试图营造风清气正的吏治环境。但时局的动荡、官场的贪腐、社会的腐化使他最终产生“久倦风尘之想”①,先后辞去清廷、民国政府、北洋政府所任命的官职。在改造儒家传统“重义轻利”思想的基础上,提出“义”应具体体现在国富民强上,而不能仅限于空泛的传统伦理说教。并为了强国富民的大义,以“舍身喂虎”的悲壮情怀,毅然冲击社会上重农抑商的落后观念,投身于实业、教育、慈善等活动,立志于“建设一新新世界雏形,以雪中国地方不能自治之耻,虽牛马于社会而不辞也”②。从而,把“义”的内涵和境界提升到为国为民的高度,充满了昂扬奋进的正能量。在“廉”上,他强调“财宜节也,用料不爱惜则废财;地宜节也,置物不谨严则费地……节则常可有余,费则终必不足”③。张謇崇俭尚廉的目的并不是凭借办实业为一己之奢靡而聚财、守财,而是不计较个人名利得失,甚至在公司财用不济时,鬻字换钱补给慈善机构。他廉正品行的可贵之处,就在于自身生活极其节俭,而在发展事业上却毫不吝啬,对己吝啬与对公慷慨形成极为鲜明的对比,将清正廉洁、尚义崇俭提高到超越性的境界。

综上所述,廉正观是张謇诗歌的主线之一,也是需要大力传承弘扬的优秀传统文化资源。

〔作者张厚军,南通大学张謇研究院研究员。南通 226019〕

---

① 张謇:《柳西草堂日记》,李明勋、尤世玮主编:《张謇全集》(第八册),第379页。

② 张謇:《垦牧公司第一次股东会演说公司成立之历史》,李明勋、尤世玮主编:《张謇全集》(第四册),第183页。

③ 张謇:《翰墨林书局章程》,李明勋、尤世玮主编:《张謇全集》(第五册),第48页。

电影《伶工学社》中的伶工学社

姚大怀

摘　要：电影《伶工学社》是一部旨在纪念伶工学社创办一百周年的影片。深刻反思伶工学社面临的内外矛盾，从改变国人对戏剧的偏见、促进国人对自由平等的认知、播下戏剧改革的种子、提升社会文明程度等层面总结伶工学社的历程，具有重要的意义。

关键词：电影《伶工学社》　伶工学社　更俗剧场　张謇　欧阳予倩

1919年，中国近代史上第一所新型戏剧学校——伶工学社在南通正式开学。2019年，影片《伶工学社》①在全国上映。这部旨在纪念伶工学社创办一百周年的影片，并未详述伶工学社的创办始末以及由盛转衰的历史，甚至没有正面描述创办者张謇以及主持者欧阳予倩，而是讲述了四个年轻人的艺术追求以及情感经历，再现了伶工学社的办学理念，反思了伶工学社的内外矛盾，总结了伶工学社的时代意义。笔者拟结合相关史料，从上述几个层面对本片呈现的伶工学社进行初步解读。

一、伶工学社的办学理念

《伶工学社》呈现的伶工学社，与真实的伶工学社显然不是一个概念。张謇创办伶工学社并非一时心血来潮，而是早已有此打算。1906年，张謇致函两江总督端方，阐明自己的立宪主张，函中相当一部分内容涉及戏曲与戏曲改良。张謇对“立宪必先用强迫教育”的观点颇不认可，认为“强迫之毋宁先利导之”，而“利导”的手法即“改良戏曲”。继而又以上海新编

① 《伶工学社》由海门市一九九零文化传媒有限公司和骉马影业（北京）有限公司共同出品。南通市文广新局和海门市一九九零文化传媒有限公司、中共海门市委宣传部、南通市崇川区委宣传部、海门市文化广电和旅游局、南通市崇川区新闻出版局、南通市文化艺术创作研究中心联合摄制。

改良新戏为例,阐明戏曲对于"观者"的启迪意义。至于改良的路径,张謇表示:"为今计,莫如即由此一二伶人设一戏曲改良演习所,使之传授生徒,到内地试演。"[①]并希望此举能得到官方支持,如授予改良传习的伶人"特别荣誉",严肃诸伶行为,犒奖贡献较大的伶人,等等。毋庸讳言,本段关于改良戏曲的理解并非张謇独创,而是源自梁启超发起的小说界革命与陈去病、汪笑侬、柳亚子等人发起的戏剧改良运动。可惜的是,在风雨飘摇的清朝末年,张謇的主张不可能得到官方回应。即便在实业、教育等领域已取得非凡成就的张謇本人,在当时也没有精力或能力立即筹办"改良演习所"。其中最关键的要素或者不是经济问题,而是起引领作用的"一二伶人"并不容易寻得,或者说寻一两位技艺精湛且愿意以此为职志的伶人绝非易事。

张謇学养深厚,兴趣广泛,对传统戏曲尤其是风头正劲的京剧自然也不会陌生,再加上考取状元后一直身处社会上层,与包括京剧大师梅兰芳在内的高水平演员交往颇深,时常观赏高水平的戏曲演出[②],因而对于戏曲之道可谓如数家珍,对戏曲发展的趋势亦深有体会,并发表包括上文在内的多个颇有见地的论点。严格来说,张謇不是真正意义上的戏曲学者,在戏曲创作与研究领域均未取得令人瞩目的成就,但较一般的戏曲学者而言,其伟大之处不在于发表戏评文章,而是站在常人无法企及的高度,思考戏曲的发展方向,并以实际行动探讨戏曲改革的路径,即便困难重重,亦一往无前。

据自称为张詧之孙的扶海生(按:姓名待考)回忆,1912年,张謇心腹薛秉初曾与名伶查天影议创科班,并经张謇同意,于次年试办于南通西公园;该班与老式科班无异,所聘教习均为剧场中的伶工,且无固定教室和固定演出场所,仅办年余即解散[③]。新文化运动兴起之际,也是张謇的实业、教育、慈善等事业达到鼎盛之际,南通的地方建设也因此达到了一个前所未有的高度。如果说十余年前萌生的戏曲改良思想还只是一粒种子,那么,此时"模范县"南通得天独厚的土壤、阳光、雨露,以及张謇矢志不渝的改造社会的信念,无疑为这粒种子的萌芽、成长奠定坚实基础。

在此期间,热衷于戏剧改良的海派京剧大师欧阳予倩已在该领域作出

① 张謇:《致端方书》,李明勋、尤世玮主编:《张謇全集》(第二册),第194页。

② 陈金屏:《张謇与近代戏剧文化》,《东南文化》2003年第7期。

③ 扶海生:《南通"伶工学社"追忆》,《十日戏剧》1938年第35期。

积极探索，曾在《予之改良戏剧观》中提出诸如“组织关于戏剧之文字”“养成演剧之人才”等观点[①]，却苦于无强大外力的扶持，终难完整地将其变成现实。1917年，欧阳予倩赴通谒见张謇之兄张詧，后经张詧推荐，正式结识张謇，并深得张謇赞赏。1919年5月，也就是伶工学社创立前夕，欧阳予倩应邀赴通演出。张謇对欧阳予倩别具一格的唱腔唱工以及海派京剧的舞台布景、歌舞表演颇感新奇，随后又派心腹薛秉初赴上海就创立伶工学社一事展开磋商，并在写给梅兰芳的信中表示：“近得欧阳予倩，愿为我助。予倩文理、事理皆已有得，意度识解亦不凡俗，可任此事。惟积极进行，不得不有望于吾友之助，助则必望吾友之来。”[②]综上不难看出，张謇之所以推重梅兰芳并与之私交甚笃，是因为对戏曲的深刻理解以及对梅兰芳戏曲改良魄力的欣赏，这在本质上与只重色艺、狂态百出的捧角名士完全不同；更重要的是，张謇在结交梅兰芳、欧阳予倩等人的过程中，进一步坚定对戏曲功能的认识和将其付诸实践的信念；虽然梅兰芳最终没有接受张謇邀请，但戏剧改良成果斐然且改良思路更为清晰的欧阳予倩，成为助力张謇推进戏曲改良并以戏曲改良社会的替代人选和不二人选。

欧阳予倩赴南通演出后不久，便接到张謇的来信。欧阳予倩回忆：“忽然南通派人来约我，说是张四先生想起一个科班，还要造一间戏馆。于是我写了一封信回张季直，把我想办演剧学校的计划告诉他。他回信一切同意，并说曾托熊秉三在北京招了一班学生，于是我便也答应到南通去。”[③]可见此时张謇已着手谋划兴办戏曲学校和剧场等事宜，并对欧阳予倩的主张颇为认可。在双方就创办伶工学社等细节达成一致后，深感知遇之恩的欧阳予倩举家迁往南通，义无反顾地开始逐梦之旅。欧阳予倩表示：“我到南通的目的，是想借机会养成一班比较有知识的演员，去代替无知识的演员。我又想在演剧学生能用的时候，便组织江湖班似的流动团体，四处去表演自己编的戏。其次我想用种种方法，把二黄戏澈底改造一下。”[④]与其说这是欧阳予倩接受邀请的原因，倒不如说是欧阳予倩的戏剧改良之梦以及具体的实现措施。对于欧阳予倩来说，张謇亦是帮助其实现梦想的不二人选。

在张謇的大力支持下，在欧阳予倩的主持以及薛秉初、查天影的辅弼

---

① 欧阳予倩：《予之改良戏剧观》，《新青年》1918年第5卷第4期。

② 张謇：《致梅兰芳函》，李明勋、尤世玮主编：《张謇全集》(第二册)，第715页。

③ 欧阳予倩：《自我演戏以来》，上海：神州国光社，1933年，第135—136页。

④ 欧阳予倩：《自我演戏以来》，第139页。

下,伶工学社于1919年9月正式开课。11月,斥巨资兴建的更俗剧场便顺利落成。更俗剧场仿照上海新舞台样式,堪称当时亚太地区最先进的剧场。创办初期,得益于双方改良戏剧的总目标高度一致,在规章制度、培养方式以及课程设置等方面亦所见略同,双剑合璧的伶工学社与更俗剧场均取得不俗成果,对推动南通的经济文化建设起到重要作用,甚至在全国亦产生一定的影响力。

二、伶工学社的内外矛盾

立志于培养戏剧改革人才的伶工学社,因经费困难于1926年秋停办。京剧班的演出曾获得观众认可,但最终所得奖励甚微,只够添置部分行头。新剧演出长期无法吸引观众,更遑论为剧场带来创收,亦无法获得演出奖励。学社经费困难,由此可见一斑。

尽管张謇深知戏曲对于开启民智的意义,也对戏曲改良矢志不渝,但若论及如何进行戏曲改良,如何培养新型戏曲人才,如何提升戏曲表演艺术,恐怕也只能算是外行,甚至致力于改革表演艺术的梅兰芳也不一定能拿出一套完整的方案。1917年10月,张謇在致函梅兰芳时曾提出以下方案:“假如养成三十人,就曾学戏之子弟中,择其聪慧而安详者合为一班,即在都中加以训练,延聘一二人为之监督,岁由南通给费以资之。”①该方案显然不是张謇异想天开的结果,而是在富连成班的启发下形成。张謇在稍后的信函中表示:“倾闻都中本有富连成小班艺亦不劣之说,不知确否。如其不劣,此班可全行移动否?抑可择尤延致否?使仅平平,另谋招练,是何方法?训练集合之地、教养主任之人、须用之费、养成之时,皆设计中应有之事,应计之秩序也。”②虽然向声名鹊起的富连成学习并无不妥,但南通毕竟不是北京,复制或模仿富连成的老式科班模式不可能取得成功,甚至有违张謇戏曲改良的初衷,因而该思路没有得到梅兰芳的肯定。1919年6月,张謇在结识欧阳予倩后不久再次致信梅兰芳,称:“国之社会不良极矣。社会苟不良,实业不昌,教育寡效,无可言者。而改良社会措手之处,以戏剧为近。欲从事于此已有年,而求之不得要领。……用则一方订旧,一方启新。订旧从改正脚本始,启新从养成艺员始。昔商吾友,以为难,诚信吾友之不我欺也。置尊

①② 张謇:《致梅兰芳函》,李明勋、尤世玮主编:《张謇全集》(第二册),第636页。

而觉终不可已。”[①]张謇所言之“不得要领”绝非故作谦虚，而是确实无从下手，以致历经十余年仍在苦苦谋划。在此期间，不仅梅兰芳未就此事与张謇展开合作，其他名伶也未必敢或者说未必有能力接下这一重任。然而，就在此时，欧阳予倩进入张謇的眼帘。双方相见恨晚，一拍即合，四个月后便完成伶工学社的筹办工作，半年不到便建成规模宏大的更俗剧场。平心而论，此举难免有仓促之嫌。那么，原本对戏剧改良具体步骤不甚了了的张謇，为何在如此短的时间内便得其要领，并完成如此大手笔的动作？笔者认为有三个原因。其一是财力雄厚。兴办戏剧学校和大型剧场需要投入大笔资金，这对当时处于一生实业巅峰的张謇来说并非难事。其二是时日无多。正如上文所述，张謇自 1906 年以来便一直在谋划此事，可惜一直未能落到实处，而此刻又步入人生晚景，若再不雷厉风行，只恐再无机会。其三是观点一致。欧阳予倩与张謇初次会面到底谈了什么，我们不得而知，但其中必定包含对戏剧改良的认知。张謇显然对此深表认同，甚至对其创办伶工学社的思路和做法“一切同意”，否则不可能在短期内便做出聘请欧阳予倩来通主持伶工学社的决定。不过，张謇的“一切同意”，与欧阳予倩理解的“一切同意”是否完全相同，还值得推敲。其中不排除以下三种可能。第一，张謇在总的原则上同意欧阳予倩的改良思路，而欧阳予倩理解成张謇完全同意自己的一切做法。第二，张謇为延揽人才，尽快办成此事，在细节上未及与欧阳予倩相商。第三，奉命办理此事的薛秉初在言谈中加入了自己的理解，给欧阳予倩留下一定的想象空间。无论张謇是否真的“一切同意”，都无法改变其创办伶工学社的初衷，即以改良戏剧或创办戏剧学校为手段，实现开启民智、改造社会的目的。而这一目的与其兴办实业、垦牧造林以及创办各类学校的初衷无疑是相通的。虽然张謇在南通开创了多个全国第一，并多数取得明显成效，但由于戏剧与戏剧教育本身的特殊性，再加上无深谙此道的专业人员帮扶，戏剧改良一事便只能一直处于谋划阶段，关于戏剧改良的具体构想也无法定型。缘此，当在戏剧改良领域颇有成绩的欧阳予倩映入眼帘时，早过花甲之年的张謇自然有相逢恨晚之感，再加上欧阳予倩愿意全身心出手相助，亟待完成夙愿的张謇在起初阶段更是“一切同意”。然而，随着时间的推移，原本未及深谈的问题逐渐浮出水面，尤其是具体办学思路的差异成为横亘在双方面前难以逾越的鸿沟，用欧阳予倩的话来说就是：“我

① 张謇：《致梅兰芳函》，李明勋、尤世玮主编：《张謇全集》（第二册），第 715 页。

所要养成的演员,不是他们所要养成的。"[①]

欧阳予倩是位有着宏大理想的戏剧家和戏剧教育家,而立之年前后就对戏剧改良有着独到的见解。较之于张謇基于戏曲(旧剧)的改良,欧阳予倩的改良更为激进,改革的色彩更为明显。除了上文所述的"培养比较有知识的演员"和"把二黄戏澈底改造一下"之外,欧阳予倩还指出:"我把一切科班的方法打破,完全照学校的组织,用另外一种方法教授学生。"[②]因而除了必要的戏曲专业教育外,欧阳予倩坚持自己的办学思路与理念,增设国文、洋文、书画、珠算、时事常识等课程,且占比颇高,甚至力排众议,在经费捉襟见肘之际耗费大量资金将不善演剧的学生另编成音乐班,以致薛秉初与查天影表示强烈不满,"不愿踏进伶工学社的门"[③],后来更是另立演员养成所。虽然在欧阳予倩的坚持下,并得到张謇支持,课程设置中文化课部分得以保留,演员养成所也被张謇责令停办,但双方存在的原则性矛盾并未从根本上化解。张謇实际上对欧阳予倩坚持大量开设文化课亦心存质疑。欧阳予倩曾描绘双方争论的场景:

> 有人当季直的面问我:"学生国文的钟点不太多吗?"我说:"我还嫌太少。"季直接着说:"要他们学成你那一样的程度当然不容易。"我不高兴便说:"我不愿意他们像我这样没出息,何况他们比我还差得远!"[④]

如果欧阳予倩所说没有虚构成分,那么不难想见张謇此刻的态度与心情,但或出于对人才的尊重,他最终未强行要求降低文化课的比重。据参与创办伶工学社的徐海萍介绍,1921 年上半年,"张先生恐后维持不易,决停办音乐班,以省经费","欧阳因睹如此局势,纵费尽心力,对改良旧剧创造新型歌剧必难如愿以偿,遂顿萌退志,辞职回沪"[⑤]。关于与伶工学社相互辅弼的更俗剧场,欧阳予倩主张"剧场归伶工学社运用,以巩固伶工学社",并"逐渐由伶工学生主持更俗剧场,宁肯卖少点钱,只要能够敷衍

① 欧阳予倩:《自我演戏以来》,第 155 页。

② 欧阳予倩:《自我演戏以来》,第 140 页。

③ 欧阳予倩:《自我演戏以来》,第 141 页。

④ 欧阳予倩:《自我演戏以来》,第 142 页。

⑤ 南通市文联戏剧资料整理组编:《京剧改革的先驱》,南京:江苏人民出版社,1982 年,第 70 页。

开销就行了”。薛秉初等人则“主张伶工学社附属于更俗剧场”,“主张多请角色多卖钱,伶工学生只能受雇”。双方均不肯让步,“以致渐趋于破裂”①。公允而论,就当时伶工学社的实力而言,主持如此大型的剧场确实不太现实。若将伶工学社完全纳入剧场的管理之下,伶工学社只恐无法与老式科班相抗衡,只会在市场化大潮中渐渐失去生存空间。若将二者确定为合作关系,即在合理提升剧场营业收入的同时,保证伶工学社应有的演出场次,继而为其提供必要的资金支持。换言之,更俗剧场可以面向市场,但在面向市场的同时,不能将伶工学社完全推向市场,而是为其提供必要的舞台支持和资金来源。实际上,张謇关于二者之间的关系表述得颇为明晰,规划得也颇为科学:“伶工学社,为助通俗教育,兼为寒苦子弟生计而设,而以剧场为演习地,即资剧场之入以赡给伶生。此从前两事相资之计画也。”②可惜未能得到有效贯彻,二者竟至于势同水火。

伶工学社虽然存在时间不长,但至少表现出以下几个方面的时代意义。其一,改变了国人对于戏剧(尤其是新剧)和戏剧演员的看法。其二,促进了国人对于平等自由的认知。其三,播下了戏剧改革的种子。而这也正是一百年前昙花一现的伶工学社最弥足珍贵的价值。

〔姚大怀,南通大学文学院教授。南通 226019〕

---

① 欧阳予倩:《自我演戏以来》,第 159 页。

② 张謇:《为更俗剧场停演告伶工学社》,李明勋、尤世玮主编:《张謇全集》(第五册),第 259 页。

近代人物研究

从“任侠”到“国民”：梁启超近代救国思想递嬗考论*

孙瑛鞠

摘　要：甲午之战以后，梁启超积极勾画近代中国发展路标，谋求近代中国发展的自主权。“庚子勤王”运动之前，他曾十分推崇日本幕末志士的“任侠”精神，认为这种精神是明治维新获取成功的关键性支撑，且在当时的中国如果有少数同日本幕末志士一般的“任侠”出现，变革即可成功。“庚子勤王”运动的失败成为其思想发生变化的重要转折点。在西方“国家主义”“民族主义”潮流的鼓荡下，梁启超开始放弃个体“任侠”，进而转视群体“国民”，积极鼓吹“新民救国”，他于《新民丛报》连载的“新民说”不仅是其自身国民思想体系渐趋完善的集中体现，在近代中国国民精神的形成方面亦发挥了不可或缺的作用。

关键词：梁启超　救国思想　任侠救国　新民救国

自鸦片战争的炮声惊醒大清帝国的太平梦后，中国就一直在西方列强的强权打压下不断丧失领土与主权。如何因应日益严峻的内外危机，如何让中国尽快踏上国富民强的道路，成为清末知识人群体亟须解决的课题。19世纪60—90年代中国掀起洋务运动风潮，高举“自强”“求富”旗帜并取得了一定的成绩与发展，但甲午战争的重创也使得国人认识到“中体西用”的局限性。自此以后，以康有为为代表的维新派迅疾登上历史舞台，他们意图仿鉴日本，通过光绪帝进行自上而下的改革，其中作为康有为的得意门徒、有力助手的梁启超在宣传维新变法思想方面做出了巨大贡献。

---

* 本文系江苏高校哲学社会科学研究项目“近代日本对华策略构建研究（1895—1912）”（2021SJA0175）的阶段性成果。

一、“任侠”救国思想之形成期

(一) 万木草堂时期(1891—1895):“任侠”思想之萌芽

梁启超聪敏好学,幼时就被誉为神童,除通览传统的四书五经外,也特别喜欢历史类典籍,家中仅有的《史记》《纲鉴易知录》就曾被他反复吟读,深受祖父、父母的喜爱。1889 年,年仅 17 岁的梁启超在广州参加乡试中举,此时他尚且认为时流所推崇的训诂辞章学即为学问,而翌年结识康有为则成为其一生发展的重要转折。1891 年,梁启超毅然决然地抛弃旧学投入康门,在广州长兴里万木草堂跟随康有为研治新学,学习改革主张与变法理论,与此同时辅佐康有为编纂著作、从事私塾各项活动等,这段经历为他日后的学术生涯及事业发展奠定了深厚的基础。

据梁启超回忆,万木草堂的学习以孔学、佛学、宋明学为体,以史学、西学为用,德育居十之七,智育居十之三,体育亦被特别重视,教育方针专在“激励气节、发扬精神、广求智慧”。虽然学堂组织讲授内容的完备程度不及泰西,但在德育精神教育方面却不遑多让。他在《长兴学记》中列举的德育内容有“格物、克己、励节、慎独、主静出倪、养心不动、变化气质、敦行孝弟、崇尚任恤、广宣教惠、同体饥溺、礼、乐”①,宫崎滔天曾在《東京だより》中对在万木草堂执教时的康有为评价道:“康向弟子鼓吹美法的自由共和政体,让学生读中江笃介译的《民约论》《法国革命史》《美国独立史》还有《万国公法》。”②

梁启超自从在万木草堂学习时就深受康有为影响,特别是对日本幕末志士深有了解,敬仰他们于推动国家发展方面的功绩,因景仰吉田松阴与高杉晋作,梁启超也给自己起了个日文名字“吉田晋”③。

---

① 《南海康先生传》,梁启超:《饮冰室合集》1,文集 6,北京:中华书局,1989 年,第 62、65 页。

② 《東京だより》,宫崎龙介、小野川秀美编:《宫崎滔天全集》5,东京:平凡社,1971—1976 年,第 240 页。

③ 丁文江、赵丰田编:《梁启超年谱长编》1,上海:上海人民出版社,1983 年,第 163 页。

(二)《时务报》主笔时期(1896—1897):"任侠"救国思想之形成

1896年8月9日黄遵宪于上海创办了维新派机关刊物《时务报》,作为维新派最为重要、最具影响力的宣传媒介,因其体量庞大、内容丰富、文体新颖、见解精辟而很快风靡国内,成为全国上下进步新闻的代名词[①],最高发行量达12000部,是当时最为畅销的报纸之一。受黄遵宪之邀,梁启超担任总撰述一职并在《时务报》上接连刊载"任侠"文章,这对当时中国知识人群体的思想产生了重要影响。那么梁启超是如何看待"任侠"的呢?我们可从其言论中窥见一斑,1896年梁启超发表文章《论变法不知本原之害》并有如下指摘:

> 中国自数十年来,士夫已寡论变法,即有一二,则亦惟兵之为务,以谓外人之长技,吾国之急图,只此而已。众口一词,不可胜辨……彼西人之练兵也,其犹壮士之披甲胄而执戈鋋也。若今日之中国,则病夫也。不务治病,而务壮士之所行。故吾曰,亡天下者,必此言也。[②]

在梁看来,西洋立国之本、强国之源在于学校、官制、工、艺、农、商等社会各个领域充分发展,而并非独以兵强,当时中国士大夫所关注的军备只是其强大的外在表象,所以与军备强化政策相比,清政府更应重视工、艺、商、农等社会各领域近代化发展之本源,而智力又为其本源的核心动力,重教育、开民智方为强国之法、地球之福,若一味地扩张军备则易引起世界范围内的血战[③]。对于如何培养智识人才,梁撰写了大量与教育相关的文章,如《学校总论》《论师范》《论女学》《论幼学》,同时通过《读日本书目志书后》《论译书》《西学书目表序列》等呼吁翻译、阅读外国书籍的重要性,为此倾注了大量的心血。值得一提的是,这一时期的梁启超虽然对军备问题关心较少,但对明治日本幕末志士的"任侠"精神却极为关注、崇拜。他在《记东侠》中说道:

---

① 白瑞华著,王海译:《中国报纸(1800—1912)》,广州:暨南大学出版社,2011年,第102页。

② 《论变法不知本原之害》,梁启超:《饮冰室合集》1,文集1,第11页。

③ 《续译列国岁计政要叙》,梁启超:《饮冰室合集》1,文集2,第60—61页。

> 日本以区区三岛,县琉球、割台湾、胁高丽、逼上国。西方之雄者,若俄若英若法若德若美,咸屏息重足,莫敢藐视。呜呼,真豪杰之国哉。而其始乃不过起于数藩士之论议,一夫唱,百夫和。一夫趋,百夫走,一夫死,百夫继。[①]

除吉田松阴、佐久间象山、清川八郎、牟田尚平、中山忠爱、平野国臣、大久保利通、小河一敏、真木保臣等有名的幕末志士外,他还关注到在僧人、医生、妇女等身份各异的群体之中也有无名"任侠"的存在,而且相信正是因为有他们,日本的维新事业才会取得成功。为此,梁启超特意在《三先生传》中列举出中国三个无名"任侠"的事迹,并强调如果在中国出现千百名如日本幕末志士一般的"任侠",那么维新变法就一定能够成功[②]。

(三) 时务学堂中文总教习时期(1897—1898):"任侠"救国思想之鼓吹

时务学堂是由湖南省乡绅王先谦发议,经巡抚陈宝箴认可,湖南长宝监法道兼按察使黄遵宪的援助创设而成。1897 年 10 月,梁启超离开上海来到时务学堂担任总教习,他在《时务学堂功课详细章程》中明确规定了学生一年的学习日程,即:前六个月学习普通学,然后选择所修专业,之后兼修专业和普通学。此外,梁启超还列出学生的必读书目,其中由黄遵宪编纂的《日本国志》要求学生学习半年以上。

1877 年,黄遵宪作为初代驻日公使何如璋的参事官东渡日本,目睹了明治初期日本的巨大变化,他利用在日留任 4 年的经历与经验编纂了《日本国志》。此书虽于 1887 年脱稿,但却没有立即出版,只是在少数官僚、知识人之间传阅,直到 1895 年出版后才被国人熟知,成为当时最为畅销的著作之一。书中详尽网罗了日本的政治、法律、军事、风俗等诸多领域的实况,其中亦包含黄遵宪对日本明治维新后迅速崛起、发展的见解,当时正值中日甲午战争后国人转视东隅、意欲关注日本的高涨时期,《日本国志》恰好满足了国人急需了解日本的愿望。

梁启超虽然与黄遵宪有着 25 岁的年龄差,但自从 1896 年相见开始

---

① 《记东侠》,梁启超:《饮冰室合集》1,文集 2,第 29 页。

② 《三先生传》,梁启超:《饮冰室合集》1,文集 1,第 118 页。

二人就成为挚友。1897 年梁启超在《时务报》上发表《日本国志后序》,言明"中国人寡知日本者也。黄子公度撰日本国志,梁启超读之,欣怿咏叹黄子,乃今知日本,乃今知日本之所以强"[①]。那么《日本国志》是如何看待明治维新成功的原因呢?黄遵宪在《日本国志》中就多次有如下称赞日本幕末志士之语,认为"幕府之王,实亡于处士"[②],明治维新之所以实现,全仰仗于幕末志士。

> 二三豪杰乘时而起,覆幕府而尊王室,举诸侯封建之权拱手而归之上,卒以成王政复古之功,国家维新之治,蒙泉剥果,勃然复兴。
>
> 而二三强藩巨室,乘浪士愤激之势,王霸离间之交,始欲假朝议而顺人心,继乃用士气而亡幕府。故当时攘夷之论,要其所归,不在攘夷而在尊王,尊王所以亡幕府也。[③]

除《日本国志》外,梁启超还列举了中国人撰写与日本相关的书籍,如:黄遵宪《日本杂事诗》(1879)、何如璋《使东述略》(1877)、李圭《东行日记》(1876)、王韬《扶桑日记》(1879)、付云龙《日本图经》(1899)、顾厚焜《日本新政考》(1888)、姚文栋《日本志》(未刻)及《日本地理兵要》(1884)等,其中《日本杂事诗》中亦收录了不少称赞日本幕末志士事迹的诗[④]。在此背景下,深受黄遵宪影响的梁启超在给时务学堂学生批语时多以日本"任侠"事迹鼓励学生,他称"日本所以二千余年不易姓者,由君位若守府,而政在大将军,凡欲篡位者篡大将军之位而已",同时亦慨叹"日本所

---

① 《日本国志后序》,梁启超:《饮冰室合集》1,文集 2,第 50 页。

② 陈铮编:《黄遵宪全集》下,北京:中华书局,2005 年,第 929 页。

③ 陈铮编:《黄遵宪全集》下,第 892、920 页。

④ 梁启超:《西学书目表附卷》,《饮冰室合集集外文》下,北京:北京大学出版社,2005 年,第 1155—1156 页。值得一提的是,《使东述略》《东行日记》《扶桑日记》作为私人旅行记体裁,主要叙述的是日本的风土人情与交友情况,而《日本图经》《日本新政考》是付云龙和顾厚焜二人作为赴日视察者提交给清政府的视察报告,前者主要考察的是日本的地理、历史及风俗;后者主要考察的是日本明治维新后法令制度方面的改革等。姚文栋作为初代公使黎庶昌的赴日随员,在日生活 5 年,其间对日本的地理、人情、风俗、政体、兵制等都进行了一定的考察并编纂了《日本志》《日本地理兵要》。但这些书中鲜有触及日本明治维新取得成功的原因与日本幕末志士的关系,甚至还有不少对明治维新改革持怀疑态度的言论。由此可见梁启超对日本颇为关注,将与日相关的书籍都做以统计、整理。

以能自强者，其始皆由一二藩士慷慨激昂以义愤号召于天下，天下应之，皆侠者之力也。中国无此等人”，由此期望学生将来也能够成为影响一方的“任侠”。不过此言也成为日后湖南守旧派抨击梁启超时的重要口实之一，叶德辉在《翼教丛编》中将梁所批改的学生札记进行逐条批驳，其中针对“任侠”救国言论，他言明“梁启超欲兴民权，所以借口于君位若守府，欲尊任侠，所以借口于日本之自强，童子何知，其不为此似是而非之论所误者鲜矣”[①]。可见，梁的“任侠”救国思想对当时时务学堂的学生影响颇大。

值得一提的是，离开万木草堂三年之久的梁启超依旧与其弟子保持着密切联系。为了鼓舞弟子们的志气，梁特意让他们阅读《日本变法由游侠义愤考》，该书是康有为专命其长女康同薇撰写，目的是让当时的大夫君子知晓日本维新强盛之因，书中详细介绍了明治维新前后日本幕末志士的倒幕活动及义侠发奋之举，康有为在其序言中写道：

> 日本为将军柄政千年矣，而处士浪子，发愤变政，洒热血涕泪，剖心肝肾肠，以与幕政争，玉碎连车与前，而剑击弥挺于后。大狱数起而雄心不降，卒能鼓雄藩而扶王室，去武门而变大政。桓拨奋跃，波踊云飞，龙战象跳，以成维新之治……呜呼，岂非义士游侠热血涨力发蹈之所成哉。[②]

在康有为看来，日本之所以通过“尊王改制”收取变法之效，成为比肩欧美的强国，是完全依仗具有“热血涨力”的日本“义士游侠”而救国于大难。亡命日本后的梁启超在给吉田松阴弟子品川弥二郎的书简中亦曾表示康有为对入康门者皆授以吉田松阴的《幽室文稿》，每当志气衰落时，定会阅读此书，胜于暮鼓晨钟[③]。

综上所述，此时期的梁启超通过其师康有为和黄遵宪接触到日本幕末志士的事迹，认为他们的“任侠”救国精神是明治维新得以实现的原因，

---

① 《湖南时务学堂课艺批》，翦伯赞等著，中国史学会主编：《戊戌变法》2，上海：上海人民出版社，1957 年，第 549 页。

② 康同薇：《日本变法由游侠义愤考》，上海：上海大同译书局，1898 年，康有为撰序言。

③ 丁文江、赵丰田编：《梁启超年谱长编》1，第 162 页。

在言论活动及教学活动中也极力呼吁在当时的中国能够出现诸如日本幕末志士一般的“任侠”。

二、“任侠”救国思想之展开与受挫

(一)“任侠”救国思想之展开

1898年9月,由维新派主导的戊戌变法因受到以西太后为首的保守派的阻挠而失败,梁启超不得不躲入日本公使馆,数日后在日人的协助下逃往天津,旋即乘坐“大岛”号军舰流亡日本。在船上他还不忘撰写长诗《去国行》,以“可怜志士死社稷,前仆后继形影从。一夫敢射百决拾,水户萨长之间流血成川红。尔来明治新政耀大地,驾欧凌美气葱茏”的浩然气概表达了对明治维新的称赞以及对中国未来的期许[①]。在梁看来,萨摩、长州藩等志士赴汤蹈火、毅然倒幕,最终获得成功,从此日本国力蒸蒸日上,甚至具有凌驾欧美之势,这期间日本志士在倒幕运动中不仅扮演了重要角色,甚至是起到了决定性作用,而此时的中国与三十年前的日本颇为相似,他阐明自己若做不成月照、西乡隆盛那样的行动派,也要做高山彦九郎、蒲生君平、佐久间象山、吉田松阴那样的思想家,以求培养弟子,伺机再起。针对当时日本舆论关于戊戌变法太过激进而导致的失败,梁启超特撰《政变原因答客难》进行反驳,称“幕末藩士,何一非急激之徒?松阴南州尤急进之巨魁也。试问非有此急进者而日本能维新乎”,加之“我支那之积弊更深于日本幕末”[②],所以中国就应像当初日本明治维新之际的“任侠”一般,用“头颅血泪”去实现变革。

亡命日本后的梁启超广泛涉猎日本书籍,时而唏嘘“畴昔所未见之籍,纷触于目,畴昔所未穷之理,腾跃于脑。如幽室见日,枯腹得酒”,进而“思想为之一变”,近代“国家主义”“民族主义”亦随之闯入其视野[③]。1898年12月,梁启超在横滨创办旬刊《清议报》,他针对外国人贬评中国人缺失爱国性的报道发表《爱国论》,痛切地指明缺失要因,即:中国自古

---

① 丁文江、赵丰田编:《梁启超年谱长编》1,第159页。

② 梁启超:《政变原因答客难》,清议报报馆:《清议报》(影印版)1,北京:中华书局,1991年,第140页。

③ 丁文江、赵丰田编:《梁启超年谱长编》2,第176页。

以来就是一家之国,民都被视为奴隶,既然民不知国家为何物,当然也谈不上爱国[①]。1899 年他又在《清议报》上加设“政治学谭”栏,连载伯伦知理的《国家论》,由此可以看出此时的梁启超已经开始关注在日本流行的德国式国家主义思想并强调世界的竞争就是国民的竞争。

虽然此时的梁启超认识到国民于国家发展的重要性,但他仍旧坚持只有少数“任侠”豪杰才能对国家发展起到决定性作用。1900 年 3 月,他在《舌下无英雄笔底无骑士》中感喟自己除了写文章外毫无功绩可言,徒有虚名而已,进而表示出欲将思想付之于实践的决心[②],在《英雄与时势》中论及英雄与时势的关系时为“英雄造时势”“时势造英雄”“两三豪俊为时出,整顿乾坤”[③],呼吁豪杰乘势而起,挽救国家于危亡之间。而后他又在《豪杰之公脑》中言道“世界者何? 豪杰而已矣。舍豪杰则无有世界。一国虽大,其同时并生之豪杰不过数十人乃至数百人止矣。其余四万万人皆随此数十人若数百人之风潮而转移奔走趋附者也”[④]。在梁看来,若此数十数百人能团结一致就会形成强大的力量,无人能敌,不过豪杰也有自我独立之个性,需要用“公理”和“时势”将他们组织到一起。

(二)“任侠”救国思想之受挫

1899 年 7 月 20 日,康有为在加拿大创设保皇会,该团体以“尊皇、变法、救中国、救黄种人”为宗旨[⑤],意图仿鉴日本维新志士进行勤王运动。保皇会成立不久,其势力就迅速扩大至日本、美洲大陆、东南亚、澳大利亚以及国内的上海、宁波等地。保皇会非常重视华侨富商与会党的加入,因为前者能为勤王运动提供资金,而后者则是勤王运动的实际执行者,同时他们也是梁启超一直倡导与期许的“任侠”与“豪杰”,康门弟子几乎全部都加入了会党,成为联络各地会党的中坚力量。

1900 年,保皇会欲以八国联军入侵京津为契机发动勤王运动,这对

---

① 梁启超:《爱国论》,清议报报馆:《清议报》(影印版)1,第 319—320 页。

② 梁启超:《舌下无英雄笔底无骑士》,清议报报馆:《清议报》(影印版)3,第 2522—2523 页。

③ 梁启超:《英雄与时势》,清议报报馆:《清议报》(影印版)2,第 1733 页。

④ 梁启超:《豪杰之公脑》,清议报报馆:《清议报》(影印版)2,第 2063 页。

⑤ 张玉法:《清季的立宪团体》,台北:“中央”研究院近代史研究所,1985 年,第 232 页。

保皇会而言可谓是成立以来规模最大且最为重要的行动,各地保皇会“揭竿而起”,哥老会等民间组织也纷纷被动员加入行动行列。保皇会总部设在澳门,康有为在新加坡总揽一切,梁启超在火奴鲁鲁收集资金并兼任计划联络工作,唐才常则在上海、汉口等地担任行动指挥。此外,保皇会在中国广东、广西,东南亚、美洲大陆也开展了各类活动,在此期间梁启超发往各地的信札就多达百余件。

梁启超称此次勤王运动绝无仅有,“若一击不中,则再举难矣”①,那么梁认为怎样才能取得成功呢? 2 月 12 日,他在给新加坡华侨资本家邱菽园的信中历陈邱的侠义之心、血诚之义,指明“若能得百万,以其半供内地豪杰,以其半招菲岛之劲旅,可以垂手而成大业”②。在给康有为、保皇会总会及各分会的信中他亦反复强调:“举此大事,非合天下之豪杰,不能为功。”③关于网罗豪杰的方法,他主张康有为应率先拿出诏书,先发制人,足以令豪杰感动,同时令奸贼胆寒,如此必能增百倍之气势,此外对豪杰“阔达大度,开诚布公”是网罗豪杰的“不二法门”④ 。

由此可见,梁启超认为筹集充足的资金、网罗豪杰并得到他们的支持是实现勤王的必要条件,也正因为如此,梁在勤王运动准备期间为了筹集资金四处奔走,同时联络各地保皇会组织者,向他们反复强调网罗豪杰的重要性及方法。不过由于保皇会的经费未能及时到位等诸多原因,自立军起义被迫推迟,8 月 22 日湖广总督张之洞在汉口逮捕了唐才常等人,勤王运动遭受巨大挫折。汉口事件发生之时梁启超正好在上海,当他感到局势无法挽回便远赴新加坡和康有为会面,在新加坡短暂停留后又经由印度到达澳大利亚,最终于 1901 年 5 月返回日本。

勤王运动并不只是简单地谋求光绪帝复位,而是意欲通过自下而上的改革在中国建立君主立宪制,这是一场具有近代性质的改革风潮。如前所述,梁启超受幕末志士影响极大,他在亡命日本后给大隈重信的书信中还曾将光绪皇帝比作孝明天皇、将西太后称为大将军,认为在中国一定要有类似日本的倒幕运动,如此方能实现变革⑤。勤王运动既是中国版

---

① 丁文江、赵丰田编:《梁启超年谱长编》2,第 218 页。

② 丁文江、赵丰田编:《梁启超年谱长编》2,第 202 页。

③④ 丁文江、赵丰田编:《梁启超年谱长编》2,第 207 页。

⑤ 《梁啓超書ヲ大限伯ニ致シテ清皇ノ為メ救援ヲ乞フノ件》,外务省编:《日本外交文书》第 31 卷第 1 册,东京:日本国际联合协会,1954 年,第 697 页。

本的“倒幕运动”，也是其少数“任侠”救国思想的具体实践，它的破产给康有为、梁启超等保皇派以巨大的打击，自此以后，梁启超极少提及“任侠”，与此同时也开始将视线投注于全体“新民”的铸造。

三、从“任侠”救国到“新民”救国

再次折返日本的梁启超积极以笔涉政，首先他在《清议报》中连载《中国积弱溯源论》，点明中国积弱的根源是国民不知国家和天下的区别、国家和朝廷的界限、国家和国民的关系，国民的爱国心薄弱是导致中国积弱的根本原因，而爱国心薄弱又是由“奴性”“愚昧”“为我”“好伪”“怯懦”“无动”等不良性格杂糅而成，应尽快摒除[①]。不久梁启超在《十种德行相反相成义》中指出国民应具有的十种德性，即：独立和合群、自信和虚心、利己和爱他、破坏和成立、自由和制裁，他们之间是相辅相成的关系；在《过渡时代论》中主张“凡一国之进步也，其主动者在多数之国民，而驱役一二之代表人以为助动者，则其事罔不成；其主动者在一二之代表人，而强求多数之国民以为助动者，则其事鲜不败”[②]，由此可知此时的梁启超已经明确表明少数“任侠”无法改变中国，只有芸芸平等之国民才能挽救中国。

1901 年 12 月《清议报》在发行 100 号后停刊，翌年 2 月梁启超在横滨创办《新民丛报》，历时 5 年共刊行 96 号，其中影响一时的《新民说》就出自其中(创刊号至 72 号分 26 回刊载)。《新民说》开头畅言“国也者，积民而成，国之有民，犹身之有四肢、五脏、筋脉、血轮也。未有四肢已断，五脏已瘵，筋脉已伤，血轮已涸，而身犹能存者”[③]，这充分表明在梁的内心世界已充分认识到在当时的中国如果只期待依靠贤明的君主、宰相抑或在野英雄是难以崛起的，必须依靠具有民德、民智、民力的“新民”来实现，有“新民”自然就会出现新制度、新政府、新国家。那么“新民”应具备何等特质呢？梁启超将其归纳为“淬厉其所本有而新之”与“采补其所本无而新之”，二者互为补充，缺一不可[④]。此外，公德、进取冒险、自尊、合群、生利分利、毅力、尚武、私德、民气、国家思想、权力思想、自由、自治、进步、义务

---

① 梁启超：《中国积弱溯源论》，《饮冰室合集》1，文集 5，第 18—27 页。

② 梁启超：《过渡时代论》，《饮冰室合集》1，文集 6，第 32 页。

③ 梁启超：《新民说》，《饮冰室合集》6，专集 4，第 1 页。

④ 梁启超：《新民说》，《饮冰室合集》6，专集 4，第 5 页。

思想、政治能力十六种品格为新民应逐步培养且应具备的资质。

需注意的一点是,梁启超在此提出的“尚武”资质指的是当时世界流行的民族主义、国家主义以及帝国民族主义。民族主义、国家主义的特征是国民团结、其国独立自治,势力太强则会向外溢出;而帝国民族主义就是民族主义、国家主义势力向他国扩张而成,而扩张的重要手段就是兵力。如果没有尚武的国民,不在中国施行铁血主义的话,即便是有很多的民众、很广阔的领土、很悠久的文明也难以立足于世界舞台。即:为保护中国免受帝国主义的威胁,挽救民族危亡,就一定要在中国施行民族主义,这就需要“新民”来实现,通过“尚武”来抵抗列强的侵略,为养成尚武精神,他提出“心力”“胆力”“体力”的重要性,所谓“心力”就是指无论男女都需要“热诚”之心;所谓“胆力”就是指以国家危亡为大义,即使有困难、危险也要冒险行动之力;而所谓“体力”就是指要有健康的体魄。

截至目前虽然有诸多研究指出梁启超在1903年以后思想发生了极大的变化,但笔者认为那都是实现维新变革手段的变化,而他欲以“新民”救国的倡导则一直未有改变。如:他于1904年编纂的《中国之武士道》就是通过与日本武士道的对比来列举中国从古至今所具有“武士道精神”的事迹,虽然其主张与之前所尊崇的“任侠”救国不乏相似之处,但我们从梁启超自述的编写目的可知,他所关注的是全体中国人民如何养成“武士道精神”,实为他倡导“新民”尚武品格的集中体现,这与勤王运动破产前讴歌少数“任侠”“豪杰”于国家发展具有决定作用的倡导大相径庭。换言之,此时的梁启超欲将类似于“任侠”救国的少数人的尚武精神根植于所有中国人的脑质之中。

余　论

亡命日本前的梁启超主要从康有为、黄遵宪那里接触到日本幕末志士的功绩,十分推崇他们的“任侠精神”,认为中国的变革只需要少数的“任侠”“豪杰”就能实现。他所提倡的“任侠”具有四大特质:其一为具有忧国思想。梁认为当时的中国人都只顾“私”之利益,因此他意欲将中国古代存有的“忧国忧民”“以天下为己任”等国家情怀渗透到“任侠救国”的思想中。其二为具有“任侠”资质。康有为、梁启超等维新派所倡导的日本幕末志士精神中都含有“义”与“至诚”之心及“勇敢之胆力”,他们甘愿为国家大义牺牲自己，而中国的“任侠”则大多生于社会底层，他们既具有小民性格，又与上层社会保持着错综复杂的关系。他们轻生死，重承诺恩情，救人于困境，但他们崇尚自由、替天行道、追求天下为公的人格难以被体制所容，所以《史记》《汉书》以后，正史中再无关于“任侠”的明确记载，但其作为理想性人格仍然被当时中国的知识分子所熟知，正因中国传统“任侠”与幕末志士的精神和行事方式有诸多相似之处，所以梁启超才用中国的“任侠”来称日本幕末志士。其三为具有“先时人物”特点。梁启超特别关注日本吉田松阴、蒲生君平、西乡隆盛、大久保利通等人，他将这些幕末志士分成“先时人物”和“应时人物”①，“先时人物”所做之事无一达成，意欲实现之事总是受挫，甚至被周围人视作异类，但他们是社会发展的原动力，是创造时势的英雄，吉田松阴、蒲生君平就是“先时人物”的代表；而“应时人物”所做之事总能实现，享受尊容、安富、名誉等，是时势创造出来的英雄，西乡隆盛、大久保利通等人即为代表。梁启超认为“应时人物”容易出现，但“先时人物”则很难出现，在当时的中国，总需要打开局面的“先时人物”。其四为拥有先驱者精神。“先时人物”率先创造时势，随之出现的“应时人物”便会影响众多无名的“任侠”，他们若达到一定的数量，变革就能成功，而且在梁看来，民众是无知、无能力的存在，他们要通过“任侠”“豪杰”的感化才有可能成为维新的力量，这种认为少数“任侠”就能彻底挽救中国，实现变革的想法带有极为明显的个人英雄主义色彩。

亡命日本后的梁启超感服日本明治维新之功，思想为之一变，同时他亦敏锐地察觉到当时世界上流行的“国家主义”“民族主义”思想并利用《清议报》将其推介给国人，使他们的思想产生巨大的变化，但此时的梁依旧认为少数的“任侠”才是中国实现革新的决定性因素并积极投身于勤王运动之中。勤王运动的破产标志着梁启超“任侠”救国思想实践的失败，这也成为他思想转变的重要因素。自此以后，梁启超开始将视线转为全体“国民救国”，《新民说》则作为其“国民救国”思想形成的集中体现，促进了中国国民思想的普及与发展，最终实现了从少数“任侠”到全体“新民”救国思想的递嬗。

〔作者孙瑛鞠，南京信息工程大学文学院讲师。南京 210044〕

① 梁启超：《南海康先生传》，《饮冰室合集》1，文集 6，第 58 页。

关于通州师范学校日本人教习吉泽嘉寿之丞、森田政夫妇的调查

——以与张謇的关系之考证为中心

王昊天

摘　要：吉泽嘉寿之丞、森田政夫妇曾受张謇之邀，在通州师范学校工作。他们不仅在中国任教多年，回到日本后也继续从事中国留学生教育工作。张謇对吉泽、森田夫妇的招聘与任用，体现了他在教育领域用人不疑、大胆革新的理念。

关键词：通州师范学校　张謇　日本教习　晚清教育

通州师范学校（以下简称为“通师”）是由张謇于1902年在南通创立的一所以日本学校制度为模板的新式学校，是中国师范教育的源头之一。今南通师范高等专科学校前身。

纵观中国的教育近代化过程，由于晚清时期洋务运动的失败以及甲午一役的战败，学习日本逐渐成为主流。张謇除在1903年亲赴日本进行实地考察，并在之后派遣多名学生、教员前往日本学习，还先后邀请了多名日本人来南通担任教习，这其中便有吉泽嘉寿之丞与其夫人森田政[①]。吉泽嘉寿之丞曾在1903年至1906年在通师担任算术、理科教习，森田政跟随丈夫来到南通后也在张謇创办的学校中任教数年。

一、吉泽嘉寿之丞、森田政夫妇简介

1874年，吉泽嘉寿之丞出生于日本富山县富山市，1896年7月毕业

① 张謇称其为政子，学界多采用此说法，但根据其后人描述，其本名应该为森田政。

于东京物理学校数学科①。毕业后他曾在多所学校任教，自 1900 年 3 月 31 日开始，经由母校推荐，前往旧制会津中学就任数学科目的代理教员并一直工作到 1902 年 5 月 20 日②，在此期间他与森田政相识并结婚。之后吉泽虽在其老师三守守（东京物理学校教授，该校创始人之一）的推荐下前往东京入职明治大学高等预科，但因事耽搁未能如愿。1903 年 3 月，吉泽与王国维、木造高俊一同到达中国南通，受聘通师并于 1903 年 5 月开始担任算术、理科教习，聘期内曾短暂回国。1906 年 2 月，他被调至通州高等小学工作，教授体操、理科、日语等课程，1908 年任期结束后他回到日本。1912 年，吉泽嘉寿之丞出版了《生命保险数理泛论》一书。

1914 年，吉泽嘉寿之丞与松本龟次郎、杉荣三郎共同成立了东亚高等预备学校，担任总教习兼理科教员，为中国留学生提供高等学校、大学、专门学校等的升学辅导课程。中国近代历史上的许多名人、伟人，如周恩来总理、国歌作曲者聂耳等都曾在此留学。

森田政于 1880 年出生在福岛县会津若松市，家族世代在会津藩的藩主帐下担任官职，从小作为士族子女接受着严格的家庭教育，从女子师范学校以及东京和洋女子学校的“和裁专攻（日式剪裁专业）”毕业后，开始在会津若松市的小学担任训导。森田政于 1904 年 3 月 3 日与丈夫吉泽嘉寿之丞以及儿子森田一郎一同到达南通，她先是在张謇创办的扶海垞家塾担任教习，做过张謇长子张孝若的保姆兼家庭教习。1906 年，张謇创办通州女子师范学校（以下简称为“通女师”）后，森田政便开始在通女师工作，教授算术、唱歌、体操等科目，1907 年任期结束后归国。

二、吉泽在中国任教时间之考证

关于吉泽嘉寿之丞是否在 1908 年再次前往中国并工作至 1914 年这一问题，中日两国现如今并没有直接史料可以支撑，但根据笔者的调查与考证，发现了一些间接史料可以对此进行辅助说明。吉泽嘉寿之丞曾于

① 日本東京物理学校編：《東京物理学校五十年小史》，東京：東京物理学校，1930 年，第 213 页。

② 日本福島縣立會津中學校編：《會津中學校五十年史：創立五十周年記念》，會津：福島縣立會津中學校，1940 年，第 318 页。

1912 年 4 月 3 日出版了日本最早关于生命保险中的数学原理的学术论作《生命保险数理泛论》,此书开头其老师三守守所撰序言中有关于这本书写作时间的描述,具体如下:

> 吉泽嘉寿之丞是一个专心好学的人,曾经研究过数学并对这一学科有很深的理解和造诣,近来开始从事保险事业并将其高深的学识倾注到保险数理的研究中,这本书便是他钻研的成果,他在明治四十二年(1909)开始这本书的编纂工作,今日终于成书。①

这段序文明确指出吉泽于 1909 年开始撰写这本书,除此之外,吉泽在自序中也写到"花了三年时间直到去年 11 月才终于完稿"②,根据这段描述也可以看出,他开始写作的具体时间应该为 1909 年初。而关于此书的写作地点,则明确写有"于东都骏台下的寄居处"③。东都骏台指的是日本东京千代田区神田骏河台地区,明治大学便坐落于此。这本书以日本国内生命保险为研究对象,调查非常详细。结合以上信息可知,至少在 1908 年底到 1912 年 4 月期间,吉泽在当时交通、通信不便的情况下不太可能身在中国。

1911 年辛亥革命爆发,在中国的日本教习大都回国,在日本的中国留学生也纷纷回国,留学日本风潮逐渐衰退,通师在这之后也没有再聘任过日本教习。而 1913 年底,吉泽已经在和松本龟次郎等人谋划建立东亚高等预备学校,从时间上看在 1912 年之后他也没有理由前往中国。

综上所述,笔者认为,吉泽嘉寿之丞于 1908 年再次前往南通就任如皋师范学校教习并一直工作到 1914 年这一记录为误记,他实际在南通的工作时间应为 1903 年 3 月到 1908 年 5 月。

---

① [日]三守守:《生命保険数理汎論序》,[日]吉泽嘉寿之丞:《生命保険数理汎論》,東京:目黑書店,1912 年,未标页码。

②③ [日]吉泽嘉寿之丞:《生命保険数理汎論》,東京:目黑書店,1912 年,"自序",未标页码。

三、吉泽嘉寿之丞、森田政夫妇与张謇关系之考证

(一) 吉泽嘉寿之丞前往中国的原因

王国维曾在吉泽嘉寿之丞的母校东京物理学校短期留学过，除此之外，张謇的日记也记录过 1903 年 3 月 1 日王国维与木造高俊、吉泽嘉寿之丞一同来到通师这一历史事实[①]。因此，学界通常认为王国维在东京物理学校结识了吉泽嘉寿之丞，并将吉泽推荐给正在寻找日本教习的张謇。但笔者仔细调查后发现此说并不可信。王国维前往东京物理学校进行短期留学是 1901 年初，并且在 1901 年 6 月 12 日就因为身体不适返回中国，此时吉泽已经从东京物理学校毕业 5 年之久，并正式就任了旧制会津中学的数学代理教员，直到 1902 年 5 月 20 日才离职再度前往东京。从时间上来看，二人在东京物理学校产生交集的可能性极低。

笔者虽暂未在现有资料中发现能够直接说明吉泽嘉寿之丞与张謇相识契机的内容，但吉泽前往中国任教的动机与缘由，根据他的长孙森田嘉一的口述内容，并结合当时的时代背景与历史事件，可以进行以下推论。森田嘉一先生提到吉泽嘉寿之丞在其老师三守守的推荐下，于 1902 年从旧制会津中学离职，前往东京入职明治大学高等预科，并兼任该校中国留学生速成教育机构经纬学堂的授课老师。但根据明治大学的相关史料记载，吉泽是 1918 年入职明治大学就任商、法、政专攻科的日语讲师[②]，并未发现其担任高等预科讲师以及兼授经纬学堂的记录。如果口述无误，笔者推测吉泽嘉寿之丞极有可能是拿到了入职明治大学高等预科及经纬学堂的聘书，但因为种种原因没有最终入职，而根据当时的一些历史事件，这一说法也有一定的可信度。

明治大学的前身为 1881 年成立于东京的明治法律学校，并于 1903 年根据日本政府颁布的《专门学校令》的相关规定升格为私立高等专门学校，得以被冠以“大学”之名。而早在 1901 年底，当时的明治法律学校便

---

① 张謇：《柳西草堂日记》，李明勋、尤世玮主编：《张謇全集》(第八册)，第 532 页。

② [日]松浦良松编：《明治大学年鑑大正 15 年》，東京：明治大学新聞学会，1926 年，第 150 页。

开始准备谋划成立大学。根据《专门学校令》的规定,高等专门学校可以在专门科目即本科之外设置预科、别科、研究科,其中私立学校若在法令发布时已经拥有超过一年半修学年限的预科的话,便可改称“大学”[①]。明治法律学校在谋划升格大学的过程中也在逐步完成各个科目的建设,原计划于 1903 年 4 月开始高等预科的授课,1904 年 9 月开始本科授课,但在 1902 年末日本东北诸县的灾荒以及帝国议会解散等事件的影响下,预科以及本科的开设都延期了一年[②]。

吉泽嘉寿之丞虽然在 1902 年得到其老师推荐前往东京入职明治大学高等预科,但因为明治大学一直未能如期开课,吉泽便陷入了失业的窘境,考虑到 1902 年他的长子刚刚出生,家庭的负担逐渐加重,在这种状况下,吉泽势必会寻求其他发展途径。

这一时期,中国的教育正处于全面学习日本的高潮阶段,官私立学校对日本教习的需求日益激增。除了民间自发邀请,清朝政府也委托日本政府帮忙选拔招聘日本教习前往中国。可以说,这一时期在日本教育界前往中国任教已经成了一种潮流。除此之外,日本国内的中国留学生也在与日俱增,各个学校都在开设留学教育机构。明治大学也是在这一背景下筹划开设经纬学堂,并派遣人员前往中国考察。

吉泽嘉寿之丞在长子新生,又逢失业的情况下受此风潮影响的可能性极大。特别是他原先在旧制会津中学时的工资仅为月 40 元[③],而张謇给他任教通师的薪资则为月 150 银元[④],即使不考虑汇率问题也已经高出 3 倍之多,这对于其吸引力之大可见一斑。除此之外,日本教育界此时也掀起了前往中国任教的风潮,迟迟未能入职的吉泽嘉寿之丞很有可能是受此影响前往中国并结识了正在寻求日本教习的张謇,最终入职通师。

(二) 吉泽的短期回国以及张謇对吉泽嘉寿之丞的不满

吉泽嘉寿之丞曾于 1903 年到任通师不久后又返回了日本,直到

① 日本文部省編:《学制百年史》,東京:帝国地方行政学会,1981 年,第 373—374 页。

② 日本明治大学編:《明治大學六十年史》,東京:明治大學,1940 年,第 24 页。

③ 日本内閣官報局編:《職員録 明治 33 年(乙)》,東京:印刷局,1900 年,第 237 页。

④ 曹炳生、都樾编:《吉泽嘉寿之丞和森田政夫妇在南通任教档案资料集》,内部资料,南通:南通师范高等专科学校,2018 年,第 11 页。

1904年3月3日才回到通师。1903年6月，通师发生了木造高俊自杀事件。刘佳(2018)认为在木造高俊自杀事件发生后，吉泽回国又久久未归，在两件负面事件的接连影响下，张謇在给王国维的书信中评价吉泽"甚不合信义"，以此为依据指出吉泽的背信毁约的行为触怒了张謇①。笔者认为，该说法还有值得讨论与补充的地方。

1904年3月3日，森田政与丈夫孩子一同到达通州，她最先就职的扶海垞家塾虽被认为是中国最早的新式幼儿园之一，但森田最初的工作并未完全脱离传统家庭保姆的范围。

其实张謇曾经拜托日本友人内藤湖南以及西村天囚帮忙寻找师范教习以及保姆，1903年张謇东游日本考察各地产业期间，曾与二人就此事有书信往来。具体如下：

> 师范教习及保姆二事，归后一月，必有书来。惟目前经济实属困难，师范教习和田君月俸可否略减？……至下走前拟订请折井夫人之合同，既经折井君酌量增减，其如何措词，亦请由西村先生先行见寄。②

据此书信内容可知，张謇原定招聘和田作为师范教习、折井夫人为保姆，但因为资金不足，希望与二人交涉能否略微减少工资。最终，因为此事，二人并未前往南通，张謇招聘日籍保姆与师范教习的计划遭遇挫折，其失望感不言而喻。

笔者认为，此时的张謇接连遭遇木造高俊自杀以及招聘计划受挫的打击，心情跌入谷底，因此迁怒到未按约定日期到任的吉泽，评价其"甚不合信义"。峰回路转的是，1904年3月3日吉泽偕其夫人、长子到达南通，张謇大喜，少见的在自家宅邸为二人置办接风酒，并在酒席上起草制定了《扶海垞家塾章程》，之后森田政顺势成为扶海垞家塾的首位外国教习，担任张謇长子张孝若以及张氏家族孩童们的保姆兼家庭教习，张謇的幼儿教育事业得以推进。

---

① 刘佳：《通州师范学校与教科书疑狱——论张謇的外聘人才观》，《中国史跨学科博士生论坛论文集》2018年第1期。

② 张謇：《致内藤湖南西村天囚函》，李明勋、尤世玮主编：《张謇全集》(第二册)，第125页。

将以上事件按时间线重新整理后可以推测,张謇招聘折井夫人的计划失败后,极有可能转而向吉泽寻求帮助,委托吉泽回国动员他拥有幼教经验的夫人森田政来南通任教,并与吉泽约定了大致的到任时间。但木造高俊自杀事件却无形中加大了吉泽动员妻子一事的难度,除此之外,他可能还需要解决先前与明治大学所约定的合同。最终明治大学高等预科的延期开设虽曾让吉泽陷入了失业窘境,却也让吉泽再无杂念得以携全家前往中国,不过举家迁移终究手续繁多,使得吉泽逾期数月并最终触怒了张謇。

(三) 张謇对吉泽、森田夫妇之优待

通师在清朝末期虽然一直面临着资金不足的局面,但张謇对于在任的日本教习却给予了相当的优待。除较高的工资外,每当吉泽外出,张謇总是安排车夫送其回家。张謇在给宋龙渊的信中曾说"送吉泽先生之车夫既不识路,又不明白,可恨。……吉泽此次大苦"[①],表达了对吉泽的关切。

除此之外,从一些历史细节中也能看出张謇对于这二人的善意与信任。比如京都外国语大学的创始人森田一郎在2岁时便跟随父母一同前往中国,直到1907年才再次回到日本,在中国待了3年之久。1906年森田一郎面临小学入学问题时,张謇便让吉泽转勤至通师附设小学,但较为遗憾的是因为一郎长时间待在中国,不能流利使用日语,其父母最终在聘期结束后没有续聘,带他回到了日本。关于这件事,森田嘉一先生曾经说道:"父亲的日语已经略有不顺,因此被送到小学校老师那边学习日语。"再就是,在1905年底的通州学校运动会中,吉泽嘉寿之丞还曾担任高等小学堂部分的裁判长和赤十字长[②]。从这点可以看出吉泽在一众教员中的地位也是较高的,张謇对其的信任也是显而易见的。张謇对于日本教习吉泽嘉寿之丞的信任,也体现出张謇作为教育改革先驱者用人不疑、大胆革新的卓越思想。

---

① 张謇:《教育手牒》,李明勋、尤世玮主编:《张謇全集》(第三册),第1413页。

② 作者不详:《通州学校运动会高等小学一部分之概要》,《新闻报》1905年11月20日0003版次。

四、森田政在南通的音乐教育实践

“学堂乐歌”是中国近代音乐教育的开端。清朝末期，随着中国教育近代化的逐步推进，“学堂乐歌”在新式学校中也被提升为重要学科。事实上“学堂乐歌”最初是模仿日本学校“唱歌”科目而发展起来的。最初的一些曲子大多是沿用当时日本歌曲的乐谱，用中文填词改写而来。张謇作为近代教育改革先驱者，也创作过多首“学堂乐歌”，根据张謇的日记内容，森田政与张謇共同创作了多首歌曲，具体如下：

> 森田教师欲编二歌，为述其意用汉文编之。《池中之金鱼》：“风吹池面开，一群金鱼排。小鱼摆摆尾，大鱼喁喁腮。白鱼白玉琢，红鱼红锦裁。我投好食不须猜，和和睦睦来来来。”又《莲华歌》《风车歌》。《莲华歌》仍日本之旧，而尾易中国俗语。《风车歌》则更制：“风车兮风车，圆转兮不差。风之亟亟兮，车之捷捷兮。人心不息兮，风车不息兮。”①

张静蔚(2003)曾对张謇与森田政共同创作的几首歌进行了简单的分析，认为《池中之金鱼》“以中速的曲调，唱来很有兴味”②，并指出《风车歌》是根据日本儿歌《風車》的曲调，重新创作的歌曲，张謇更改后的歌词虽然拔高了原曲的立意与层次，但无法以原曲调进行歌唱，因此推测该歌曲调是经过了森田政的润色后才完成创作的。但张静蔚(2003)没有提及《池中之金鱼》是否也是由日语歌改编而来，除此之外，这几首歌的创作背景尤其是题材选择的背景也是未知问题。

(一)《池中之金鱼》

关于这首歌曲是否是根据日本歌曲改编而来这一问题，笔者向大阪教育大学的名誉教授松村直行(明治、大正时期的童谣与唱歌学者)确认

① 张謇:《柳西草堂日记》,李明勋、尤世玮主编:《张謇全集》(第八册),第579页。

② 张静蔚:《张謇与学堂乐歌》,《音乐艺术(上海音乐学院学报)》2003年第2期,第23页。

的结果表明明治时期日本与金鱼相关的童谣中并无此首歌曲。而曲名和创作时间最为接近森田政所创作的歌曲的，则是由日本明治时期的童谣与学堂歌曲作曲家田边友三郎创作于1901年的《池に金魚(池子里的金鱼)》，但这两首歌听感差异大，曲谱也完全不同，应该只是巧合，并不存在相关联系。可见《池中之金鱼》是由张謇作词，森田政作曲的一首原创“学堂乐歌”，这在同时期的“学堂乐歌”创作中是比较少见的。

图1 《池中之金鱼》曲谱①

(二) 森田政在学堂乐歌创作题材的选定

森田政的家族代代都在会津藩藩主旗下出任官员，是名副其实的日本旧系士族家庭。森田家的“家主”即族长也是由她与吉泽的长子森田一郎继承，而森田一郎的妻子森田倭文子的娘家也同样是会津士族，由此可见作为会津士族子女成长的森田政对于会津的情感也是十分深厚。

根据对会津风土人情的调查，会津地区有着被称作“会津三缘起”的三大民间工艺品“起き上がり小法師(不倒翁)”“風車”“初音(竹制口哨，哨声似树莺)”。这三样工艺品相传最早是在400年前，当时的会津藩藩主蒲生氏乡命令暂时没有具体职务的家臣制作并在正月里进行出售，从此代代相传下来。

会津的“起き上がり小法師(不倒翁)”中最为古老和最为出名的品类则出自“会津張子(用纸制作的玩偶)”，而这一品类中较为常见的题材便有代表“福々(福气)”的金鱼，除此之外，会津地区的锦鲤自古便十分有名，培育出的“会津锦”更是风靡日本。可见森田政以风车和金鱼为题材创作歌曲与其故乡的风土人情息息相关，她希望通过编写歌曲将故乡的文化传至中国。

① 参见张静蔚:《张謇与学堂乐歌》,《音乐艺术(上海音乐学院学报)》2003年第2期,第23页。

五、吉泽一家归国后的活动

吉泽在 1908 年回国后又继续从事中国留学生的教育工作，并于 1914 年出资与松本龟次郎、杉荣三郎共同创立了中国留学生预备教育机构东亚高等预备学校（以下简称为“东亚学校”），该校设有预科以及本科，是当时日本最大规模的留学生预备校。

在 1925 年被转让给日华学会之前，吉泽一直担任该校的总教习，之后则变为了普通老师并一直工作至 1942 年才退休。韩立冬（2013）提出东亚学校的预科在学校发展中后期实际上成了当时日本文部省直属高等学校的特设预科的预科[①]。在当时，只有文部省直属高等学校的毕业生才能升学至帝国大学[②]，换言之在民国时期的赴日留学生虽然不得不接受双重预科教育才有可能进入日本的最高学府，但比起清末时期的难度已大幅降低。除此之外，日本政府在明治至大正时期颁布了一系列高等

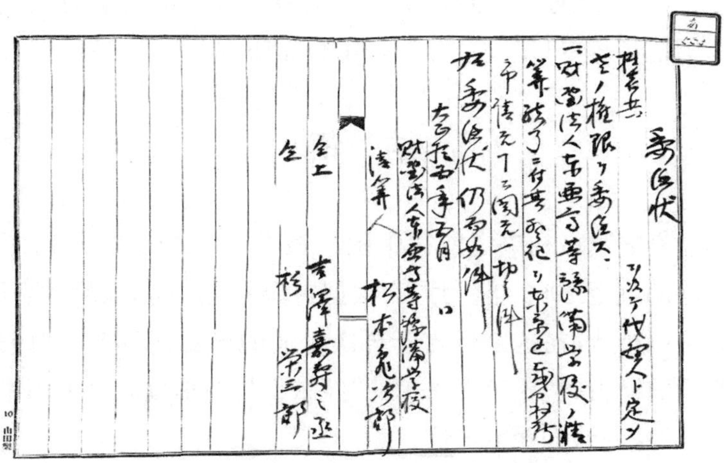
委任状
松本亀次郎
吉澤嘉寿之丞
杉栄三郎

图 2　东亚高等预备学校创建委任状[③]

---

① 韩立冬:《東亜学校の中国人留学生予備教育:特設予科との関係を中心に》,《年報 地域文化研究》2013 年总第 16 卷。

② 帝国大学根据日本政府 1886 年公布的《帝国大学令》以及 1919 年公布的《第二次帝国大学令》而建立，最初为 5 所分科大学，后进行了更名改制加上了学校所在地区名，如东京帝国大学、京都帝国大学。这几所学校是日本当时的最高学府。

③ 日本静冈县挂川市市立大东图书馆所藏孤本。笔者于 2023 年 2 月 2 日前往该图书馆获得馆长同意后将这份资料借出阅览并拍摄。

教育改革政令,使得一众专门学校得以升格成为大学,而东亚学校的毕业生是具备报考这些新晋大学的资格的,可以说该学校为这一时期赴日的中国留学生的升学构建了良好的平台基础。

除了在东亚学校对留学生进行预备教育,吉泽还在 1918 年入职了明治大学的商、法、政专攻科成为大学讲师,教授日语与数学。教学之余,吉泽还写作出版了一系列书籍,除了上文提到的《生命保险数理泛论》以外,还分别于 1917 年和 1920 年出版了数学教辅书籍《算术讲义:为高等程度的考生》《为代数学考生》。1946 年,吉泽因病去世。

虽然在中国工作了 5 年,吉泽一家在之后却依旧从事着对中国留学生的教育活动,这与张謇对其影响是密不可分的。除了从其回国后从事的事业可以看出吉泽一家所受张謇的影响之外,在生活的一些细节也能窥见一二。比如在日本的传统习惯里只有生病的时候才会喝粥,但森田嘉一先生曾提到,他们一家一直保持着早餐喝粥的习惯,很明显,这是他祖父母吉泽、森田夫妇在中国生活时养成的习惯并延续给了子孙。2018 年 5 月 6 日,二人之孙——森田嘉一作为京都外国语大学时任理事长访问了南通师范高等专科学校,并签署了合作协定。

结　语

吉泽嘉寿之丞最初决定前往中国应该在 1902 年末,并于 1903 年正式被张謇聘用直至 1908 年 5 月,而根据吉泽所著《生命保险数理泛论》的相关内容可以推测,在这之后吉泽再次赴通的可能性极低。而关于他成为通师教习的缘由,学界通常采用的"经东京物理学校同窗王国维的推荐与张謇相识"这一结论并不可信。

笔者认为,促使吉泽放弃明治大学高等预科教师前往中国的缘由,首先除了此时他的孩子刚刚出生,而他迟迟无法入职明治大学,陷入失业窘境而不得不寻求其他出路之外,这一时期日本人赶赴中国任教的风潮也是一大诱因,特别是张謇为吉泽所开工资是其在旧制会津中学时的几倍之多,很符合吉泽此刻的需求。

其次,森田政应该是经由丈夫吉泽嘉寿之丞的动员与推荐才最终前往南通,担任扶海垞家塾以及通女师的教习,二人共同赶赴中国也在一定程度上弥补了张謇早期招聘师范教习及保姆时所遭遇的挫折与失败。在南通的教育生涯中，森田与张謇共同创作了数首歌曲，其中《池中之金鱼》是当时特别少见的原创歌曲，而非沿袭日本旧曲的全新"学堂乐歌"，为张謇的音乐教育改革活动做出了贡献。除此之外，笔者认为这首歌曲也体现了在近代历史上中日文化交流的一些特征。

再次，吉泽嘉寿之丞作为张謇和通师最早招聘的日本教习，除了在南通任教期间较好地完成了自己的任务，为近代南通带去了先进的西方科学知识，更是在张謇推进幼儿教育与女子教育遭遇挫折之时，动员其妻子森田政一同前往中国，为张謇的教育事业提供支持与帮助。除此之外，夫妻二人在回国后，不仅自身继续从事中国留学生教育，他们的后代亦不曾放弃与中国的文化与教育的交流。二人长子森田一郎创办的京都外国语大学，不仅积极招收中国留学生，更在 1974 年开设中文系，50 年间已培养了 3725 名精通中文的人才。这一切都与张謇在 120 年前的教育改革事业紧密相连。

最后，吉泽 1902 年到任通师不久后又再次回国并久不到任这一行为虽然让张謇极为不快，但在吉泽偕妻子与长子于 1904 年再次到任后，张謇依旧愿意给予他足够的信任与优厚的待遇。除了为二人置办接风宴并聘请森田政担任自己儿子张孝若的保姆与家教之外，还在森田一郎即将上小学时将吉泽调任至通师的附属小学，并有意任命其为学校的管理者。以上种种都展现了张謇用人不疑的人才观念和大胆革新的教育思想，而南通地区基础教育的高度发达，也正是张謇这一思想在教育实践中的多年累积与集中体现。

〔作者王昊天，日本京都外国语大学博士研究生。〕

文史考辨

身份迷失与思想摇摆

——《张季子荷锄图》与晚清张謇的困顿*

赵家晨

摘　要：南通博物苑所藏《张季子荷锄图》乃画家单林于1899年冬为张謇所绘，画幅上有陈三立、沈曾植、郑孝胥等人题咏诗词十数首。

关键词：晚清　张謇　《张季子荷锄图》

步入张謇南通博物苑，“登楼回首，一幅大型的张謇荷锄图映入眼帘，上面画着健壮的男子，左手提起下垂的衣襟，右肩扛着一把锄头，头戴斗笠，两目炯炯注视着前方”①，这就是鼎鼎有名的《张季子荷锄图》刻石。

《张季子荷锄图》见证了从甲午至辛丑年间张謇由困惑到决绝心态的转变，由学而优则仕，渴望在政治上有所建树的士人心态，转变为以农商为本、以实业谋国富民的思想。本文拟从《张季子荷锄图》的文本形态、题咏内容入手，梳理张謇1894年中状元后至1901年间的政治活动、交游及兴办实业、教育等情况，进而探讨这一时期张謇的身份认同及思想观念的转变。

一、《张季子荷锄图》的文本形态及题咏概况

《张季子荷锄图》为南京籍画家单林所绘。绘制完成后，张謇邀请师

*　本文系江西省哲学社会科学基金一般项目“媒介转型视域下同光体赣派诗人词事活动考论”(21WX05)的阶段性成果。

①　中国科学技术协会编：《中国科学技术专家传略 农学编 综合卷1》，北京：中国农业科技出版社，1996年，第3页。

友、同窗及门生17人题咏。画中的张謇,“目光坚定地注视着前方。这一形象与他当时的翰林院修撰的身份形成鲜明的对照,仿佛是在向世人发表宣言,宣告他将与旧式文人作彻底的决裂”[①]。

首先,该画应作于1899年秋冬间,《南通日报》云:“1895年,任职于翰林院的张謇,看到国家内忧外患,毅然决定脱离宦海,实业救国。他希望通过自己的身体力行,为多灾多难的国家寻找出一条走向兴盛的道路。为表明自己的决定,他请南京籍画家单林,画了一幅《张季子荷锄图》。”[②]表明该画绘制于张謇任职初入翰林院的1895年。张謇纪念馆网站“张季子荷锄图”条目亦采用此说。又有资料称:“光绪庚子秋,有画家为张謇画了一幅画——《张季子荷锄图》。”[③]陈宏《纪录庄园》亦云:“上书《张季子荷锄图》,此画出于光绪庚子秋,四周填满了题署”[④],表明该画绘于1900年秋。

张謇与单林相交于1899年[⑤]。当年9月,张謇“嘱江宁画家单林绘《鹤芝变相》《桂杏空心》《水草藏毒》与《幼小垂涎》四幅《厂儆图》悬大生纱厂公事厅”[⑥]。当年农历十一月十二日,张謇在日记中记道:“孔驯回,得虞山讯并题《荷锄图》诗。”[⑦]直言自己接到翁同龢为《张季子荷锄图》题诗,这表明《张季子荷锄图》应绘制于1899年9月至12月间,即1899年冬。从众人题跋来看也印证了这一点。钱仲联《海日楼诗文集校注》将沈曾植题写《季直书来索题〈荷锄图〉诗二首》编年认定为1899年秋,黄绍箕《题〈张季子謇荷锄图〉》明确曰“光绪庚子夏记”[⑧]。可知,《张季子荷锄图》作于1899年秋冬间。

其次,《张季子荷锄图》的文本形态有三种:一为原始图卷,一为刻石,

---

①② 麦子:《〈张季子荷锄图〉刻石》,《南通日报》2014年2月26日,第B04版。

③ 杨玉坤:《陕西楞娃》(上),西安:太白文艺出版社,2010年,第54页。

④ 陈宏:《纪录庄园》(下),北京:中国广播电视出版社,2016年,第802页。

⑤ 张謇于1901年7月7日为单林赋《竹孙为画枯树皇藤一牯牛二吴羊于善,戏题》。嗣后单林又为张謇绘《东海牧夫长五十小像》,画中的张謇坐在石头上,身边围着牛群和羊群,完全是一个垦牧者的形象。

⑥ 庄安正:《张謇先生年谱(晚清篇)》,第167页。

⑦ 张謇:《柳西草堂日记》,李明勋、尤世玮主编:《张謇全集》(第八册),第472页。

⑧ 陈诒昆等主编,俞天舒辑:《瑞安文史资料第17辑 黄绍箕集》,温州:政协瑞安市文史资料委员会,1998年,第94页。

一为影印，三种形态中刻石与原始图卷差异巨大。单林绘原作，现悬挂于南通海门常乐镇张謇纪念馆内，因时间久远，图卷图像及题咏文字皆已漫漶不清，然依稀可辨。影印图卷有二：一为张謇去世未久，其子张孝若于1930年作《南通张季直先生传记》，在书前影印此画，此幅据原图黑白影印，因影印技术问题，此幅图卷画面更为模糊，且出现大片油墨印记，题咏文字更是难以辨认，但张謇面目清楚，较设色原图更容易辨认；一为2014年张謇研究中心以简体横排形式重新印行了《南通张季直先生传记》一书，因现代技术的进步，此图为去底色影印，此书扉页所载《张季子荷锄图》题咏文字清晰可辨，然张謇面目有些许模糊。南通博物苑藏《张季子荷锄图》刻石为1948年张謇侄儿、时任大生企事业负责人张立祖(张敬礼)邀请刻石家黄怀觉所刻，“对比原图，黄怀觉在刻石时对原来题字的分布作了较大的调整。如张督的篆书题名，原来在画的中部偏左，调整后则置于右上角，更为醒目。至于所刻人物及题字的点画之间，更是精细入微，既保留原作的神采，又体现出运刀如笔的意趣”[①]。刻石版较原图改变幅度较大，经笔者比勘，达8处之多，可以说刻石是黄怀觉在原图基础上的再次创作。

再次，《张季子荷锄图》中的张謇形象无论是面相、面目表情，还是衣着，皆与世人印象中的张謇迥异。创办大生纱厂时的张謇已经留有标志性的浓密的八字胡，而画卷中的张謇净面无须；大众熟悉的张謇常以西装照示人，少有身着长衫的照片。羌松延云：“张謇有穿着西装的标准像，体现了其思想中的西化方面，更多时候则身着长袍，有的一穿就是数年。”[②]张謇儿子张孝若亦云：“他穿的长衫，有几件差不多穿了三四十年之久，平常穿的大概都有十年八年。”[③]可见身着长衫为张謇衣着常态。

从题咏情况来看，题咏者或为师、或为友、或为门生，题咏时间集中在1899年至1902年之间。同治七年(1868)，张謇冒籍参加科考，案发后，历经六年才经礼部核准改籍归宗结束官司。在此过程中，张謇“结识了一批同案生员，如通州范当世(肯堂)、海门周家禄(彦升)、如皋顾锡爵(廷卿)、陈国璋(子璹)等，扩大了交游面”[④]，范(范当世及其弟范钟)、周、顾

---

① 麦子：《〈张季子荷锄图〉刻石》，《南通日报》2014年2月26日，第B04版。

② 羌松延：《试论张謇之节俭观》，《张謇研究》2022年第2期。

③ 张孝若：《张謇传》，第203页。

④ 章开沅：《张謇传》，第7页。

作为张謇少年挚友，在《张季子荷锄图》上题写了文字。自光绪二年(1876)至光绪十年(1884)，张謇在吴长庆军中为幕，结识袁世凯、何嗣焜、沈瑜庆、于式枚、郑孝胥等，何、沈、郑在《张季子荷锄图》留下自己的文字。从光绪十一年(1885)至光绪二十年(1894)，张謇在京屡屡参加科考，除座师翁同龢外，"结识的好友日益增多，……有黄绍箕(仲弢)、王仁堪(可庄)、王仁东(旭庄)、梁鼎芬(节庵)、沈曾植(子培)、沈曾桐(子封)、盛昱(伯熙)、濮子潼(子潜)、王颂蔚(芾卿)、张云馆(伯记)、丁立钧(恒斋)、钱贻元(新甫)、杨锐(叔峤)、屠寄(敬山)、汤寿潜(蛰先)、文廷式(芸阁)等"[①]，皆为帝党、清流，其中翁同龢、黄绍箕、沈曾植、丁立钧、汤寿潜等为《张季子荷锄图》题写了文字。

此外，题咏时间集中在光绪二十六年(1900)、光绪二十八年(1902)这两年。1900 年有黄绍箕、沈曾植、郑孝胥等名家集中题咏。郑孝胥于光绪二十六年二月二十五日(1900 年 3 月 25 日)载："过沈子培，观季直《荷锄图》，有常熟翁公题五律一首。"[②]张謇在 1900 年初将《张季子荷锄图》送至沈曾植处请其题诗，这时画幅上只有翁同龢一人的题诗。《沈曾植年谱长编》将沈氏诗《季直书来索题〈荷锄图〉诗二首》编年定为 1900 年亦印证了这一点。黄绍箕在给《张季子荷锄图》题跋时特标记"光绪庚子夏记"，亦表明其题记的写作年份为 1900 年。郑孝胥于光绪二十四年四月二十八日(1898 年 6 月 16 日)曾作《题季直荷锄小照》律诗一首，应在 1900 年后一字未改誊写在《张季子荷锄图》上。光绪二十八年农历十月十七日，张謇至南京，"诣伯严。见湖南张伯驯、饶某"[③]，陈三立"为张謇题荷锄小照"[④]。沈瑜庆《题张季子〈荷锄图〉》诗特标明题写年份为"壬寅十月"，亦可知他是 1902 年为此图作跋的。

二、《张季子荷锄图》之寓意

《张季子荷锄图》中的张謇以退耕田园的士夫形象示人，似乎向世人

① 章开沅：《张謇传》，第 62—63 页。

② 劳祖德整理：《郑孝胥日记》(第二册)，北京：中华书局，1993 年，第 752 页。

③ 张謇：《柳西草堂日记》，李明勋、尤世玮主编：《张謇全集》(第八册)，第 528 页。

④ 李开军撰：《陈三立年谱长编》(中)，北京：中华书局，2014 年，第 603 页。

表明1898年6月辞官归里的张謇似乎将不再过问政事,专心做一个快乐的农家翁。而题咏诗句中提到最多的是张謇创办实业之艰。范当世诗句:“絮语皋夔三十载,一灯今夜话悲辛。连陇苍烟耕不得,可怜还作荷锄吟。”(《题张季子荷锄图》)将张謇创办实业遇到的种种艰难困苦一语道破。首先,张謇回乡耦耕的出发点并非归隐退养,沈瑜庆题诗:“谓当纾世难,岂意退躬耕?”(《题张季子荷锄图》)对张謇在危难局势下归乡躬耕动机提出质疑?沈曾植题诗云:“蛙声五行差可说,禾采三变思诸先。姚埭老民岁时纪,心知不同蔡癸篇。”(《季直书来索题〈荷锄图〉诗二首》)指出张謇投身农业,不再以归隐田园为旨归,而是以振兴工商业、农业为旨归。周家禄题诗:“强梁越畔来畲菑,四邻睽睽当语谁?”(《张季直謇〈荷锄图〉》)说创业初期筚路蓝缕,举步维艰,最大的困难是筹款,然内心的苦楚却无处诉说。创办大生纱厂时,张謇在上海招股“凡以纱厂集股告人,闻者非微笑不答则掩耳却走”[①],“四面奔走,陈说通州设纱厂之利,所劝集者不及二万”[②]。又如通海垦牧公司原计划集股22万,实则只有14万。他只能不断劝说友人入股,陈三立、范当世、郑孝胥等纷纷入股。而这些老友亦助力其兴办大生纱厂、通海垦牧公司,或商讨办厂模式,或筹备集资事宜,或亲临现场勘测、监工[③]。最终,大生纱厂和通海垦牧公司在资金严重短缺的情况下,勉强开业运营。

其次,众多题咏反复提及张謇在海边荒滩扶犁开垦之事,如诗句“万里风尘又素秋,斜睨微月海东头”(顾锡爵)、“便耦耕去也,江北海东头”(徐乃昌《水调歌头·张季直属题荷锄图》)、“扶海垞南今谷口,形谍名轩非子真”(沈曾植《季直书来索题〈荷锄图〉诗二首》)、“萧察扶海垞,□梦觚□理”(顾沄)等无不书写张謇荒滩躬耕的事实。通海垦牧公司确是建在南通临海荒滩上,且公司选址、公司资金筹集、工地开工建设、工厂开业运营、公司章程制定,都是张謇亲力亲为。测量南通荒滩可垦殖面积,张謇日记中可见多处记载。如1900年农历闰八月二十一日载:“与磬硕、彭阆

---

① 张謇著,文明国编:《张謇自述》,第134页。

② 张謇著,文明国编:《张謇自述》,第133页。

③ 据庄安正《张謇先生年谱(晚清篇)》载,张謇在创办大生纱厂、通海垦牧公司过程中与郑孝胥、沈瑜庆、沈曾植、蒋锡绅、何嗣焜、徐乃昌、汤寿潜等针对办厂模式、筹股、工厂选址勘测、公司章程等具体事宜多次议商,这些人是张謇兴办实业过程的见证人,故而能在《张季子荷锄图》中将张謇投身实业之艰难一语道破。

书、宋声扬同由吕四之牛桥壅涂、二补、三补至海境之卑长春各荡，巡历一周，氐张如峰处（东兴镇）。通海之滨可垦之地千顷，合二千五百万步，可兴之工商则油厂、糖厂，农则畜牧，利尤溥。树宜柏、宜芦粟。”①农历九月二十七日载：“与磬硕讯、如峰讯，托照料知源等测画舆图。”②1901 年农历三月二十八日载：“同积余、小山、磬硕并汪知州、毛运判、黄大使、徐巡检勘视丁荡及头甲，至十八总。赵亭是日上梁。”③农历四月八日载：“丁荡三十总共有实地九百七十余顷，过黄大使一倍。”④可见，正是由于张謇多次深入荒滩丈量、巡查，其勤劳、朴实的农人形象才在众题咏者笔下熠熠生辉。

再次，张謇兴办实业遭到官、商、民多方责难、怀疑。周家禄题诗：“主人有田芜不治，诸奴嘻嘻顾其私。”（《张季直謇荷锄图》）即是对张謇创业初期遭各方诘难的真实写照。张謇创办大生纱厂为张之洞奏请朝廷所准，本应得到官府大力支持，然并非如此。张謇于 1898 年 5 月 22 日致翁同龢《农工商标本急策》云：大生纱厂“一则纱厂股份不足，必须公款协助；一则纱厂捐税太重，必须量请宽减”⑤。可知朝廷征税过重，并未有扶植。哪怕得到刘坤一的支持，因触犯通州地方官员利益，地方官府处处为难。如“通州知州汪树堂故意派遣‘签役四出’，把协助募集股金丑化成强征苛捐杂税的模样……挪用津贴本地秀才、举人应乡、会试的‘宾兴’‘公车’两项费用的积存”⑥，引起当地士绅乡民的强烈不满。为此，张謇斥责汪树堂为“昏官”，在日记中感叹：“夫今日官之贼民，不足奇也。所奇者，不知民为谁何之民，而官自以为贼民，乃可效忠。民之疾官，不足奇也。所奇者，知官所为非朝廷之为，而弃塞生计，宁为荼毒以同尽。”⑦认为官、民之间已无基本信任可言。又如通海垦牧公司在兴建过程中也屡遭诘难：先

---

① 张謇：《柳西草堂日记》，李明勋、尤世玮主编：《张謇全集》（第八册），第 490—491 页。

② 张謇：《柳西草堂日记》，李明勋、尤世玮主编：《张謇全集》（第八册），第 492 页。

③④ 张謇：《柳西草堂日记》，李明勋、尤世玮主编：《张謇全集》（第八册），第 501 页。

⑤ 张謇：《农工商标本急策》，李明勋、尤世玮主编：《张謇全集》（第四册），第 25 页。

⑥ 章开沅：《张謇传》，第 83 页。

⑦ 参见庄安正：《张謇先生年谱（晚清篇）》，第 160 页。

是因勘查地界,处理与筹户、垌户地权纠纷问题,引发本地批户陆某、彭某的报复,二人屡次抢夺通海公司荡草。然海门厅官府不作为,以良民顶替案犯蒙混张謇。再次,通海垦牧公司在动工开业时,由于谣言纷起,"所募民工实到2000人,因'有谣谚工作太苦,工资不足食者',民工'顿散其半'"①。再如大生纱厂因"改为官商合办以后,资金一半来自官府,企业的所有权和经营管理权都可能受到封建官府的严密控制和经常干预"②,引起民间商人的诸多疑虑。可见,作为状元的张謇初涉实业,面临的困难远比想象的多。

张謇创办的实业开始有欣欣之势,众人题咏亦肯定其兴办实业之功。如沈瑜庆诗句:"去草严非种,滋苗达始萌。劳心与劳力,著论渐持平。"(《题张季子荷锄图》)写张謇亲力亲为,所创办的企业呈现蓬勃向上之势,也堵住了悠悠纷说之口。陈三立诗句:"垦牧经纶世已传,争看涸海佩乌犍。"(《题张季直荷锄小照 其二》)记述了张謇荒滩创业已广为流传。陈氏另一诗句:"独契微言张季子,升平持世一耰锄。"(《题张季直荷锄小照 其一》)记述张謇以实业报效国家、开创盛世之功。

三、进退维谷:在政、商、艺、教之间

1897年春,张謇在日记中写道:"……謇天与野性,本无宦情。……愿为小民尽稍有知见之心,不愿厕贵人受不值计校之气;愿成一分一毫有用之事,不愿居八命九命可耻之官:此謇之素志也。"③《张季子荷锄图》即是张謇借此表达自己告别宦海、身体力行、救国救民的心迹。徐乃昌词句:"一梦京华醒早,顾甚玉堂天上,身世等沙沤。"(《水调歌头·张季直属题荷锄图》)似乎表明张謇京华梦醒,与政治决裂。然而,自1895年张謇奉命筹办大生纱厂,直至1901年,张謇从未脱离政治,事实上这一时期的张謇亦官、亦商、亦士大夫,他在传统士宦与商人间徘徊不定。

首先,张謇从未脱离政治,哪怕他于1898年6月辞官后,仍以在野士绅身份参与朝政。郑孝胥诗句:"蚤岁矜狂各爱名,中年积愤欠忘情。终

---

① 参见庄安正:《张謇先生年谱(晚清篇)》,第189页。

② 章开沅:《张謇传》,第81页。

③ 张謇:《柳西草堂日记》,李明勋、尤世玮主编:《张謇全集》(第八册),第421—422页。

怜流俗讥评浅，自觉文章得失轻。”(《题张季直荷锄小照》)塑造出一个激愤慷慨，被流俗所伤，感叹文章无用的张謇形象，然这并非一个真实张謇，这时的张謇从写八股空文转为书撰时务策论。自甲午年(1894)张謇中状元直至辛丑年(1901)，晚清政坛大事皆可见张謇身影。

1894年春，张謇中状元不久，中日甲午战争爆发，身处京师的张謇坚定地站在座师翁同龢身后，主战、倒李(鸿章)，甚至意图联合沈曾植、黄绍箕等清流议商联合英、德抵御日本。1898年6月，张謇在辞官之后，参与戊戌变法，他为翁同龢草拟《京师大学堂办法》，并在戊戌政变后，与刘坤一商量并代拟《太后训政保护圣躬疏》，试图调和帝后两宫紧张关系。1900年八国联军侵入北京后，张謇劝诫刘坤一坚持东南互保不动摇，毋须率兵入京勤王。在得知两宫西狩后，他又劝诫刘坤一“‘请奏罢斥端、刚……’，改组中央政府，以实现退敌、平匪、请两宫回銮议约三件大事，得刘完全赞同”[①]。1901年，张謇又为刘坤一起草《江楚会奏变法三折》，提出兴学校、练新军、奖励工商实业和裁减冗员等措施，实际上是晚清新政的纲要。

其次，张謇的商业行为背后皆有官府支持，且因兴办实业有功，1904年被清政府赏三品衔，作为商部头等顾问官。张謇创办大生纱厂及通海垦牧公司本就是受清政府之命而为的，在创建过程中，张謇因集资及企业建设问题屡次求助于刘坤一、张之洞等大员，且得到他们实际支援。第一，在人事方面，如勘测通州、海门荒滩时，张謇致函刘坤一，派遣江南陆师学堂“江知源、章静轩、洪俊卿来，为测量海滩”，又有“与新宁讯，调测绘学生”等日记文字。第二，大生纱厂“最初的资金多数来自地方官绅”[②]，筹集股金，除25万官股外，另外筹集的19.5万两中，“封建性地方公款为40900两；在可以查明股东身份的真正商股109700两中，官僚及其部属投资69400两”[③]，有官府背景的资金在大生纱厂实收445100两原始本金中占比高达81%。第三，大生公司及通海垦牧公司得到不少政策上的便利，如张謇曾上书刘坤一，“就大兴机器磨面厂已获5年办厂专利及宽免税厘等权利，申请5年后仍予以照顾，并望除由‘厂向通州厘局报完熟

---

① 庄安正：《张謇先生年谱(晚清篇)》，第179页。

②③ 章开沅：《张謇传》，第91页。

货捐一道',其他'沿途不再报捐'"①。享受到官办企业免税及避免征收多重厘金的优待。

再次,张謇一直保持读书人的生活方式,雅集、品题、冶游、治学、坐馆,参与当地文教活动。1894 年至 1902 年,张謇先后担任崇明瀛洲书院、江宁文正书院、安庆经古书院的山长,为学生授课、出课卷及批改课卷。有时因政商务繁忙,未能亲临书院,特寄课卷至书院;有时在外地,还携带学生课卷以便得空校阅。张謇在 1899 年农历七月十七日的日记中感叹道:"校课卷一百五十本,生平校阅之苦无过于此。"②除坐馆外,张謇还时常与友人冶游、雅集,其诗文中的品题之作为数不少。1897 年端午,张謇在南京秦淮河畔与缪荃孙、徐乃昌、谭嗣同、郑孝胥等雅集赋诗;同年 7 月,友人徐乃昌、郑孝胥、梁鼎芬、刘世珩、况周颐同游南京钟山,得陆游题名,徐乃昌延请画家绘《定林访碑图》,张謇作诗《题徐积余太守定林访碑图十二韵》。十六年后,又为《重绘定林访碑图》题写诗作。张謇还热衷南通地方举办的文教活动,如"作海门黄生维衡父葬铭""为李幼清写法轮寺联""为王海门作《西园记》""作长乐镇庙各联、戏台柱联"等。于此不难看出,张謇始终葆有一个传统读书人的底色。

在兴办实业过程中,张謇常常流露出封建士大夫的价值理念。1897 年张謇写信给友人:"益知既腐之木般尔不能雕,必死之人秦缓不能起,况非般非缓,谁则堪之? 而并世士大夫为弦歌三径之资,冀得一差,抽簪归去。私独以为窃人之乐而委人之忧,乃井世之恒情,非臣子之通义,即又耻之。"③认为越是在困难重重情况下越要坚持为臣之道、为君分忧,义无反顾投身创办实业中。

此外,张謇把自己创办的首家企业命名为"大生","厂名的寓意是:'通商惠工,江海之大;长财饬力,土地所生',也就是儒家所服膺的一句名言:'天地之大德曰生。'"④又如把大生纱厂所产棉纱"以'魁星'为商标,既突出张謇的状元身份,又显露出张謇期待其产品在同行业中夺魁的雄

① 庄安正:《张謇先生年谱(晚清篇)》,第 195 页。

② 张謇:《柳西草堂日记》,李明勋、尤世玮主编:《张謇全集》(第八册),第 466 页。

③ 张謇:《柳西草堂日记》,李明勋、尤世玮主编:《张謇全集》(第八册),第 424 页。

④ 章开沅:《张謇传》,第 79 页。

心壮志”①。

1898年戊戌变法失败后，康、梁逃亡日本，张謇认为：“斥之为康教，罪之为党魁，皆尊奉之词。”②对朝廷钦犯予以褒奖，与最高统治者未保持一致。庚子事变，两宫西逃，张謇在日记中记：“乌乎！乘舆播荡，大臣僇辱，生灵涂炭，谁实为之？真可痛恨。”③矛头直指慈禧，要求慈禧为此次事件负全责。当得知慈禧欲迁西安，张謇斥责：“琐琐群小，且以长安为小朝廷，可以偏安，保其前局，可哀也已。”④

1902年以后，张謇把全部经历投入兴办实业、创办学校、博物馆等现代事业之中，渐渐走出困惑，完成了一个传统士大夫向现代商人的转型。1903年考察日本商业、学校之后，张謇思想发生了急剧转变。6月9日，在观看了日人范多隆太郎的铁公所后，张謇在日记中记道：“我思上海制造局规模之大，经费之宏，几十倍于此，曾未为农工实业造一船、制一械，以市于民而收其利，以助农商之业而分人以利。彼此相较何如也？”⑤张謇对中国机器制造业只满足军事需要，未能服务于农商业叹息不已。7月2日，了解日本开埠招商政策后，张謇在日记中记道：“日本自改法，通国听外人居留，待华商与欧美无异。各商在此，犹得与欧美人权势平均，若回华甚涩缩矣。闻之心动。”⑥华商在日本取得了与欧美商人同等经商政策，作为商人的张謇心动不已。又如，张謇游历日本后，人才观也发生了改变，他不再认同传统士农工商等级排序，认为：“世不必读书、治政治家言方为人才，凡能平地赤立而发名成业者，真人才也。”⑦只要有真本事、开创真业绩，即为人才。对于国内种种弊病，张謇“抉其病根，则有权

① 陈小华、刘亚：《大生商标的“前缘”“今世”》，《张謇研究》2020年第4期。

② 张謇：《柳西草堂日记》，李明勋、尤世玮主编：《张謇全集》（第八册），第456页。

③ 张謇：《柳西草堂日记》，李明勋、尤世玮主编：《张謇全集》（第八册），第488页。

④ 张謇：《柳西草堂日记》，李明勋、尤世玮主编：《张謇全集》（第八册），第490页。

⑤ 张謇：《柳西草堂日记》，李明勋、尤世玮主编：《张謇全集》（第八册），第548页。

⑥⑦ 张謇：《柳西草堂日记》，李明勋、尤世玮主编：《张謇全集》（第八册），第556页。

位而昏惰者当之矣"[①],究其原因是政治制度出了问题。故而,来年一月,张謇在通州师范学校第一次年假演说,"借用西哲语录,阐述对自由、平等之看法"[②]。从某种程度来说,张謇已不再是一位开明绅士,而是一位具有现代民主、自由、平等、法制观念的实业家。

〔作者赵家晨,江西师范大学文学院副教授。南昌 330022〕

---

① 张謇:《柳西草堂日记》,李明勋、尤世玮主编:《张謇全集》(第八册),第557页。

② 庄安正:《张謇先生年谱(晚清篇)》,第216页。

《啬翁自订年谱》校勘三题

张裕伟

摘　要：对《啬翁自订年谱》结合手稿本、1925 年排印单行本、新版全集等六种版本进行考证，发现多处讹误。本文拟对其中三条具有重要校勘意义的语句进行考订，目的是使该部分文献更加精善，并力图从中得出了解张謇生平、利用张謇基础文献的有益启示。

关键词：张謇　《啬翁自订年谱》　校勘

《啬翁自订年谱》虽然篇幅仅 4 万余字，但由于是张謇亲自主持编订，且其中一些记述为张謇日记所未载，因此受到张謇研究者的普遍重视。已故海门张謇研究会会长高广丰在《我读〈啬翁自订年谱〉》一文中说道："要全面了解张謇其人，莫过于首先看看张謇的自我介绍，这就是张謇晚年所编的《啬翁自订年谱》。至于我们现在究竟如何评价张謇的一生事功暂可不论，至少张謇自己对于自己的认识就是如此，一部自订年谱，'立身行己，本末具矣'。"①

笔者在认真阅读这一年谱的过程中，发现了一些疑问，后来得见张謇《啬翁自订年谱》1925 年排印单行本，以之与新版全集第八册《啬翁自订年谱》对校，发现问题若干处。后来再贾余勇，找来 1931 年版《张季子九录》《南通张季直先生传记》及 1994 年旧版《张謇全集》，又从南通赵鹏处借得张謇《啬翁自订年谱》手稿本，以上六种版本几乎包括了《啬翁自订年谱》的所有重要版本，笔者即以排印单行本为主，将六种版本对校，又得相关校勘草稿若干条。现拈出特别重要的三条，缕述如下。

① 高广丰：《我读〈啬翁自订年谱〉》，《两不厌斋文稿》，苏州：苏州大学出版社，2020 年，第 4 页。

一、“江西李巡抚卒,调粤督柯逢时护理”条

新版全集《啬翁自订年谱》光绪二十八年壬寅(1902),张謇时年五十岁,该年载:“七月九日,师范学校开工。江西李巡抚卒,调粤督柯逢时护理,电促叔兄回,兄再辞得请。”[①]并于“调粤督柯逢时护理”后出了一则页下注:“《九录》误作‘江西李巡抚调粤督,柯逢时护理’。”[②]“护理”是指上级官员出缺后,在未能及时派员接替的情况下,暂时以次一级的官员代行其职权。“护”是守护印信,“理”是处理事务、代行职权。此条读后,不免令人生疑:巡抚卒,如何能让总督护理?且护理一般由本省的次一级官员暂代才较为方便,哪有从外省调来护理的呢?

细查后发现问题更大,这个李巡抚指的是李兴锐,1902 年他并没有“卒”。查考《湖南名人志》[③]《长沙市志》[④]“李兴锐”条,得其生平大略如下:

李兴锐,字勉林,浏阳县三口塅人,清道光七年(1827)生。咸丰二年(1852),以诸生办团练。四年,配合清军阻扼太平军西征部队对浏阳的进攻。五年,被招至曾国藩军中,总管粮台。同治七年(1868),随曾国藩调直隶,补大名府知府,升道员。九年,曾国藩任两江总督,他被起用总管营务,与彭玉麟共同规划长江水师营制。光绪元年(1875),任上海机器制造局总办,采购西方机器设备,增设船厂、炮厂。十五年,任天津海关道,二十一年补天津道,旋调山东东海关道(登莱青道),次年任长芦盐运使。二十三年,任福建按察使,继迁广西布政使。二十六年擢江西巡抚。二十八年,李兴锐署广东巡抚,次年署闽浙总督。三十年署两江总督,同年十月病卒于任所。

也就是说,《啬翁自订年谱》中这条记载的 1902 年,李兴锐并没有“卒”,而是被调往广东。之后于 1903 年“署闽浙总督”。1904 年,他又调

①② 张謇:《啬翁自订年谱》,李明勋、尤世玮主编:《张謇全集》(第八册),第 1018 页。

③ 《湖南名人志》编委会编:《湖南名人志》第 1 卷,北京:中国档案出版社,1999 年,第 482 页。

④ 长沙市地方志办公室编:《长沙市志》第 16 卷,长沙:湖南人民出版社,2002 年,第 27 页。

任署两江总督,并“卒”于任上。查考《清德宗景皇帝实录》,载有1904年“九月乙亥。予故署两江总督江西巡抚李兴锐照总督例赐恤,赏银一千两治丧。寻予祭葬,谥勤恪”[①]得以确证。

接着又发现了另一个问题,1902年时,柯逢时并没有担任“粤督”,而是任江西布政使。查考《湖北省志人物志稿》[②]等书,得柯逢时相关生平如下:

柯逢时(1845—1912),亦名益敏,字懋修,号钦臣、逊庵。武昌金牛(今鄂州市)人。少时家贫,寄读于舅家,25岁中举,后执教多年。光绪九年(1883)中进士,点翰林,改庶吉士,散馆授翰林院编修。五年后简放陕西学政。1891年,回京供职。1894年再入翰林院,教授庶吉士,经翰林院掌院学士保送,以知府候用,派往江苏。1896年代理江宁府知府。1899年放任云南迤南道,不久署理江南江安粮道。次年授两淮盐运使。1901年官江西按察使、湖南布政使。次年任江西布政使、护理江西巡抚。1903年转任广西巡抚。1904年调任贵州巡抚,以病不赴。1906年授广西巡抚,亦开缺。后特授浙江巡抚,开缺,专任各省土药统税大臣,兼总理各国事务大臣。辛亥武昌起义后,退居汉口,闭门养病至终。

从柯逢时的生平履历可以看出,他从没有到过广东任职,更没有做过“粤督”。

当时的“粤督”另有其人,此人为陶模,而陶模正好是1902年去世。其生平如下:

陶模(1835—1902),字方之,浙江秀水县(今嘉兴市)人。同治七年进士,清末边疆大臣。先任甘肃省文县、皋兰县知县、甘州知府,后调迪化知州、甘肃新疆巡抚、陕甘总督等职。光绪二十六年(1900)调任两广总督,二十八年(1902)七月,陶模“喘恙大作,吐血数瓯,并吐出肺叶一片”,病势不支,上疏恳请开缺,随后得朝廷批准,八月二十日交卸督篆后,“病势益甚,连日饮食不进”,九月九日卒于广州行馆,享年67岁。朝廷赠予太子

① 《清德宗景皇帝实录》卷535,《清实录》第59册第116页,转引自邵鸿主编:《〈清实录〉江西资料汇编》(下卷),南昌:江西人民出版社,2005年,第1178页。

② 湖北省地方志编纂委员会:《湖北省志人物志稿》(第一卷),北京:光明日报出版社,1989年,第9页。

少保,谥勤肃。①

《清德宗景皇帝实录》载有 1902 年"七月辛酉,又谕(军机大臣等):'电寄李兴锐等:李兴锐已调署广东巡抚,着即迅赴署任,勿庸来京请训。陶模着俟李兴锐到任,德寿交卸巡抚后,再行卸事'"②的记载,可相参证。

综合上述文献并参考其他资料,我们可以把自订年谱这条的官员调任情况基本弄清:1902 年农历七月,由于当时两广总督陶模病体沉重,势将不起,清廷不得不考虑两广总督的后继人选,而选中的人选就是当时担任广东巡抚的满洲镶黄旗人德寿,随即任命德寿为署两广总督,而德寿原来担任的广东巡抚因此出缺,又需要有人补任,清廷于是调江西巡抚李兴锐赴任广东。因广东地近外洋,事务冗繁,号称难治,革命势力又渐成燎原之势,因此广东在清廷的政治天平中地位日益加重,原任江西巡抚的李兴锐调往广东后,只能署广东巡抚,署是试用的意思。而李兴锐原来担任的江西巡抚则由他的副官、江西布政使柯逢时"护理"。至 1903 年 5 月,柯逢时正式升任广西巡抚后,清廷又调陕西布政使夏时署江西巡抚。

弄清以上人事变动后,再来看《啬翁自订年谱》中的这句表述,发现主要问题出在这个"卒"字上,那么这个"卒"字是哪里来的呢?

查考 1925 年《啬翁自订年谱》排印单行本,本句作"江西李巡抚卒,武昌柯逢时护理",而此句的最终本源在《啬翁自订年谱》手稿本。手稿本由张謇的文字秘书管国柱等人编写初稿,张謇又进行了细致订补,此句正好是张謇改定的。细看手稿本,张謇写的是"江西巡抚李兴锐卒,武昌柯逢时护理",则铅字单行本按照这一说法,进行了文字的精简,然后正式排印出版。由此可知,确实是张謇把李兴锐写"卒"的。但毕竟事实上当时李

---

① 陶模著,杜宏春补证:《陶模奏议遗稿补证》,北京:商务印书馆,2015 年,第 18 页。

② 《清德宗景皇帝实录》卷 502,《清实录》第 58 册第 631 页,转引自邵鸿主编:《〈清实录〉江西资料汇编》(下卷),第 1169 页。

兴锐并没有卒，所以我们确定是张謇自己的记忆出现了错误。铅字单行本出版后，张謇也发现了这一错误，后来又全面排查了该书存在的问题，并出了校勘记，附在此书的最后。校勘记中对此进行了更正："卷下第十四叶第十三行'卒武昌'三字当改'调督粤'三字。"不过后来1931年《张季子九录》正式出版时，编校不够仔细，把原来校勘记中改正后的"调督粤"写成了"调粤督"。

但总的说来，《张季子九录》中的这句话采用的是张謇校勘订正后的成果，大致是基本不错的，新版全集《啬翁自订年谱》的整理者大概参考了张謇的手稿本和单行本，然后对此句重新做了整合，反而出现了问题。本条应该改为"江西李巡抚调督粤，柯逢时护理"，如能在"督粤"后出一则页下注，将这一情况略加说明，则更加妥帖。

无论是"调督粤"还是"调粤督"，实际最后还是错误的。因为按照上面的考证，当时调任"粤督"的是德寿，而李兴锐调任的则是署广东巡抚，即使是简称，也只能勉强简称为"调抚粤"。

可见，即使如张謇这样才学盖世、精力过人，晚年自编年谱、回顾过往的时候，在李兴锐调任问题上，接连发生错误并不断修改，而最后更正的结果仍旧不够准确。因此严谨的历史学家对于当前盛行一时的"口述史学"持相对审慎的态度，认为口述对象受思维、记忆、立场等影响，即使是在很严肃地追忆往事，仍难免出现误差，因而特别强调要将口述内容同其他史料相印证，不能贸然采信，确实很有道理。

二、"请新宁联合南皮劾罢端、刚、李，疏具不上"条

新版全集《啬翁自订年谱》光绪二十六年庚子(1900)，张謇时年四十八岁，该年载："八月，再说新宁退敌迎銮。诏求直言。请新宁联合南皮劾罢端、刚、李，疏具不上。"[①]这则文字，其余各本均相同。这句话中有一个严重的问题，就是"联合"后面漏掉了一个"肥"字。查考《啬翁自订年谱》手稿本，张謇在秘书原稿上进行了修改，秘书原来写的是"请刘督电合李鸿章、张之洞劾罢端、刚"，张謇把"电"字改为"联"字，把李鸿章、张之洞六

① 张謇：《啬翁自订年谱》，李明勋、尤世玮主编：《张謇全集》(第八册)，第1016页。

字删去,改为“合肥、南皮”,这里的合肥就是李鸿章,南皮就是张之洞,因他们都是封疆大吏,且都做过大学士,位极人臣,张謇大概考虑到这部自编年谱最终是要正式出版面世的,因此以地名指代本人,显得更合礼数。

各个版本中的这句表述,均将“联合”作为了一个词,丢失了这个“肥”字,导致在这句重要的话中,李鸿章的角色被完全遮盖,悖离了史实。查考张謇日记,1900 年农历八月十五日记载:“再谒新宁,请奏请罢斥端、刚,以谢天下。”[①]农历十六日又载:“新宁以请罢端、刚,电商合肥、南皮联衔。”[②]从中可见张謇对于北京肇祸王公大臣的极度厌恶及在八国联军入侵之后危急形势下的持续奔走。新宁即湘系宿将、两江总督刘坤一。当时刘坤一、张之洞、李鸿章是位高权重的三大总督,也是八国联军入侵之后主持东南互保的三大核心人物。三人之中,以李鸿章的资历最深、地位最高,因此才有刘坤一电商“合肥”,联衔上奏之说。

上面十五日记载中有一个“再”字,继续查考,本年七月二十二日,张謇日记有长篇记载,主体内容是张謇写给刘坤一的一封信,此信节录如下:

> 比上一笺,乞公与南中疆帅,公推合肥总统各路勤王之师,入卫两宫。其时德使虽被匪戕,聂提督一军无恙。私心窃计,以张魏公戡定苗刘之功望之合肥也。[眉注:张魏公戡定苗刘事,实为今日定乱之圭臬。惜内无朱胜非,外无吕颐浩、韩世忠、刘光世诸人耳。]事会蹉跎,聂公死敌,歼我良将,诸军夺气,合肥驻节沪上,闻命徘徊。若以朝局兵机敌情贼势合参统计,未遂无辞。然君父悬刀俎之上,生灵陷汤火之中,惟是逭暑辟嚣,散服容与,虽充国之持重,亦高克之逍遥,以云忠爱,未敢深信。[③]

张謇先是极力劝说刘坤一联合“南中疆帅”,一致推举李鸿章统帅各路勤王之师,北上保护皇上、太后,并表示期待李鸿章建立像南宋名臣张

①② 张謇:《柳西草堂日记》,李明勋、尤世玮主编:《张謇全集》(第八册),第 489 页。

③ 张謇:《柳西草堂日记》,李明勋、尤世玮主编:《张謇全集》(第八册),第 487 页。

浚平定苗傅、刘正彦叛乱那样的赫赫功勋，对李鸿章瞻顾不前、逍遥事外表达了不满。从这里也可以看出，在东南各省联合应对北方重大变局的过程中，李鸿章在其中扮演的重要角色。

新版全集中这句话的标点不当，应该把“刚”字后面的顿号改为逗号，把“李”后的逗号删去，重新断句为“请新宁联合肥、南皮劾罢端、刚，李疏具不上”。这样修改后和原意有重大差别，但这是符合史实的。

一是他们“劾罢”的对象为“端、刚”。据张謇日记记载，李鸿章、张之洞、刘坤一三大疆臣矛头对准的主要是“端、刚”，也就是端郡王载漪和协办大学士刚毅。载漪（1856—1922），嘉庆帝曾孙，惇亲王奕恺次子。咸丰十年（1860）出继瑞亲王绵忻，袭贝勒爵。光绪十九年（1893）任御前大臣，后封端郡王。1900年初，慈禧太后谋划废黜光绪帝，册立其子溥儁为“大阿哥”（即皇储），因中外舆论反对而中止。同年6月，任总理衙门大臣。主张利用义和团排外，以达到“废立”目的。又力主围攻各国使馆，坚持处死持不同意见的徐用仪、许景澄、袁昶等人。1901年签订《辛丑条约》时，被指为“首祸”，发配新疆，永远监禁。刚毅（1834—1900），满洲镶蓝旗人，字子良。笔帖式出身。历任江西按察使，广东布政使，山西、江苏巡抚等。光绪二十年（1894）任军机大臣。1896年迁工部尚书。1898年授协办大学士，反对变法维新，附和慈禧太后发动政变，获宠信。1900年初，参与策划废黜光绪帝。义和团运动期间被任命为统率京津义和团王大臣，主张招抚义和团，围攻各国使馆。八国联军攻陷北京，随慈禧太后西逃，途中病死。

端郡王载漪和协办大学士刚毅都是当时公认的导致国家危亡的祸首，1900年农历八月二十二日由李鸿章、张之洞、刘坤一、袁世凯联衔合奏的《请查办拳匪首祸王大臣折》明确指出：

> 欲求救急了事之法，惟有仰恳圣明立断，先将统率拳匪之庄亲王载勋、协办大学士刚毅、右翼总兵载澜、左翼总兵英年及庇纵拳匪之端郡王载漪、查办不实之刑部尚书赵舒翘等，先行分别革职撤差，听候查办。明降谕旨，归罪于该王大臣等。以谢天下，以昭圣德。[1]

---

① 张謇：《柳西草堂日记》，李明勋、尤世玮主编：《张謇全集》（第八册），第489页。

闰八月初二日，清廷发布上谕，惩处纵庇“拳匪”的王公大臣：

> 庄亲王载勋、怡亲王溥静、贝勒载濂、载滢均着革去爵职；端郡王载漪撤去一切差使，交宗人府严加议处；辅国公载澜、左都御史英年均交该衙门严加议处；协办大学士刚毅、刑部尚书赵舒翘交部议处。①

这个名单中，并没有李姓大臣。结合上述张謇日记于1900年农历八月十五、十六日的记载，可以确证，张謇建议东南三大总督“劾罢”的罪魁是载漪和刚毅两人。

二是“疏具不上”的主语是“李”。即弹劾载漪和刚毅等人的奏折是由李鸿章最终定稿的，但李鸿章在写好之后并没有立即发出，而是暂时压了下来。张謇日记1900年农历八月二十一日记载：“合肥北上，法人为之保护。请罢端、刚疏具而未发，闻须至京相机电上，此真所谓揖让救焚。”②明确说是李鸿章“疏具而未发”，且说需要等到李鸿章到北京后才能发出，张謇对此提出了批评。这件事的大致背景是，辛丑和谈之前，李鸿章担任两广总督，距离北京遥远。但由于李鸿章富有外交经验且地位高、资格老，清廷还是在1900年农历八月十五日传旨命李鸿章到北京主持和列强谈判。李鸿章深知此次谈判的难度，不但是城下之盟，而且十几个列强提出了不下数十条各种无理要求，但李鸿章还是答应农历八月二十一日从上海北上赴京。不过张謇日记中所听闻的消息可能也不太确切，因为李鸿章并没有等到到京后才发出弹劾奏章，而是在离沪的第二天(二十二日)就领衔发出了这个《请查办拳匪首祸王大臣折》③，而他二十五日才到北京。

---

① 张謇:《柳西草堂日记》，李明勋、尤世玮主编:《张謇全集》(第八册)，第215页。

② 张謇:《柳西草堂日记》，李明勋、尤世玮主编:《张謇全集》(第八册)，第489页。

③ 李鸿章等:《请查办拳匪首祸王大臣折》，顾廷龙、戴逸主编:《李鸿章全集》奏议16，合肥:安徽教育出版社，第16册，2008年，第214—215页。

三、“国子监考到，取第一名，录取第四名”条

新版全集《啬翁自订年谱》光绪十一年乙酉（1885），张謇时年三十三岁，该年载：“六月，国子监考到，取第一名，录取第四名。”[①]此条让人生疑，国子监考到既然已经取了第一名，后面为何又缀了个“录取第四名”？但《张季子九录》《南通张季直先生传记》及新、旧版全集此句均同。仔细对照1925年《啬翁自订年谱》排印单行本，可知在“录”字后还有一个“科”字。

“考到”和“录科”是各地贡生到北京参加顺天乡试后必须首先参加的两次预备考试。张謇自1879年参加了总督、巡抚、学政三院组织的优行生试并取得第一名的优异成绩后，获得“优贡”身份，按照当时科举制度规定，优贡具备参加北京顺天乡试的资格。但其后张謇因为母亲病故、随吴长庆入朝平定“壬午兵变”，错过了1882年乡试，到1885年才等到新的一科。张謇北上参加了这科顺天乡试，并一举获得“南元”称号。根据张謇日记，他本年农历四月十七日“启行”，二十九日到北京，五月九日“交考到、录科费”，六月十一日参加“考到”：“四书题：《不勉而中》；经题：《怀忠信以待举》。坐修道堂成二十号。申刻交卷。”[②]十二日考到放榜，取一名。十五日参加“录科”：“四书题：《古之学者为己》；诗：《眠琴绿阴》；策：朱陆异同。坐率性堂剑叁号。”[③]十六日，录科放榜，取四名。

“考到”是针对外省取得贡、监生资格的各地考生的一种考试。各地考生经各省学政选拔后，优秀者获得贡、监生资格，他们名义上是北京国子监的学生，但并没有踏入过国子监的大门，国子监为了防止各地徇私舞弊送上来一些水平低劣的学生，因此在他们前来参加乡试到北京报到后，举行一次摸底考试，这场考试就叫“考到”。

“录科”是清代为选拔参加乡试的生员而举行的预备考试。按照清朝

① 张謇：《啬翁自订年谱》，李明勋、尤世玮主编：《张謇全集》（第八册），第1004页。

② 张謇：《柳西草堂日记》，李明勋、尤世玮主编：《张謇全集》（第八册），第222—225页。

③ 张謇：《柳西草堂日记》，李明勋、尤世玮主编：《张謇全集》（第八册），第225页。

科举制度规定,秀才都要参加“科试”,取得前三等级的秀才可以参加乡试,但张謇因转而北上参加顺天乡试,并未参加本年度江苏学政组织的科试,按照规定,可以参加补充考试“录科”,通过者才能获得乡试资格。

张謇到国子监后参加的这两次考试,均取得优异成绩,当时的主考官是清朝宗室、国子监祭酒盛昱。光绪二十六年(1900)盛昱病逝后,张謇于三月二十七日写了一副挽联,表达对盛昱的感激与怀念:“辱公知十五载,自分平生,何者当余右丞与戴九灵故事;著离骚数千言,遂以忧死,悲哉继宋大夫为楚三闾招魂。”[①]在这副挽联前张謇还写了一个小序,其中说道:“光绪乙酉謇举京兆,先生时为国子监祭酒,考到录科,均辱置第一。每谈皆不作常语。庚寅会试报罢,出都濒行,先生与书云:‘仆与君交,大似余廷心之与戴九灵,时人比之泰不华之于煮石山农者,妄也。’庚子三月闻先生卒,为位祭之而寄是联。”[②]在此小序中,张謇说到“考到录科,均辱置第一”,可以作为张謇事后追忆有误的另一例证。

〔作者张裕伟,南通市海门区张謇研究会会长。南通 226100〕

①② 张謇:《挽宗室意园先生盛昱》,李明勋、尤世玮主编:《张謇全集》(第七册),第499页。